Data Science

【実践Data Science シリーズ】

Pythonではじめる

テキスト
アナリティクス
入門

石野亜耶
小早川 健
坂地泰紀

榊 剛史 編著

JN047351

講談社

執筆者一覧 ([] 内は担当箇所)

編著者

榊　剛史　　株式会社ホットリンク開発本部 R＆D 部長　　　　　　[第 5 章, 第 9 章, 第 10 章, 第 11 章, 付録]
　　　　　　東京大学未来ビジョン研究センター 客員研究員

著者

石野亜耶　　広島経済大学メディアビジネス学部ビジネス情報学科 准教授　　　　　　[第 6 章]

小早川 健　　NHK 放送技術研究所 主任研究員　　　　　　[第 3 章, 第 4 章]

坂地泰紀　　東京大学大学院工学系研究科システム創成学専攻 特任講師　　　　　　[第 7 章]

嶋田和孝　　九州工業大学大学院情報工学研究院知能情報工学研究系 教授　　　　　　[第 1 章, 第 2 章]

吉田光男　　筑波大学ビジネスサイエンス系 准教授　　　　　　[第 5 章, 第 8 章]
　　　　　　有限会社てっくてっく 代表取締役

プログラム監修者

郡司直之　　株式会社ホットリンク R&D 部 主席研究員

● 本書の執筆にあたって，以下の計算機環境を利用しています．
spaCy2.3
GiNZA4.0
SudachiPy0.5.4

● サポートページ URL
https://github.com/tksakaki/kspub_ds_text_analytics

本書に掲載されているサンプルプログラムやスクリプト，およびそれらの実行結果や出力などは，上記の環境で再現された一例です．本書の内容に関して適用した結果生じたこと，また，適用できなかった結果について，著者および出版社は一切の責任を負えませんので，あらかじめご了承ください．

● 本書に記載されている情報は，2022 年 2 月時点のものです．
● 本書に記載されているウェブサイトなどは，予告なく変更されていることがあります．
● 本書に記載されている会社名，製品名，サービス名などは，一般に各社の商標または登録商標です．なお，本書では，™, ®, © マークを省略しています．

巻頭言

　世の中にはテキストデータがあふれています．ニュースやブログなど日々膨大な量のテキストが作り出され，スマホやパソコンでアクセスできるようになっています．また，多くの企業では，各種アンケートや顧客対応記録に加え，さまざまな報告書などのテキストデータが作成され，蓄積されています．そういったテキストデータを分析し活用しようという技術がテキストアナリティクスです．その中でも，大量のテキストデータから有益な知見を獲得しようという技術がテキストマイニングです．

　データマイニングで分析するデータは，集計しやすい構造になっています．そのため，膨大な量のデータが対象でも，正確な分析結果を期待することができるのがデータマイニングの特長です．しかし最初から集計しやすいように設計された構造化データでは表現しきれない内容がたくさんあります．それを分析対象にできるのが，テキストアナリティクスであり，テキストマイニングです．

　例えば，商品レビューで満足度を数値や選択肢で入力する部分のデータは，構造化データであり，集計が容易です．しかし選択肢に含まれない具体的な良さや悪さに関しては，フリーテキストの部分に記述されていても，単純には集計できません．構造化データから一般的な満足度が高い商品や低い商品を特定することはできますが，なぜ満足したか，満足しなかったかを把握するには，フリーコメントのテキスト部分を分析する必要があります．構造化データを対象としたデータマイニングのみでは把握しきれない背景情報や意外な特徴などの分析を実現するのが，テキストアナリティクスやテキストマイニングの特長です．

　今や誰でもネット上の膨大なテキストにアクセスできるようになっていますが，このような状況は1990年ごろから始まったことで，人類の長い歴史の中では，ごく最近のことです．特に，日本語のテキストの電子化と（それをネット上でアクセスできるようにする）オンライン化が本格的に普及したのは21世紀に入ってからではないでしょうか．1990年代には，PCやワープロの普及もあり，テキストデータが量産されるようになってきましたが，基本的にはすべて紙で保管されていました．それが，2000年問題（西暦の1999年を下二桁の99だけで表現するコンピュータのシステムが，2000年になったとたんに誤動作する問題）を避けようと，多くの組織でシステムを新しくした際に，テキストの電子化やオンライン化が加速されたようです．

　そうした電子化テキストの普及を背景に，この20年程度の間に大きな進化を遂げてきたのがテキストアナリティクスでありテキストマイニングです．この進化のために，日本においてテキストアナリティクスの研究の中心的な役割を担っている学会組織の1つが一般社団法人電子情報通信学会の「言語理解とコミュニケーション研究会（通称NLC研）」です．NLC研では，2011年から毎年「テキストマイニング・シンポジウム」というイベントを主催し，多くの参加者を集めてきました．2017年9月の第11回からは「テキストアナリティクス・シンポジウム」と名前を変えて，テキストマイニングやテキストアナリティクスの研究の活性化を図り，最先端の研究を牽引しています．

　本書は，このNLC研の幹事団が執筆しました．監修と第III部などの執筆を担当している榊剛史氏

は，2020 年度まで委員長として NLC 研をリードしていました．そして，第 I 部の前半を担当している嶋田和孝氏が 2021 年 10 月時点での委員長です．さらに第 I 部の後半を副委員長の小早川健氏が，第 II 部を副委員長の吉田光男氏と幹事の坂地泰紀氏および幹事の石野亜耶氏が担当しています．私自身，2010 年に NLC 研の委員長に就任し，2011 年の第 1 回テキストマイニング・シンポジウムを企画し，それ以来，NLC 研の専門委員会にずっと参加してきました．こうしたメンバーが中心となって，テキストアナリティクスやテキストマイニングをもっと普及させ，さらに発展させるために，最先端のテキストアナリティクスを活用して成果を出してもらうための本を作ることを目指しました．

　集計が容易な数値などの構造化データと異なり，単純に集計できないテキストデータは，構造化データを対象としたデータマイニングの技術だけでは分析できません．テキストデータを分析するためのさまざまな工夫が不可欠です．

　例えば，家族構成に関するアンケートを考えてみましょう．家族欄に，父親，母親，配偶者，兄弟といった選択肢があり，父母や配偶者に関しては，いる場合は 1，いない場合は 0 を，兄弟に関しては人数の値を記述するような形式になっていれば，例えば，数十万人や数百万人といった大規模な集団を対象として，各対象者の家族の人数やその平均値，家族構成の分布などを簡単に集計し，分析することができます．これを「あなたの家族に関して自由になるべく網羅的に記述してください．」とフリーテキストで回答してもらうとしましょう．いろいろ書くことができますから，単なる人数だけではなく，何歳離れているか，優しいか，厳しいかなど，多様な情報が記述される可能性があります．その観点から，単なる選択肢のデータよりも情報量が多いと考えられます．しかし，その内容を読み解くのは意外と難しいのです．例えば，「父は亡くなっていません．」と書かれていると，それは，「父親は，すでに亡くなっており，この世にいません．」という意味にも，「父親は，亡くなってはおらず，この世にいます．」という意味にも解釈することができます．人は，基本的に自分の考えに沿った解釈を行う傾向があるため，例えば占い師から「あなたのお父さんは亡くなっていませんね．」と言われると，「なぜわかるのだろう．この人は自分のことを知っている．」と不思議に思えてしまうかもしれません．

　日常的に言葉を使っていて気づかないことが多いのですが，言葉から構成されるテキストデータにはさまざまな曖昧性が含まれています．例えば，「長野」という文字列が，「長野さん」という人の名前を示すこともあれば，「長野県」や「長野市」といった地名を示すこともあります．また，人名の場合には，「ながの」と発音したり「ちょうの」と発音したりします．そして，同じ表現で異なる内容を示せるだけでなく，逆に，「長野」を「ながの」「ナガノ」と表現することも含め，同じ内容を異なる表現で示すこともできます．また，「外国人参政権」という文字列を「外国」「人参」「政権」に分けたりしないように注意する必要があります．こういったテキストデータの複雑性がテキストアナリティクスの難しさに繋がります．

　テキストアナリティクスで分析したいのはテキストに書かれている内容なのですが，テキストに書かれている内容が確実に正しく解釈できるとは限りません．そもそも，正確な内容が書かれていない可能性もありますし，誤字脱字や文字化けなどで，データが正確に読み取れないこともあります．上記の家族構成に関するアンケートの場合，同居していない祖母や祖父のことは書かない人がいるかもしれませんし，従兄弟姉妹のことまで書く人がいるかもしれません．したがって，構造化され，単純に集計可能なデータの分析とは質が異なることを理解する必要があります．個々のデータの解釈が間

違っている可能性やデータ自体の不正確性など，多様なノイズが含まれていることを前提として分析することが重要です．

　そんなノイズだらけのデータが役に立つのかと思われるかもしれませんが，うまく分析すれば確実に役に立つものです．逆に言えば，成果を出すためには，うまく分析する必要があります．ノイズだらけのデータであっても，そこに含まれる内容の分布の偏りや変化を捉えることで有用な気づきを得ることができます．例えば，家族構成に関するアンケートのフリーテキストで，祖母や祖父に関して記述されている割合が高い（すなわち偏りが大きい）地域はどこか，あるいはその割合が大きく変化している地域はどこかといった情報は，データ量が膨大で，その中に含まれているノイズが比較的均一であるなら意味があると考えられます．従来扱えなかったテキストデータを分析対象にすることで，有用な知見が得られる可能性が高まります．

　私自身，1990年代後半からテキストマイニングに取り組み始めて以来，さまざまなテキストデータを分析して，役立つ結果が得られる体験を何度も繰り返してきました．コールセンターの顧客対応記録を分析して，商品の不具合を早期に発見したり，営業成績向上に繋がる知見を獲得したりした際には，ユーザから非常に感謝されましたし，SNSのテキストデータを分析して，発見した飲食店や宿屋で大きな満足感を得たことも数多くあります．そういった嬉しい体験をずっと続けているために，この技術の価値を信じており，知って欲しいという気持ちが強いのです．

　前述した通り，ネット上の膨大なテキストに誰でもアクセスできるようになったのは比較的最近のことです．テキストといえば紙に書かれていて人が読むものという考え方がそれまでの長い期間に定着しているため，テキストアナリティクスやテキストマイニングの考え方が理解されにくいと感じることがあります．膨大な量のテキストをすべて読むことはできませんから，それを活用するにはさまざまな工夫が必要です．すべてを理解することは諦め，データから何がわかりそうか，データから何がわかれば役に立つかを考える必要があります．テキストにはさまざまな情報が含まれています．同じ本に関する読書感想文が人によって異なるように，テキストデータから何を読み取るかは人によって異なります．そのため，AIにデータを入れてしまえば何らかの有用な結果が得られるというものではありません．人による工夫の余地が大きいのです．

　アイディア次第でさまざまな分析が可能になるのがテキストアナリティクスの面白さです．その反面，多くの場合，簡単に結果が出るものではありません．諦めずに試行錯誤を続けることが重要です．基本的には多様な可能性に思いを巡らせることが有効です．それには経験の蓄積が活きてきますので，やればやるほど成果を出しやすくなります．自分で実際にデータを処理し，試行錯誤をしてみるのがテキストアナリティクスのスキルを向上させる近道です．その考えから，本書では試してみることを重要視しています．

　読者の皆さんが，テキストアナリティクスやテキストマイニングを楽しみ，周囲の人に感心され喜んでもらえる成果を出せるようになることを願っています．

2021年10月

那須川 哲哉

日本アイ・ビー・エム株式会社東京基礎研究所主席研究員

はじめに

0.1　本書のねらい

　本書『Python ではじめるテキストアナリティクス入門』は，タイトル通り，主にテキストアナリティクスや自然言語処理の初学者に向けた入門書です．もう少し言うと，「Python の基本を学んだので，次は応用としてテキストアナリティクスやデータマイニングを学んでみたい」「大学の講義やプログラミングスクールなどで自然言語処理について少し触れたが，もう少し詳しく学びたい」「他のプログラミング言語を学んだことはあるが，テキストアナリティクスには Python を使うほうがよいと聞いたので学びたい」という方を対象としています．

　初学者向けということで，初学者がつまずきそうなところは導入も含めて極力省かず，パソコンとネット環境と本書さえあれば，テキストアナリティクスが始められるようにしたつもりです．特に意識した点は，環境構築に関する説明／spaCy+GiNZA の採用／具体的な分析事例の紹介です．

　「テキストアナリティクスを実行する環境の構築」というのは，テキストアナリティクスを始めるうえで最もつまずきやすい点の 1 つです．最近は，最新の OS を選べば，Python およびテキストアナリティクスの環境を簡単に構築できる仕組みが整ってきました．しかし，その仕組みの恩恵を全員が受けられるわけでありません．1 つか 2 つか条件が違えば，あっという間に環境構築が困難になる，というのを筆者は何回も味わってきました．そのため，第 3 章をまるまる一章使って環境構築について説明しています．

　もう 1 つ，テキストアナリティクスを使ううえでつまずきやすい点は，基礎的な解析を行うためにも，複数のツールを使用する必要があることです．形態素解析なら MeCab，係り受け解析なら CaboCha，キーワード抽出なら termextract…といった形で，処理ごとにそれぞれツールを用意し，それらを連携させる必要があります[1]．本書ではこれらの問題を解決するために，1 つのツールで基本的解析をカバーしている「spaCy+GiNZA」という組み合わせを採用しました．

　テキストアナリティクスにおける醍醐味でもあり，また最も伝えづらい点は「具体的にどんな分析を行うか」という点です．さまざまな書籍やウェブ上の記事を読むことで，基礎的な技術を学ぶことは容易になりました．しかし，それらを身につけても「どのデータを使って何をどのように分析すればよいのか？」という具体的なテキストアナリティクスのアプローチはなかなか学びにくいのではないかと思います．そこで，本書の第 II 部では，観光／金融・経済／ソーシャルメディアという 3 つのテキストについて，それぞれ具体的な分析事例の流れを紹介します．これらの具体的事例の分析方法が，直接皆さんが行いたいアナリティクスに活かせる可能性は高くないと思いますが，分析の流れや「どこに注目して分析するのか？」といった点は肌で感じていただけるのではないかと思います．

---

1)　ここで挙げているツールは 5 年前時点での標準的なツールです．ここ 5 年ほどで自然言語処理のためのさまざまなツールが登場しています．一方でこれらほど知名度を獲得しているツールはまだ多くはありません．

本書の流れは下記のようになっています.

まず第 I 部では,テキストアナリティクスを行うための準備方法を紹介しています.第 1 章では自然言語処理の基礎知識を,第 2 章では Python の補足的な知識をそれぞれ紹介しています.これらの章は既知の内容であれば読み飛ばしていただいてかまいません.そして,第 3 章では皆さんのパソコンにテキストアナリティクスを行うための環境構築をする方法を紹介するとともに,第 4 章では基礎的な分析手法について,公開データである青空文庫／労働災害データベースを用いて説明しています.これらを通じてテキストアナリティクスを行う準備と基礎知識の獲得が完了です.

次に第 II 部では,実践的なテキストアナリティクスの事例を紹介しています.第 5 章では,テキストアナリティクスを適用するデータの収集方法やその取り扱いに関する注意点について説明しています.第 6 章では観光地の魅力に関する調査を,第 7 章では金融・経済テキストを用いた株価予測を,第 8 章ではソーシャルメディアテキストを用いた世の中の状況把握を,それぞれテキストアナリティクスを用いて実践しています.

これらの分析がそのまま皆さんが利用できるわけではないですが,「具体的にどのように分析を進めるか?」という流れをこちらで学んでいただきたいと思っています.

第 III 部では,第 I 部／第 II 部ではカバーできなかった範囲の話題を紹介しています.第 9 章では実践的なテクニックとして,単語処理に関する工夫と形態素解析ツールの使い分けを取り上げています.第 10 章では発展的な内容として,深層学習を用いた基礎的な解析手法について説明しています.第 11 章では環境構築が難しい状況でのテキストアナリティクスの実践方法を紹介しています.これらを通じて,本書に対する多様なニーズに応えられればと思います.

最後に「実践 Data Science」の名に恥じないように,本書で利用したコードの主要なものは GitHub で公開しています.また利用するテキストも極力皆さんが容易に入手可能なものに限定しました.「パソコンとネット環境と本書さえあれば」と前述しましたが,本書を読む際は,実際に皆さんのパソコンに公開されたコードをダウンロードしていただき,手を動かしながらテキストアナリティクスの実践を進めていただきたいと思っています.「入門」と銘打っていることもあり,本書では基礎的な内容しか紹介しておりませんが,本書を通じてテキストアナリティクスに興味を持ち,より発展的な内容について学びたいと思っていただければ幸いです.

0.2 本書の読み方

0.2.1 本書で採用したツールについて

本書では spaCy2.3/GiNZA4.0/SudachiPy0.5.4[2] を採用しています

spaCy は近年登場した多言語に対応した自然言語処理の統合ツールです．Python コマンド 1 つでインストールすることができるため環境構築が容易です．形態素解析，依存構造解析，固有表現抽出，文書分類など，テキストアナリティクスに必要となる基本解析をこのツール 1 つで実現することができます．商用利用も可能であり，欧米では標準的なツールの 1 つとなりつつあります．GiNZA はその spaCy の日本語解析用のモデルです．リクルートと国立国語研究所の共同研究成果を活用したものであり，こちらも商用利用可能です．spaCy+GiNZA は，本書執筆時点において，継続的かつ意欲的に更新が行われており，その意味でも商用利用しやすいツールであると言えます．

なお，本書執筆中に，spaCy3.0，GiNZA5.0，SudachiPy0.6 がリリースされました．spaCy3.0/GiNZA5.0 では自然言語処理の最先端技術である Transformer の利用にも対応している点で非常に魅力的ではあります．SudachiPy は 0.5 までは Python で実装されていますが，0.6 からは Rust で実装されており，処理速度が 30 倍程度高速化された，とされています．しかし，いずれもまだ知見が蓄積していないこと，ツールとしての安定性が未知数であることから，安定稼働しているバージョンを採用しました．なお，サポートページでは，本書中のコードを GiNZA バージョン 5 系に対応させたものを「version5」ブランチ[3] で公開しています．ぜひご参照ください．

ただし，日本語の自然言語処理については，長年 MeCab を中心に回ってきたこともあり，どうしても MeCab を使わざるを得ない局面については MeCab を利用しています．MeCab・JUMAN などこれまでもよく使われてきた日本語の自然言語処理ツールのインストール方法については，第 9 章で紹介しています．

0.2.2 本書付属コードの利用方法および JupyterLab の説明

本書では，全体にわたってコードを利用していますが，それらのコードを GitHub 上で公開しています．

- `https://github.com/tksakaki/kspub_ds_text_analytics`

これらのコードは Jupyter Notebook ドキュメント形式で記述されており[4]，基本的には Jupyter Notebook もしくは JupyterLab というアプリケーションを用いて編集・実行することを想定しています．JupyterLab が Jupyter Notebook の後継製品なので，特に理由がなければ JupyterLab を使

---

2) 厳密には，SudachiPy==0.5.4, SudachiDict-core==20210802.post1 になります．
3) `https://github.com/tksakaki/kspub_ds_text_analytics/tree/version5`
4) 第 8 章のみ，大規模データ処理を前提としているため，通常の Jupyter Notebook ドキュメント形式とは異なる形式で書かれています．他の章と同じく Jupyter Notebook/JupyterLab で実行可能です．

用することをお勧めします．また，PyCharm などの IDE（統合開発環境）や Visual Studio Code などのエディタに慣れている方は，そちらを利用してください．

ここでは，JupyterLab の説明および JupyterLab 上での付属コードの実行方法を説明します．

0.2.2.1 JupyterLab の利用方法

JupyterLab は pip でインストールすることができます．pip がわからない方は，第 3 章を読んでから，またこちらに戻ってきてください．

WSL／ターミナル

```
$ pip install jupyterlab
```

さて肝心の JupyterLab とは何でしょうか？ JupyterLab とはブラウザ上でさまざまなプログラミング言語を編集・実行できるコード開発環境です．当初は Python のみをサポートしていましたが，現在は 40 以上ものプログラミング言語をサポートしています．Jupyter Notebook ドキュメント形式とは，JupyterLab 上で編集したプログラミングおよびその処理結果を保存するためのファイル形式で，拡張子が ipynb となっています．

通常のプログラミング環境と異なる JupyterLab の特徴は 2 点あります．1 点目は，ブラウザ上で稼働すること，2 点目は，コードを段階的に実行できることです．JupyterLab の使用方法を説明しながら，これらの特徴を紹介します．

JupyterLab を起動するには，ターミナルで下記のコマンドを入力します．

WSL／ターミナル

```
$ jupyter-lab
```

するとターミナルに**図 0.1** のような文字が表示された後，ブラウザが立ち上がり，**図 0.2** のような画面が表示されます．

これが JupyterLab の画面です．ブラウザで Pyhton を編集・実行できるのが JupyterLab の特徴です．もしもブラウザでうまく表示されなかった場合は図 0.1 のようにターミナルに表示されている

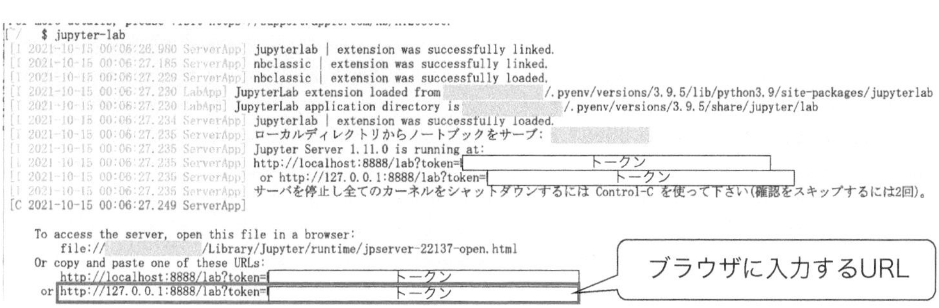

図 0.1　JupyterLab の起動（ターミナル）

図 0.2　JupyterLab の起動（ブラウザ）

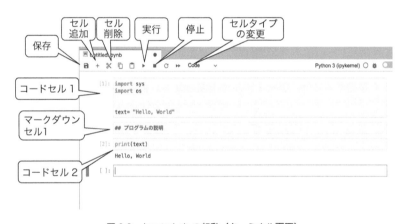

図 0.3　JupyterLab の起動（ターミナル画面）

URL「`http://127.0.0.1:8888/lab?token=`[英数字の羅列]」にブラウザでアクセスしてください．また，トークンの入力が求められた場合には，上記 URL の `token=`以降の［英数字の羅列］を入力してください．

　JupyterLab が起動したら，図 0.2 のように画面左ペインにある「ファイル・フォルダ一覧」から適当な作業フォルダを選択し，ダブルクリックで開いてください．作業フォルダが開けたら画面右ペインの「Python3 (ipykernel)」というアイコンをクリックしてください．これにより新規の Jupyter Notebook ドキュメントが作成されます．

　次に JupyterLab の操作方法と画面を説明します．**図 0.3** のように画面の中央にセルと呼ばれる枠が並んでいます．JupyterLab ではこのセル内にコードや説明を記載していきます．セルには「Code」

「Markdown」「Raw」の 3 つがありますが，よく利用するのは Code（コードセル）と Markdown（マークダウンセル）です．

　マークダウンセルとはコードの説明を入力・編集するためのセルです．Markdown という記法で文字を入力したうえで「(実行) ボタン」をクリックすると Markdown 記法に従って，入力文字が表示されます．「(実行) ボタン」の代わりに「Shift キー ＋ Enter」を入力しても実行されます．

　コードセルとはコードを編集するためのセルです．このセルでコードを編集し，画面上の「(実行) ボタン」をクリックすると，そのセル全体のコードが実行され，出力結果が表示されます．JupyterLab ではセルごとにコードが実行されるため，一定のまとまり単位でコードをセルに分割して実行します．

　図 0.3 の場合は，コードセル 1，コードセル 2 を実行すると，"Hello, World" と結果が表示されます．次にコードセル 2 のみを実行すると，また同じように "Hello, World" と結果が表示されます．JupyterLab では，一度実行した結果（text= "Hello, World"）がそのまま維持されるため，コードセル 1 を実行しなくても，コードセル 2 のみで実行できます．このようにコードの途中から，段階的にコードを再実行できる点が，JupyterLab の強みです．

0.2.2.2　本書付属コードの実行方法

　では次に本書付属コードの実行方法を説明します．

　まず GitHub から付属コードをダウンロード（clone）してください．GitHub からのダウンロードはターミナルに下記のコマンドを入力することで実行できます．

WSL / ターミナル

```
$ git clone https://github.com/tksakaki/kspub_ds_text_analytics
```

　次に clone して生成されたフォルダ「kspub_ds_text_analytics」を JupyterLab 上で開いてください．すると**図 0.4** のように Jupyter Notebook ドキュメント（ipynb ファイル）が表示されます．それぞれの章に対応するドキュメントをダブルクリックすれば，JupyterLab 上で編集・実行できるようになります．

　なお，本書中では説明の都合上，コードを「.py」形式で細かく分けていますが，付属の Notebook ドキュメントでは，節もしくは項単位で内容をまとめてあります．基本的には，コードセルを上から順番に実行していけば，本書内の分析が実現できるように作成されています．なお，本書のコードは，想定しているバージョン以外では作動しないことがあります．また作動した場合に，処理結果が本書に書かれた処理結果とは異なる場合があります．

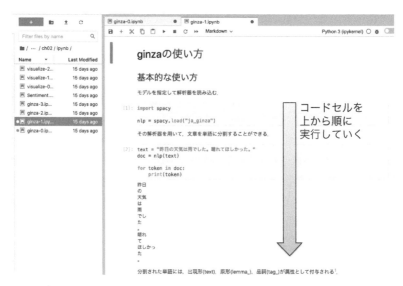

図 0.4　付属 Notebook ドキュメントの実行

0.2.3　モジュール／パッケージ／ライブラリの使い分けについて

　Python においてモジュール／パッケージ／ライブラリという語は定義が曖昧になりがちです．本書では，「モジュール：1 つの Python プログラム」，「パッケージ：複数のモジュールを 1 つもしくは複数のフォルダに束ねて，構造化したもの」「ライブラリ：一定の機能を実現するモジュール／パッケージ／複数パッケージの総称」という意味で用いることとします[5]．また本書では，区別する必要がない限り極力「ライブラリ」という語を用いています．

---

5)　モジュール／パッケージの定義は Python 公式ドキュメントの定義を平易に書き直したものです．
　　https://docs.python.org/ja/3/tutorial/modules.html#packages

Contents 目次

テキストアナリティクスの基礎

このパートでは，テキストアナリティクスを学ぶうえで必要となる基礎的な知識を学んでいただきます．第1章ではテキストアナリティクスの基本となる考え方と基礎知識／基本的な分析手法，第2章ではPythonの補足的な知識，第3章では分析実行環境を構築する手順，第4章では基礎的な分析方法の実践方法についてそれぞれ説明しています．いずれも基礎的な内容であり，後段の章を理解するうえで必要な知識となります．逆に本パートの内容を十分に理解できれば，テキストアナリティクスに必要な基礎知識を身につけられる内容となっています．

第 1 章

テキストアナリティクスことはじめ

本章では，テキストアナリティクスのための基礎的な知識や分析方法などについて説明します．テキストアナリティクスのアプローチはざまざまありますが，ここでは単語の重み付けや可視化の方法などについて，いくつかの事例を交えながら説明します．また，テキストアナリティクスでは文字通り，テキスト（言葉）を分析する必要があります．そのための基盤となる技術が自然言語処理です．自然言語処理に関するいくつかの技術，既存のツールとその特性なども紹介していきます．

1.1 テキストアナリティクスとは？

本書のトピックはテキストアナリティクス（Text Analytics）です．テキストアナリティクスとはどういう意味でしょうか．英語を直接翻訳すれば，文（Text）の分析方法（Analytics）のような意味になると思います．那須川らの書籍[1]によれば，「自然言語で記述されたテキストデータを分析し，活用するための技術や取り組みの全般」を意味すると書かれています．同じような言葉でテキストマイニング（Text Mining）という言葉もあります．マイニング（Mining）というのは，地下資源を採掘するという意味です．データから有用な知見を探し出すことをデータマイニングと呼び，テキストマイニングはその対象をテキストとした場合の知識発見だと考えればよいと思います．今，世界には日々大量のテキストデータが投稿され続けています．その中から企業名や商品名，数値表現などを抽出することを目的とした固有表現抽出，類似した内容のテキストを何らかの基準でまとめるクラスタリングなどとともに，何か役に立ちそうなものを探し出そうとするのがテキストマイニングであり，それらの総称が本書のタイトルにもなっているテキストアナリティクスです．

巻頭言にもあるように，本書の筆者らは，電子情報通信学会 言語理解とコミュニケーション研究会（NLC 研）を運営しています．学会の研究会というと，数式のたくさん出てくる学術的な発表というイメージがあるかと思いますが，研究会では，分析したいデータをたくさん持っている産業界と自然言語処理の研究をしている学術界の知見の交換を目的に，テキストマイニング・テキストアナリティクスの発展に少しでも貢献できるようにというモチベーションで運営を続けています．そのような文脈から，本書では，多くの方が自分の環境でテキストアナリティクスを実践できるように，環境構築から実際の分析の流れなどをコードなどを示しつつ説明していきます．ただし，本章だけ，コードなどは示さず，少し教科書のような感じで，基盤技術などについて説明していきます．習うより慣れろ

---

1) 那須川哲哉（編著），吉田一星，宅間大介，鈴木祥子，村岡雅康，小比田涼介（著）：テキストマイニングの基礎技術と応用，岩波書店，2020.

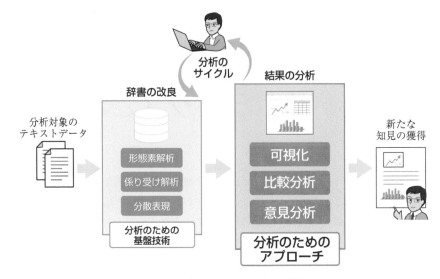

図 1.1　テキストアナリティクスの流れ

という感じでまずコードを作っていろんなものを動かしてみたいと思われる方は，次章以降にいきなり進んでもよいと思います．

　世間は現在第 3 次人工知能ブームで，機械学習，とりわけ深層学習（ニューラルネットワーク）によるさまざまなモデルが日々報告されています．深層学習によって，大きく精度が向上した研究は枚挙に暇がありませんし，今まで難しいとされていたことができるようになったものがあるのも事実です．しかし，まず，本書の読者にお伝えしたいのは，「実行ボタンを押したら手持ちのデータからたくさんの有用な知見を自動的に取り出してくれる夢の技術」は残念ながら「ない」ということです．

　図 1.1 にテキストアナリティクスの流れを示しています．テキストアナリティクスは大きく分析のための技術と分析のためのアプローチから構成され，その分析のサイクルを回していくことが重要です．テキストアナリティクスでは，基盤技術によってデータを解析します．その結果を可視化したりします．それを分析者が読み解き，解析のための辞書を編纂したりしながら，分析のサイクルを回していき，その結果，新たな知見が得られれば成功です．詳しくは次節以降で説明しますが，ここでも簡単に説明をします．

● **分析のためのアプローチ**

　テキストアナリティクスでは，どのように分析をしていくかがとても重要です．図 1.1 で示した処理の流れとは逆になりますが，まず，分析のアプローチを知ることで，解析の仕方やサイクルを回すということのイメージを感じ取ってもらえればと思います．

　テキストアナリティクスのための分析のアプローチに唯一の正解があるわけではありません．データの特性や何を分析したいかによって，その手法はさまざまです．分析のサイクルを回すのは人間です．したがって，人間にとってそのデータの特性をわかりやすく表現できる技術は分析のために有用でしょう．テキストを可視化する手法はたくさんあります．例えば，単語の重要度をその単語の大き

さで表現するワードクラウドや，一緒に出てくる（共起する）単語間を繋いで関連性を表現する共起ネットワークなどが有名です．詳細や実例はこのあとの 1.2.2 項や各章で説明します．

　テキストアナリティクスでは単語の頻度を基準に分析するのが基本的なセオリーですが，どのように比較するかも有効な知見を得るためには重要です．データによってはテキスト（非定型情報）だけではなく，そのテキストに対して何らかのラベルやタグ（定型情報）が付与されていることもあります．興味深い知見を得るには，定型情報を利用することも重要です．分析をするときに対比できる別のデータと比較することで，分析したいデータの特徴が明確に出てくる場合もあります．例えば，SNS に投稿されたデータにはユーザの情報が付与されており，ユーザごとの違いなどを見ることでわかることもあります．また，テキストの投稿された時間情報を利用することで時系列的に特徴のある知見が得られることもあるでしょう．1.2.3 項で時間情報を利用した比較分析の一例を説明します．

　テキストアナリティクスでは，レビューやお客様からの自由記述式のアンケートなどを分析する場面も多いように思います．そのような場合は，意見文と非意見文を分類したり，意見文が肯定的な意見なのか，それとも否定的な意見なのかを分析したりすることもしばしばです．このような技術を評判分析・意見分析などと呼びます．

● 分析のための基盤技術

　分析のための基盤技術については，自然言語処理と呼ばれるテーマで研究されている内容になります．形態素解析は大雑把にいうと文を単語に分割するための技術です．実際には単語に分割するだけではなく，単語の品詞を推定したり，動詞のように活用する単語を基本形に直したりする技術です．テキストアナリティクスをするうえで，この形態素解析は多くの場合に必要な技術でしょう．

　文は単語の並びですが，その単語間には何らかの関係があります．日本語では，係り受け関係を特定することが多いです．この技術のことを係り受け解析と呼びます．どの単語がどの単語に係っているかがわかれば，単語だけよりも有効な情報となる場合があります．

　単語自体の意味を定義することは難しいですが，分析をするときに単語間がどの程度似ているかなどがわかれば，同義語や類義語を適切に扱えるようになるでしょう．そのような単語間の類似性を扱うための技術として分散表現というものがあります．周りの単語を利用して，単語を 200〜300 程度のベクトル（数値）で表現する技術です．

　これらの技術について，基本的には読者の皆さんが実際に実装する必要はありません．既存のツールがいろいろとあります．自分の目的に合ったツールを選んで利用すればよいと思います．

　なお，実際には，分析対象のデータのための前処理もいろいろと必要です．例えば，英語であれば大文字小文字の統一化であったり，日本語の場合は全角数字と半角数字をどちらかに統一するなどの処理が必要です．

　どのような分析のアプローチを取るかや，そのためにどのような基盤技術のツールを使うかも重要ですが，最も重要なことは分析者が処理するデータに対して一定の知識を持っていることです．データに関する知識がある人が，何を分析したいか考え，どのようにすれば求めているような興味深い知見が見つかるのか考えながら分析のサイクルを回す必要があります．最初に述べたように，そのデー

タに対する素人が，ボタンを押して真新しい何かが得られるとすれば，それは単に運が良かっただけ，ということです．皆さんが分析したいと思うデータを既存のツールを使って効率よく分析する．それがテキストアナリティクスを実践する際に忘れてはならないポイントだと思います．

1.2　分析のためのアプローチ

　ここでは，事例などを使いながら，分析のためのアプローチを説明していきます．1.2.2項での実際の分析の過程と結果を見ながら，分析を回すという部分を感じ取ってください．

1.2.1　単語の重み付け

　テキストアナリティクスをする際の最小の単位は多くの場合，単語でしょう．したがって，どの単語が重要かを判断する基準が必要です．最もシンプルな方法は，対象となるデータでどれだけ単語が出てきたか（単語頻度）でしょう．頻度を見るだけでわかることも多いです．

　頻度が高い単語が重要そうであるという仮定は比較的受け入れやすいと思います．たくさん出てくるということは，そのテキストの言いたいことだからです．一方で，たくさん出てくる単語はすべて重要でしょうか？　例えば，日本語のテキストに出てくる単語で最も出現頻度が高いものは何でしょう？　対象となるテキストに多少は依存するかもしれませんが，それはきっと助詞の「の」や「を」です．「の」や「を」が重要だと感じる場面はそんなに多くないはずです．このような，多くの場面で分析には役に立たない（もしくは悪影響を与える可能性がある）語は，あらかじめ取り除いておく必要があります．このような語を不要語（ストップワード）と呼びます．分析の対象は，名詞や動詞，形容詞などの内容語だけとし，助詞や助動詞[2]などは不要語としてあらかじめ取り除くことが多いです．

　ここで，重要だと感じる語とは何かを考えてみます．本には多くの場合，最後に索引が付いています．この索引はその本で読みたいところを探すために重要です．では，この本の索引を作るとしたときに，どのような単語を選ぶとよいでしょうか．先ほど不要語として取り上げた助詞などは索引に含める必要はないように思います．助詞の「の」や「を」はほぼすべてのページに出てくるので，索引にする意味がない（読者がこの本で何かを調べるときに役に立たない）からです．では，助詞などの不要語を除き，名詞で頻度の高い語を選ぶとしましょう．例えば本書では「頻度」という言葉がそれなりの頻度で出てくるはずです．この単語はいろんな章で満遍なく出てくる傾向があるので，本書を読んでいて「頻度」という単語を調べたい人がどのくらいいるかと考えた場合，索引に含める必要があるか少し微妙です[3]．一方で，特定の章だけでよく出てくる語は索引に含めておくと読者が調べやすくなるでしょう．言い換えると，たくさん出てくる語は重要ですが，どこにでも出てくる語は必ずしも重要とは限らないということです．この考え方を式にして，各単語に重要さを割り当てる手法の1つが $tf \cdot idf$ です．

---

2)　例えば，ある文が事実なのかそうでないのかを判断したりする場合に，伝聞を意味する「〜らしい」など，内容語ではないものが役に立つ場面も多いことには注意してください．

3)　もちろん，いくつかの章や節にまたがって出てくる重要な単語もあります．

$tf \cdot idf$ の計算式は以下のようになります.

$$tf \cdot idf = tf(t, d) \times idf(t) \tag{1.1}$$

ここで, t はある単語, d はある文書を意味します. ただし, d の単位は別に文書である必要はなく, 例えば, 本で言えば, 1 章の文章, 2 章の文章, 3 章の文章.... のような単位でもかまいません.

$tf(t, d)$ はある文書 d で単語 t が何回出てきたかを意味します. つまり, 高頻度語は重要という考え方に基づく重要さです. $tf(t, d)$ の値は文書ごとに異なります.

$idf(t)$ はある単語 t が何個の文書で出てきたかを意味します. $idf(t)$ の実際の中身は以下の通りです.

$$idf(t) = \log \frac{D}{df(t)} + 1 \tag{1.2}$$

D は対象となっている文書の数です. $df(t)$ はある単語 t が何個の文書に出てきたかを意味します. このとき, ある文書に単語 t が 10 回出てきても, 100 回出てきても, 1 としか数えません. これは df が文書頻度 (document frequency) だからです. 例えば, 全部で 100 個の文書があるとして, ある単語 t_1 が 5 文書だけに出てきたとしたら $idf(t_1) = \log \frac{100}{5} + 1 \approx 2.3$ で, ある単語 t_2 が 50 文書に出てきたとしたら $idf(t_2) = \log \frac{100}{50} + 1 \approx 1.3$ ということになります[4]. つまり, どこにでも出てくる単語ほど小さな値になります. $idf(t)$ はどの文書に含まれている単語 t かに関係なく, t に対して一定です.

以上で求めた $tf(t, d)$ と $idf(t)$ を掛け合わせたものが $tf \cdot idf$ です. 明確な理論的な根拠があるというよりは, 人間が経験的に感じることを式にしたというものです. 必ず正しい重要度を表してくれるわけではありませんが, 簡単に計算でき, 人間の直観にも添っているため, 多くの場面で利用されています. 実際には, $tf(t, d)$ をその d に出てくる単語数で割って正規化したり[5], いろいろな亜種があります. 状況に応じていろいろと試してみるとよいでしょう.

1.2.2　情報の可視化

重要な単語が得られたとして, それをテキストファイルで見て分析するのは結構大変です. 分析する人にとって分析するための労力は少ないほうがよいですし, テキストを眺めるだけでは, 多くの有用な情報を見落としてしまうかもしれません. 情報を分析する人にとってわかりやすく表現することも適切な分析のためには重要です.

どのように表現するかに唯一の答えはありませんが, よく使われるのはワードクラウドでしょう. ワードクラウドは単語の出現頻度などを利用して, 文字の大きさを変えて可視化する手法です. **図 1.2** にその例を示します. このワードクラウドは, Wikipedia に載っている興行収入歴代 top30 の映画のあらすじから作ったものです. このワードクラウドを俯瞰的に眺めると, 「攻撃」とか「破壊」とか「脱出」など, 冒険的な単語が並んでいることに気づきます. 興行収入のよいものはハリウッドらしい

---

4)　両方とも log の底を 10 とした場合.
5)　実際に Python の scikit-learn に実装されている $tf \cdot idf$ は正規化された値です.

図 1.2　ワードクラウドの例：興行収入歴代 top30 の映画のあらすじから

映画が多いので，なんとなく納得できる結果です．一方で，一番大きい単語は「二人」です．この単語が最も大きくなることは皆さんの予想の範疇でしょうか．筆者としては少し意外でした．しかし，よく考えると，冒険やドラマは「一人」では生まれないのだな.... とすんなり納得できる気もします[6]．

　ここで，もう少し分析を続けます．次に「二人」は何をしていたのかを実際のテキストを検索してまとめてみました．ここでは，「二人」という単語が係っている先の単語をリストアップしています．その結果が以下です．

- 「二人は」が係っているもの：発見する，目指す，生贄になった，知る，慕い合うようになっていく，遭遇する，仲良くなる，考えていた，対決する，到着する，共闘する，愛し合うようになっていた，果たす，逃亡する，転がる，続ける
- 「二人が」が係っているもの：議論する，襲う，寝ている間
- 「二人で」が係っているもの：落ちてしまう，支配する
- 「二人に」が係っているもの：追跡する，頼む，襲いかかる
- 「二人を」が係っているもの：助ける，任せる，食い殺す，潜伏させる

なるほど，いろいろなドラマが起きているのだなと感じる結果です．

　ちなみにこの結果は，30 作品のあらすじに出てくる単語の頻度を元にワードクラウドで可視化したらいきなり出てきた結果ではありません．1.1 節で書きましたが，テキストアナリティクスは，ボタンを押したらいきなり求めている結果が出てくるわけではなく，試行錯誤の繰り返しです．実際にこの分析では，実行して，生成されたワードクラウドの画像を見て，不要語を追加したり，ルールを追加したりしていきました．大きなところとしては，カタカナのみで構成される単語をすべて除きました．これは，役名などが大きくなって，映画の傾向ではなく，各作品の登場人物などでワードクラウ

---

6)　次に大きいのが「自分」なので，どの映画もきっとヒーロー・ヒロインが頑張っているのだろうなとも感じました．

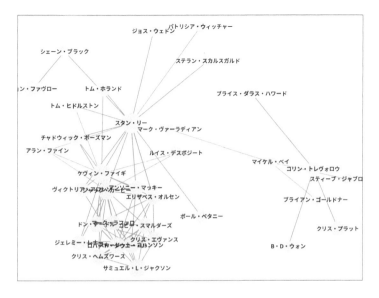

図 1.3　共起ネットワークの例：興行収入歴代 top30 の映画の監督や出演者から

ドが埋め尽くされるのを防ぐためです．しかし，その後，カタカナを削ると地名が出てこなくなることに気づきました．そこで，形態素解析の結果で品詞欄に「地名」と書かれているものは残すようにルールを加えました．

　なお，図 1.2 に出てくる地名で一番大きなものは「インド」です．少し奇妙に感じて，実際のデータを見てみました．すると，これは地名としてのインドではなく，とある恐竜映画に出ていた「インドミナス・レックス」という単語を形態素解析器が間違えて「インド」「ミナス」「レックス」と分割していることが原因でした（後ろ 2 つは前述のカタカナ除外ルールで消えている）．この「インド」が消えると，残る地名で比較的大きいものは「アメリカ」と「ニューヨーク」です．アメリカ・ニューヨークでいろんな戦いやドラマが生まれているというのはハリウッド映画としてはしっくりきます．この事例により，データを見て，いろいろと繰り返していくことが重要だと感じていただけたでしょうか．

　可視化の手法として，共起ネットワークもよく見かけるかもしれません．共起とは，本書ではある単語とある単語が同じ文内とか同じ文書内で一緒に出てくることを意味します．ワードクラウドが単語それぞれの重要さを可視化したものだとすれば，共起ネットワークは単語間の関係を可視化したものと考えることができます．そこで，上記の映画の Wikipedia の各ページ（エンティティ）の右側に出てくる監督や出演者のリストを使って共起ネットワークを作ってみます．

　図 1.3 がその結果です．差が小さいので区別が付きづらいですが，丸の大きさがその人物の出現頻度，線の太さが関係の強さ（一緒に仕事をしている）を意味しています．これを見ると，ある特定のシリーズ映画が歴代 top30 の一部を占めていることに気づく人も多いかもしれません．それ以外に皆さんが何かを見つけることができるかどうかはわかりませんが，少なくともワードクラウド単体では見えてこなかった特定の作品の情報が見えるのは確かです．

　ここではワードクラウドと共起ネットワークを説明しましたが，可視化の手法はこの 2 つだけでは

ありません．皆さんが慣れ親しんだ棒グラフや折れ線グラフのほうがわかりやすい場面も多いでしょう．データの特性や得られた結果などを踏まえて，適切な可視化手法を選ぶ必要があります．

1.2.3　比較分析と属性の利用

　前項では，映画のあらすじをそのまま用いました．分析をするときに，その対象やデータの持つ属性情報を考慮することで見えてくることもあります．ここでは厚生労働省が公開している「職場のあんぜんサイト：労働災害 (死亡・休業 4 日以上) データベース」（以下，「労働災害データベース」）のデータを使って説明したいと思います．

- https://anzeninfo.mhlw.go.jp/anzen_pgm/SHISYO_FND.aspx

　このサイトから平成 29 年 2 月のデータと同年 8 月のデータをダウンロードして使います．ダウンロードされたデータの「災害状況」という欄のテキストだけを取り出して頻度分析をします．

　まず，両方の月に共通して出てくる単語（動詞と名詞）を抽出してみました．

---

2 月と 8 月の両方に出現（括弧内は出現頻度）

負傷 (1285)，転倒 (1222)，足 (1116)，作業中 (923)，骨折 (837)，滑る (789)，右手 (737)，左手 (680)，右足 (677)，左足 (666)，工場 (642)，挟む (621)

ただし，映画データの可視化の際と同じように，不要だと思われる語は適宜削除しています．例えば動詞の「仕舞う」が実際には 1226 件出てきます．しかし，この「仕舞う」は「片付ける」という意味の「しまう」ではなく，その多くが「〜してしまう」という表現でした．映画データのときと同じように，分析をする過程で実際のデータを見つつ，不要語リストの編纂をするなど，適切な処理が必要です．それはさておき，結果から，滑って転けたり，手足を挟んだりして，負傷（主に骨折）をするのだな，というのがわかります．

　次に，2 月のみ，もしくは 8 月のみに出てくる単語だけをリストアップしてみました．

---

2 月のみに出現（括弧内は出現頻度）

雪 (35)，矢板 (11)，吊り荷 (11)，ずれ (10)，建材 (9)，メンテナンス (9)，除雪 (9)，アイスバーン (9)，積もる (8)，吹く (8)，結核 (7)，芯材 (7)，積雪 (7)，湿る (6)

---

2 月の事例には冬を思わせる表現（除雪や積雪）がたくさん出てきます．しかし，全体的に数が少なく，ちゃんとした分析をするにはもう少しデータが必要で，数年分のデータを一括して使うなど，工夫が必要でしょう．また，単語を見るだけではミスリードされてしまう事例も多いです．例えば，「吹く」という単語から連想されるのは，「突風が吹いて....」のような事故ではないでしょうか．実際にそういう事例はありますが，一方で，「吹きつけ工事中に....」のような事例もあり，実例を見ることの重要性も示唆されます．他にも「結核」という単語は確かに出てくるのですが，これはある 1 つの

事例中で「入所者が結核陽性判定後、...、結核性疾病にて.... 入所者の結核罹患を受け....」のように複数回出てきたため数が多いように見えているだけでした．1.2.1 項で示した idf のように，1 つの事例中の同じ単語を複数回数えないなどの工夫も必要でしょう．

---

8 月のみに出現（括弧内は出現頻度）

熱中症 (22), サーバー (14), 目眩 (13), 灰 (11), 自損 (11), デッキ (10), 冷やす (9), 整頓 (8), はち (8), 牽引 (7), 立ち眩み (7), 格子 (7), 蜂 (7)

---

8 月についても 2 月同様に季節（夏）を思わせる表現（熱中症や立ち眩み）がよく出てきています．サーバーは計算機サーバーとしての意味とウォーターサーバーのような意味での 2 つの意味が混じっています．こういう 1 つの表現に複数の意味があるものを自然言語処理では多義語と呼びます．単語の文字列だけではわからない難しい問題です．蜂（はち）による事故というのは言われてみれば，確かに夏らしい気がします．蜂による被害も「刺された」という被害と「蜂をよけようとして転倒してしまった」というような被害の 2 種類がありました．蜂が原因でどうなったのかにまで分析の範囲を拡げるのであれば，単語のみならず係り受け情報などの利用も必要でしょう．

今回は単純に特定の年月のデータを比較分析しただけでした．これをもっと長い時系列で分析してみると別の傾向が見えるかもしません．例えば，各単語の 1 年間での頻度の推移を見れば，2 月と 8 月だけを比べるよりもさらに見えてくるものがあるかもしれません．特定の月について，年ごとの時系列を見れば，昔よく生じた事故と今よく生じる事故の差を見つけることができるでしょう．

また，今回は単に「災害状況」の欄に書かれているテキストのみを対象としました．一方で，このデータにはさまざまなメタ情報（定型情報）が記載されています．例えば，発生時間や業種，事業場の規模，年齢などです．テキストとメタ情報を組み合わせて分析すれば，例えば，年齢ごとに生じる労働災害は異なるのかや業種によって気をつけることが異なるのかなどが見えてくるかもしれません．一例として年齢ごとの傾向を 4.3.1 項の図 4.19 で示しますので確認をしてみてください．もし皆さんの解析したいデータにも何らかのメタ情報が付いているのであれば，それを利用して分析するとよいでしょう．

また，特定の時間と共起したり，突然ある単語の頻度が増えたりする事象（バーストと呼ばれることがあります）を観測するだけで見えてくるものもあります．頻度や抽出するための閾値の決め方に依存しますが，例えば Twitter のデータで特定の時期・時間に頻出する単語を見ると，4 月に「チャレンジする」という表現が出てきます[7]．確かに，4 月は年度が替わりチャレンジする気分になる時期のように思えます．また，属性に「学生」という制約をかけると 10 時ぐらいまで「寝坊する」などが出てくるなどの特徴が見えてきます[8]（社会人のデータには出てきません）．

データを分析するときは，全データをひとまとまりとして扱い，ワードクラウドなどで可視化するだけではなく，比較したい対照群やデータの持っている属性などに着目すると見えてくるものもあり

---

7) 山元航平，嶋田和孝：Twitter からの事象パターン知識の獲得，電子情報通信学会 言語理解とコミュニケーション研究会，第 14 回テキストアナリティクス・シンポジウム，NLC2018-38, pp.15-20, 2019.

8) 山元航平，嶋田和孝：人物の属性を考慮した周期的事象の獲得，言語処理学会 第 27 回年次大会，NLP2021, P9-9, pp.1804-1808, 2021.

ます．分析をするときはいろいろな視点からデータを切り分けることも重要です．

1.2.4　意見分析

テキストアナリティクスの対象はさまざまですが，クチコミやアンケート結果，要望や苦情などのデータを分析する場面も多いかもしれません．そのような場合に，意見の分析（評判分析）などをすることになるでしょう．評判分析の研究は数多くされており，分析のための辞書やツールもいくつか存在します．本書では 4.2.1 項で oseti というライブラリを使った感情分析の流れを説明しています．

4.2.1 項では，文が与えられたときにそれが肯定的な意味を持っているのか，それとも否定的な意味を持っているのかを数値で表してくれますが，実際には，意見性を持つ文なのかそうではないのかの分類や，評価の対象は何かを特定するなど，さまざまな処理が必要になるかもしれません．また，「〜ない」のような否定形が来たときの扱いも重要です．他にも「急に」とか「突然」のような表現は製品の不具合を表す否定的な文脈で使われやすいなど，経験的な手がかり表現もあったりします[9]．皆さんの分析したいデータや意図に合わせていろいろな技術を組み合わせると，単に頻度を数える以上の結果が得られるかもしれません．

1.3　分析のための基盤技術

テキストアナリティクスという名前からわかるように，解析するのはテキストです．これを自然言語と呼びます．自然言語とは日本語や英語，中国語など人間が日常で利用している言葉です[10]．このような自然言語をコンピュータで処理したり，コンピュータに理解させたりする技術のことを自然言語処理と呼びます．自然言語処理で研究されているさまざまな内容や自然言語処理のためのツールは，テキストアナリティクスを実行するためには欠かせない基盤技術です．

ここでは，分析のための基盤技術として (1) 形態素解析，(2) 係り受け解析，(3) 分散表現について既存のツールを紹介します．どのツールを使うことが自分の目的に合っているかを皆さんが判断するために，それぞれのツールの特徴や注意点などを説明したいと思います．

1.3.1　形態素解析

英語などとは異なり，日本語は単語同士がくっついているため，まず最初に単語に分ける作業が必要です．このような作業を行ってくれるのが形態素解析器です（正確には形態素に分けることですが，ここでは単語に分けるというイメージを持ってもらえれば OK です）．形態素解析では単語に分けるだけではなく，その単語の品詞を推定したり，単語の原形を求めたりする作業も同時に行われます．

---

9)　村上拓真，那須川哲哉：特徴的な記述を利用した問題発見手法の実現，電子情報通信学会 言語理解とコミュニケーション研究会，第 1 回テキストマイニング・シンポジウム，NLC2011-7, pp.31-35, 2011.

10)　わざわざ「自然」と呼ぶのは対になる「人工」言語があるからです．人工言語の定義は人によって多少異なるのですが，ここでは第 2 章以降で利用する Python のようなプログラミング言語をイメージすればよいと思います．その違いは，プログラミング言語には解釈の曖昧性がないのに対して，人間が使う自然言語にはたくさん曖昧性があることです（いわゆる行間を読むみたいなもの）．

本項では 3 つの形態素解析器（MeCab，JUMAN++，Sudachi）を説明します．形態素解析そのものについて詳しく知りたい方は工藤による書籍[11]を読んでください．

1.3.1.1　MeCab

MeCab[12] は現在最もよく使われている形態素解析器でしょう．MeCab を使うメリットとして挙げられる最たるものは，その実行速度でしょう．のちほど説明する 2 つの形態素解析器よりも格段に処理速度が速いです．どのぐらいの差があるかは 7.3 節に事例があるので確認してみてください．なお，Python で利用できるライブラリ janome は MeCab の Python での再実装版です．

形態素解析の結果をテキストアナリティクスで利用する際に問題となる要素として，固有名詞や新語が過分割されてしまうことがあります．このような場合への対策としては NEologd[13] と呼ばれる拡張辞書の利用が挙げられます．多数の新語や固有名詞をカバーしています．例えば，「はじめの一歩を読む」という文を NEologd なしで解析すると

はじめ｜の｜一歩｜を｜読む

と分割されますが，NEologd を利用して解析すると

はじめの一歩｜を｜読む

というふうに「はじめの一歩」が固有名詞として認識されるようになります．このように分割しないほうがよいのかどうかは形態素解析後に何をするかによって異なります．ただ，テキストアナリティクスをする場合には，商品名などの固有名詞をちゃんと 1 つの単語として扱うほうがよい場合が多いと思います．もし，思っているような単語が得られない場合は，NEologd を使ってみるとよいと思います．

1.3.1.2　JUMAN++

JUMAN++[14] は Recurrent Neural Network Language Model というニューラルネットワークに基づく形態素解析器です．文法・辞書・出力フォーマットなどは前身の JUMAN から引き継いでいます．JUMAN/JUMAN++の特徴は，他の形態素解析器と比較して付加的な情報が解析結果に多く付与される点です．

例えば「外国人参政権」という単語を形態素解析すると

11) 工藤拓：形態素解析の理論と実装，近代科学社，2018.
12) https://taku910.github.io/mecab/
13) https://github.com/neologd/mecab-ipadic-neologd
14) https://nlp.ist.i.kyoto-u.ac.jp/?JUMAN\%2B\%2B

外国 がいこく 外国 名詞 6 普通名詞 1 * 0 * 0 "代表表記:外国/がいこく　ドメイン:政治 カテゴリ:場所-その他"
人 じん 人 名詞 6 普通名詞 1 * 0 * 0 "代表表記:人/じん　カテゴリ:人　漢字読み:音"
@ 人 じん 人 名詞 6 普通名詞 1 * 0 * 0 "代表表記:人/ひと　カテゴリ:人　漢字読み:訓"
参政 さんせい 参政 名詞 6 サ変名詞 2 * 0 * 0 "代表表記:参政/さんせい　ドメイン:政治 カテゴリ:抽象物"
権 けん 権 名詞 6 普通名詞 1 * 0 * 0 "代表表記:権/けん　カテゴリ:抽象物　漢字読み:音"

のような結果が得られます．この結果の解析結果としての正しさと解析結果の詳細な見方はおいておくとして，「外国」に対して「ドメイン:政治 カテゴリ:場所-その他」のような情報が付与されていたり，「人」に対する複数の結果が付与されていたりします．このほかにも Wikipedia から抽出した辞書の情報などが付与されたりもします．例えば，「爽健美茶」を解析すると「自動獲得:Wikipedia Wikipedia 上位語:清涼飲料水」のような情報が解析結果に付与されます．

1.3.1.3 Sudachi

Sudachi[15]/SudachiPy[16] は商用利用が可能で，継続的にメンテナンスされている形態素解析器です．単語の正規化や複数の分割単位への対応，充実した同義語辞書などのメリットがあります．単語の正規化とは，例えば「受付」と「受け付け」の 2 つをともに「受け付け」という表記でまとめ上げることです．

分割単位については，A, B, C の 3 つのモードがあり，A が最も短く，C が最も長い単位です．例えば先ほどの「外国人参政権」をそれぞれのモードで分割すると

```
A: 外国｜人｜参政｜権
B: 外国人｜参政権
C: 外国人参政権
```

というふうに分かれます．テキストアナリティクスで利用する場合は，A と C をうまく組み合わせて処理すれば，網羅性も高く，固有名詞などにも柔軟に対応できるかもしれません．

同義語辞書では，例えば「閉店」という単語に対して「クローズ」，「close」，「店仕舞い」のような単語が整備されています．また，同義語辞書には方向があり，例えば，単語「ケータイ」からは

ケータイ→携帯電話，ケータイ電話，携帯，移動電話，モバイルフォン，モバイル，mobile

のような同義語に展開されますが，「携帯」という単語には多義性（ここでは携帯電話以外の意味）があるため，携帯→ケータイのような同義語展開はされません．この同義語辞書をユーザが作ることもできます．

1.3.2　係り受け解析

係り受け解析とは，小学校の国語の時間に勉強したと思いますが，文中の「係る単語」と「受ける

---

15) https://github.com/WorksApplications/Sudachi
16) https://github.com/WorksApplications/SudachiPy

単語」という関係の解析です．単語だけではわからない情報を得ることが可能になります．

　本項では 3 つの係り受け解析器 (CaboCha, KNP, GiNZA) を説明します．基本的には，係り受け解析器は形態素解析器とペアで選びます．具体的には MeCab を使う場合は CaboCha を，JUMAN++ を使う場合は KNP を，Sudachi を使う場合は GiNZA を利用します．

1.3.2.1　CaboCha

CaboCha[17] は，今回紹介する 3 つの係り受け解析器の中で最もシンプルな解析を行います．「太郎は昨日買った本を花子に渡した。」という文を CaboCha で解析すると以下のようになります．

```
太郎 は 昨日 買った 本 を 花子 に 渡した 。
<PERSON>太郎</PERSON>は ————————D
                          昨日-D      |
                          買った-D    |
                            本 を ---D
                            花子 に -D
                            渡した 。
EOS
```

「太郎」→「渡した」，「昨日」→「買った」のような係り受け関係が特定できています．

　また，固有表現解析も可能です．固有表現とは人名や地名などの固有名詞や，時間や金額などの数値表現などの総称です．テキストアナリティクスでは固有表現が重要な役割を持っていることも多いでしょう．上記の例では <PERSON>太郎</PERSON> となっている部分がその解析結果です．

1.3.2.2　KNP

KNP[18] は大規模なウェブテキストから自動構築された解析器です．単に係り受け解析をするだけではなく，述語項構造解析や照応解析も行うことができます．以下が先ほど同様に「太郎は昨日買った本を花子に渡した。」という文を解析した結果です．

```
昨日 ┐         太郎 は————  <体言><NE:PERSON:太郎><EID:0>
     買った————            |  <体言><EID:1>
                          |  <用言:動><EID:2><項構造:ヲ/本/3;時間/昨日/1;ガ/太郎/0>
                 本 を———  <体言><EID:3><項構造:ノ/太郎/0>
                花子 に———  <体言><EID:4>
                     渡した 。<用言:動><EID:5><項構造:ガ/太郎/0;ヲ/本/3;ニ/花子/4>
EOS
```

　述語項構造解析とは，述語に対する項を推定する技術です．上記の例では，述語「渡す」のガ格が「太郎」で，ヲ格が「本」，ニ格が「花子」です．

　照応解析とは照応詞（代名詞や指示詞）が実際に何を指しているかを推定する技術です．国語や英語のテストでやった「文中の**あれ**という表現（指示詞）は何を指すか」というような問題です．日本

---

17) https://taku910.github.io/cabocha/
18) https://nlp.ist.i.kyoto-u.ac.jp/?KNP

語の場合は単語の省略（ゼロ代名詞）がよく生じるため，文の意味を正しく理解するにはとても重要です．上記の例では「買う」のガ格が「太郎」であることや，「本」が「太郎」のもの（ノ格）であることが正しく解析されています．解析速度は CaboCha と比べて大幅に遅くなりますが，CaboCha では得られない情報も多く得られます．

1.3.2.3　GiNZA

GiNZA[19] は spaCy と呼ばれる自然言語処理ライブラリを用いて実装されている解析器です．同様に，「太郎は昨日買った本を花子に渡した。」という文を解析した結果は以下のようになります．

```
太郎は昨日買った本を花子に渡した。
# text = 太郎は昨日買った本を花子に渡した。
1    太郎   太郎   PROPN  名詞-固有名詞-人名-名    _  10  nsubj   SpaceAfter=No|BunsetuBILabel=B|BunsetuPositionType=SEM_HEAD|NP_B|Reading=タロウ|NE=B-PERSON|ENE=B-Person
2    は    は    ADP    助詞-係助詞          _  1   case    SpaceAfter=No|BunsetuBILabel=I|BunsetuPositionType=SYN_HEAD|Reading=ハ
3    昨日   昨日   NOUN   名詞-普通名詞-副詞可能    _  4   advmod  SpaceAfter=No|BunsetuBILabel=B|BunsetuPositionType=SEM_HEAD|NP_B|Reading=キノウ
4    買っ   買う   VERB   動詞-一般           _  _   acl     SpaceAfter=No|BunsetuBILabel=B|BunsetuPositionType=SEM_HEAD|Inf=五段-ワ行,連用形-促音便|Reading=カッ
5    た    た    AUX    助動詞            _  4   aux     SpaceAfter=No|BunsetuBILabel=I|BunsetuPositionType=SYN_HEAD|Inf=助動詞-タ,連体形-一般|Reading=タ
6    本    本    NOUN   名詞-普通名詞-一般      _  10  obj     SpaceAfter=No|BunsetuBILabel=B|BunsetuPositionType=SEM_HEAD|NP_B|Reading=ホン
7    を    を    ADP    助詞-格助詞          _  6   case    SpaceAfter=No|BunsetuBILabel=I|BunsetuPositionType=SYN_HEAD|Reading=ヲ
8    花子   花子   PROPN  名詞-固有名詞-人名-名    _  10  obl     SpaceAfter=No|BunsetuBILabel=B|BunsetuPositionType=SEM_HEAD|NP_B|Reading=ハナコ|NE=B-PERSON|ENE=B-Person
9    に    に    ADP    助詞-格助詞          _  8   case    SpaceAfter=No|BunsetuBILabel=I|BunsetuPositionType=SYN_HEAD|Reading=ニ
10   渡し   渡す   VERB   動詞-一般           _  _   root    SpaceAfter=No|BunsetuBILabel=B|BunsetuPositionType=ROOT|Inf=五段-サ行,連用形-一般|Reading=ワタシ
11   た    た    AUX    助動詞            _  10  aux     SpaceAfter=No|BunsetuBILabel=I|BunsetuPositionType=SYN_HEAD|Inf=助動詞-タ,終止形-一般|Reading=タ
12   。    。    PUNCT  補助記号-句点        _  10  punct   SpaceAfter=No|BunsetuBILabel=I|BunsetuPositionType=CONT|Reading=
```

GiNZA は前 2 つの解析器と異なり，Universal Dependencies（UD）と呼ばれる構文構造を推定する技術です．UD とは多言語間で一貫性のある解析を目指した枠組みです．

　上の解析例では少しわかりづらいので，解析結果を可視化したものを**図 1.4** に示します．root が文の主辞（文の中での中心）で，各単語間に依存関係（係り受け）が付与されます．例えば「太郎」は「渡す」という root に対して，nsubj（名詞句による主語）という関係を持った依存構造であることを意味しています．単語の下にある PROPN や ADP は UD で定義されている品詞です．

　CaboCha や KNP と大きく異なるのが関係付与の単位です．CaboCha と KNP が文節を単位に解析しているのに対し，UD では各単語間に関係を付与しています．例えば，「は」→「太郎」（case）のような部分です．文節単位での処理をしたい場合には，GiNZA v4 以降では，解析時のオプションの指定で対応可能です．

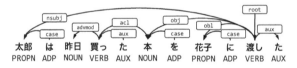

図 1.4　Universal Dependencies による解析結果の可視化

1.3.3　日本語以外の処理

　本書では日本語を対象に書かれていますが，場合によっては他の言語を処理する必要がある方もいるかもしれません．英語を対象とした場合の処理については少しだけ 4.1.5 項でも触れますので参考にしてください．前述の GiNZA を動かすために利用する spaCy というライブラリでは，英語のみならず，スペイン語やフランス語などいくつかの言語をサポートしていますので，これを使えば比較

---

19) https://github.com/megagonlabs/ginza

的簡単に他言語の処理も可能です.

1.3.4　Bag-of-Words

1.2.1 項で述べたように,テキストを分析するときに行うことが,単語単体への処理で済むのであれば,1.3.1 項で紹介した形態素解析器を使って,文を単語に分割し頻度を数えればよいです.しかし,例えば似たような文書をまとめたり(クラスタリングといいます),4.2.2 項で説明する LDA のような技術を使う場合,文書を何らかのかたちで定量的に表現する必要があります.

その方法として最もシンプルなものが Bag-of-Words (BoW) です.言葉で説明すると「文書を出現した単語群で表現する」というアプローチです.この名前の由来は「袋(bag)の中に単語を放り込んだ状態」をイメージさせるからです.つまり,文書中で現れた単語の出現順序などは無視されます.例えば,「やせ型の男がニヤッと笑ってたずねた」という文書であれば

[' やせ型', ' の', ' 男', ' が', ' ニヤッ', ' と', ' 笑っ', ' て', ' たずね', ' た']

というのがこの文書の Bag-of-Words となります.上記の例では出現順序が保持されているように見えると思いますが,実際には先ほど述べたように順序は関係ありませんので注意してください.必要に応じて利用する単語を品詞で絞り込んだりもします.

しかし,これだけではまだ定量的な表現になっていません.コードで処理する際はこれを「文書単語行列」という表現に変換します.文書単語行列とは,**図 1.5** のように各行が文書(d),各列が単語(w)に対応した行列です.w の数(m の大きさ)はすべての文書に出てくる総異なり単語数(語彙数)です.この時,各文書に対応する行について,出現する単語の列に 1(もしくは出現頻度や $tf \cdot idf$ 値),それ以外の列に 0 の値を代入します.例えば先ほどの例文「やせ型の男....」が d_1 だとすると,対応する単語の列(例えば,w_{50} や w_{250},w_{1000} など)のところに 1 が代入されます.d_2 がどんな文だったのかはわかりませんが,この行列から「今日」とか「晴れ」などの単語が出てくることがわかります.このように行と列を文書と単語に対応させることで,文書集合全体を行列で表現することができます.また個々の文書は対応する行のベクトルとして表現することができます.

文書をベクトルとして表現できれば,それを用いて文書間の類似度を測ったり,類似文書をまとめたり,機械学習の手法を適用できるようになります.2 つの文書が与えられた場合の類似度を測る方

	今日	言語		袋		男		やせ型		の		晴れ	
	w_1	w_2	...	w_{10}	...	w_{50}	...	w_{250}	...	w_{1000}	...	w_m
d_1	0	0	...	0	...	1	...	1	...	1	...	0
d_2	1	0	...	0	...	0	...	0	...	1	...	1
d_3	0	1	...	1	...	1	...	0	...	1	...	0
⋮	⋮	⋮		⋮		⋮		⋮		⋮		⋮
d_n	1	1	...	0	...	0	...	0	...	1	...	0

図 1.5　文書単語行列

法はいろいろとありますが，よく用いられるのはコサイン尺度（cos）です．ある文書 d_x とある文書 d_y の類似度は以下のように計算できます．

$$cos(d_x, d_y) = \frac{\sum_{i=1}^{m} x_i \cdot y_i}{\sqrt{\sum_{i=1}^{m} x_i^2 \times \sum_{i=1}^{m} y_i^2}} \tag{1.3}$$

単語の有無や頻度値，$tf \cdot idf$ などで文書単語行列を作ると行列中の値は基本的に正の値しかないため，cos は 0 から 1 までの値になります．1 が完全一致で，0 はまったく一致していない，ということを意味しています．

　現状では，次節で説明する分散表現もよく使われる文書の表現方法ですが，Bag-of-Words による文書表現は，直観的にわかりやすく，それに対するさまざまな手法や知見が蓄積しているため，実際のテキストアナリティクスにおいては未だによく使われている手法の 1 つです．

　ただ，列の長さ（ベクトルの次元数）が大きくなってしまう，というデメリットがあります．単語の種類数（以下，語彙数）がそのまま列の次元数にあたるため，文書規模が大きければ，数十万〜数百万次元のベクトルになってしまいます．そのように超高次元のデータを扱うのは計算処理として負荷が大きいため，一般的には語彙数を減らす必要があります．具体的には，出現頻度の低い語と出現頻度の高すぎる語の両方を取り除きます．低頻度語は，ほとんどの文書に出現しないため，文書を表す特徴としては不適切です．逆に高頻度語は，多くの文書に共通して出現するため，文書を表す特徴としては同様に適切です．もちろん，1.2.1 項で述べた $tf \cdot idf$ などを使って選別する方法もあります．

　このように Bag-of-Words を用いて文書集合全体を文書単語行列という定量的な表現に変換することで，テキストに対して，データ分析や機械学習の手法を適用できるようになります．

1.3.5　分散表現

　テキストアナリティクスで分析をするときによく使う単位は単語です．単語の意味とは何でしょう？人間にとっては国語辞典などを引いたときに出てくる説明が単語の意味だと思いますが，コンピュータにとってはそうではありませんし，自然言語処理の分野において意味がどう表現されるべきなのかははっきりと決まっていません．一方で，自然言語処理でよく利用される意味の考え方は「単語の意味はその周辺に出現する単語によって決まる」という John Firth による分布仮説と呼ばれるものです．この考え方に基づき，ニューラルネットワークで学習した分散表現が近年は利用されることが多いです．その 1 つが word2vec と呼ばれるツールです．king という単語のベクトルから man という単語のベクトルを引き，woman という単語のベクトルを加えると queen という単語が出てくることが有名な事例です（$vec(king) - vec(man) + vec(woman) = vec(queen)$）．分散表現の作り方には Continuous Bag-of-Words (CBOW) と呼ばれる方法と skip-gram と呼ばれる方法があります．**図 1.6** にそれぞれの単語分散表現の獲得のイメージを示します．上側が CBOW です．周りの単語（$z_{i-2} \sim z_{i+2}$）を見て，x_i に何が入るかを予測するモデルを作ります．「努力」とか「合格」とかの単語から，「？」の部分に「試験」とか「テスト」とかが入りそうだと感じることと似ているかもしれません．下側が skip-gram です．こちらは対象となる単語 x_i から周りに出てくる単語（この例の場合

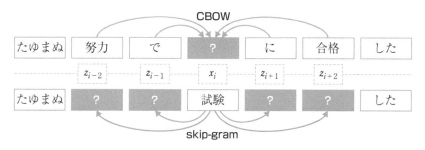

図 1.6　CBOW と skip-gram による単語分散表現の獲得の例

$z_{i-2} \sim z_{i+2}$）を予測するモデルを作ります．「試験」という単語には「合格」とか「不合格」とか「頑張った」とかが伴いそうだと感じることと似ているかもしれません．何はともあれ，どちらかのモデルを使い，ニューラルネットワークを用いて学習し，各単語を 200〜300 次元のベクトルとして表現します．

　分散表現が得られれば，単語の類似性を測ることができるようになります．単語の類似性を測る場合に，よく利用されるのは前項でも紹介したコサイン尺度（cos）です．前項の式の d_x と d_y をそれぞれの単語の分散表現だと考えればよいだけです．ただし，分散表現はベクトル内に負の値を持つ場合があるので，コサイン尺度の値は −1 から 1 の値になります．1 が完全一致で，−1 は真反対のベクトルです．ただし，−1 だからといって意味的に真反対という意味ではありません．あくまでベクトルとしてです．

　単語の分散表現はご自身の手元に大量のテキストデータがあれば gensim を使って作ることができます．gensim とはテキストからトピックのまとまりを見つけるトピックモデリング（4.2.2 項）や本項で扱っている分散表現を作るための Python のライブラリです．もし，テキストデータが手元にないのであれば，Wikipedia などをコーパス[20] とした word2vec のモデルがネット上に多く存在します[21]．すでに構築された word2vec のモデルを用いれば，上記のコサイン尺度などを使って簡単に単語間の類似度を計算することができます．一方で，どのようなデータ（コーパス）から分散表現を作るかによって，似ている単語は異なってきます．これは前述のように，分散表現は周りの単語を利用して単語のベクトルを作るため，周りに出てくる語が異なれば，ベクトルの傾向が変わるからです．例えば，年によって，「五輪」という単語と類似度が高い単語は異なります．**表 1.1** は，2000 年，2015 年，2018 年の新聞記事で作った word2vec モデル[22] での「五輪」と類似度が高い単語上位 3 件です．新聞記事が元データですので開催年が近い五輪や類似したイベント（世界選手権）などが上位に来ています．同じような例をもう 1 つ見てみましょう．**表 1.2** は，2000 年と 2018 年の単語「ワールドカップ」と類似度が高い上位 3 件です．見てわかるように，2000 年の類義語はサッカーに関係するもので，2015 年はラグビーに関係するものです．これらは極端な例かもしれませんが，どのようなデータを使ってモデルを作るかによって結果が変わってくることを頭に入れておくことは重要です．

---

20) 自然言語処理では，電子的なテキストをまとめたものをコーパスと呼びます．
21) リストは本項の最後にまとめます．
22) この事例は西日本新聞社のご厚意によって提供された word2vec モデルを用いています．お礼申し上げます．

表 1.1　単語「五輪」と類似度が高い単語（括弧内はコサイン尺度による類似度）

順位	2000 年	2015 年	2018 年
1	シドニー五輪 (0.79)	リオデジャネイロ五輪 (0.73)	平昌 (0.72)
2	シドニー (0.75)	ロンドン五輪 (0.72)	平昌冬季五輪 (0.72)
3	アトランタ五輪 (0.72)	世界選手権 (0.71)	平昌五輪 (0.71)

表 1.2　単語「ワールドカップ」と類似度が高い単語（括弧内はコサイン尺度による類似度）

順位	2000 年	2018 年
1	日韓共催 (0.82)	W 杯 (0.86)
2	W 杯 (0.81)	イングランド大会 (0.85)
3	サッカー (0.72)	ラグビー日本代表 (0.80)

また，word2vec のような分布仮説に基づくモデルは，対義語や反義語をうまく扱えないことも頭の中に入れておきましょう．例えば，「合格」と「落第」は真反対の意味ですが，「試験に合格した」という文と「試験に落第した」という文を見ればわかるように，同じような単語を周りに伴うため類似度が高くなる傾向があります．

このようなデータの特性やモデルの特性を理解したうえで，適切に使うことが重要だと思います．公開されている word2vec のモデルを列挙します（これ以外にもたくさんあります）．いろいろと試してみるとよいと思います．

- 日本語 Wikipedia エンティティベクトル: https://github.com/singletongue/WikiEntVec
- hottoSNS-w2v: https://github.com/hottolink/hottoSNS-w2v
- chiVe: https://github.com/WorksApplications/chiVe

1.4　まとめ：自然言語処理を学ぶために

本章では，テキストアナリティクスについて簡単に説明しました．皆さんご存じのように，テキストアナリティクスに関係の深い自然言語処理でも，それ以外の研究分野でも，深層学習（ニューラルネットワーク）はとどまるところを知らない勢いです．自然言語処理において一世を風靡した word2vec も，今や BERT や GPT-3 などの出現により，過去の技術となりつつあります．新しい技術が日々提案され，多くのタスクで，その有効性が示されています．一方で，テキストアナリティクスに関していえば，ニューラルネットワークを適用したらそれで終わり，という状況にはなっていません．

新しい技術というのは魅力的で，もちろん有用な知見を多く含んでいるのですが，テキストアナリティクスとして，データから新しい知見を得たいというときに，必ずしも新しい技術を使わなければならないわけではありません．ここまで何度も述べてきたように，むしろ必要なのは，分析したいデータに対する分析者の知識であり，その知識と何を得たいかという欲求に基づく地道な分析のサイクルです．そのために，自然言語処理の研究者としては，既存の自然言語処理のツールや分析手法が皆さんにとって役に立つことを祈っていますし，本章の内容が，読者の皆さんのデータ分析のための足がかり（ツールの選び方や分析の仕方）になればと思います．また，次章以降の環境構築や事例集が，皆さんの分析のための参考になることを期待しています．

　本章では，少し教科書のような書き方で，自然言語処理に関することや分析方法について説明してきました．しかし，十分に書き切れているとは言いがたい状況です．以降に参考資料を列挙します．必要に応じて，皆さんのテキストアナリティクスのためにご参照ください．

　自然言語処理に関する教科書としては，以下の書籍がよいでしょう．奥村の書籍[23]はあまり新しい内容は含まれていませんが，初学者向けにわかりやすく書かれていると思います．黒橋の書籍[24]も大学の学部生を対象とした教科書としてちょうどよいレベルの内容です．奥村本と比べるとニューラルネットワークに関する記載もあり，少し新しい情報も含まれています．自然言語処理に関する情報量は少なくなりますが，西川らによる書籍[25]は，わかりやすい説明と実際のコードも付与されており，最初にいろいろと試すための足がかりとしてはよいと思います．本書のテキストアナリティクスの範疇から少し外れますが，西川らによる書籍では音声や画像に関する分析方法も載っており，テキスト以外も分析したい方には 1 冊でいろいろと学べて有用です．

　ニューラルネットワークをはじめとする機械学習の使い方や実際のコードなどを掲載した書籍はたくさんありますが，テキストアナリティクスでは，何を使うかよりはどう使うかのほうが重要なことも多いです．山本の書籍[26]はコードの動かし方ではなく，技術的な要素を丁寧にわかりやすく説明した良書だと思います．テキストをどういう目的でどうやって分析したらよいのだろうと迷ったときの参考になると思います．

　本書を含め，自然言語処理に関するさまざまな技術が皆さんの役に立つことを願っています．

23) 奥村学：自然言語処理の基礎，コロナ社，2010.
24) 黒橋禎夫：自然言語処理 改訂版，放送大学教育振興会，2019.
25) 西川仁，佐藤智和，市川治（著），清水昌平（編）：テキスト・画像・音声データ分析，講談社，2020.
26) 山本和英：テキスト処理の要素技術，近代科学社，2021.

第2章 プログラミングの補足知識

本書では，皆さんは Python もしくはプログラミングに関する基礎知識（例えば if 文や for 文の書き方）をお持ちであるという前提を置いています．本章では，その基礎知識の ＋α な要素について簡単に説明します．知っていることだけであれば読み飛ばしていただいてかまいません．もし Python をゼロから学びたいという場合は渡辺の書籍[1] などを参照するとよいと思います．

2.1 文字コード

文字をファイルに記録するための方式を文字コードと呼びます．文字コードの問題はテキストを解析するうえでとても重要です．想定された文字コードでないファイルを読み込むと，いわゆる文字化けをして正しい解析ができません．テキストファイルを扱うときは記録されている文字コードが何であるかに注意する必要があります．

歴史的にみると，2010 年ごろまでのパソコンで作成された文書の多くがシフト JIS でした．したがって，現在でもシフト JIS の文書がたくさん残っています．第 4 章で題材に取り上げる青空文庫の書籍は，シフト JIS の方式でのファイルが配布されています．しかし，シフト JIS は処理するときにいろいろと注意が必要な文字コードです．

一方で，現在は世界中の文字を統一的に扱うためのユニコード（Unicode）と呼ばれる業界規格が制定され，その利用が徐々に広まっています．Python 3 では，ファイルがユニコードに準拠した UTF-8 という文字コードで記録されていることを想定しています．したがって，本書では UTF-8 という方式で日本語を扱うことにします．なお，次節で説明しますが，処理対象のファイルが他の文字コード（例えばシフト JIS）で記録されている場合には，明示的に文字コードを指定するなどの作業[2] が必要です．

携帯電話でメールを書くときに使える絵文字が年々増えてきていることにお気づきのことと思いますが，表現できる文字の種類も多くなってきました．絵文字に限らず，人名など固有名詞で主に使われる漢字や，現代ではまず見られない歴史的なカナ表記も扱えるようになってきています．このように，日本語で扱える文字は，時代とともに豊かになってきました．

---

1) 渡辺宙志：ゼロから学ぶ Python プログラミング，講談社，2020.
2) chardet というライブラリを用いると，文字コードの推定に基づいてファイルの読み込みが行われますが，推定精度が 100% ではありません．

2.2　ファイルの入出力

テキストデータを解析するときに，ファイルからのデータ読み込みや結果をファイルに書き込むことが度々生じます．ファイルの読み込み（および書き込み）の基本的な流れは以下の通りです．

1. open 関数を利用して，ファイルを読み込みモード（もしくは書き込みモード）で開きます
2. ファイルからデータを読み込みます（もしくはファイルにデータを書き込みます）
3. close 関数を利用してファイルを閉じます

以下はファイル読み込みのサンプルプログラムです．

プログラムリスト 2.1　read_file.py

```
1  f = open("sample.txt", "r", encoding="utf-8")
2  for line in f:
3      print(line)
4  f.close()
```

1 行目の open 関数では，開くファイルの名前，開くときのモード，ファイルの文字コードを指定します．"r"というのは読み込みモードで開くことを意味しています．書き込みをしたい場合はここを"w"とします．他にも追記モードで開く場合は"a"としたり，読み書き両方をする場合に"r+"のように指定したりできます．開いたファイルの情報（この場合は f）を利用してファイルから 1 行ずつ読み込む作業をしているのが 2 行目と 3 行目です．ファイルへの書き込みを行う場合は，1 行目で書き込みモードでファイルを開き，3 行目で書き込むための関数 write を利用して，`f.write(line)`のようにすれば指定されたファイルに書き込みます．encoding="utf-8"の部分が前節でも説明した文字コードの指定です．もし処理するファイルがシフト JIS で書かれたものであれば，この部分を encoding="shift-jis" とする必要があります．

上記のような書き方でファイルの入出力ができますが，実際には開こうと思ったファイルが存在しない場合のエラー処理（例外処理）など，ファイルの入出力では気をつけないといけないところがたくさんあります．プログラムを作るとき，入出力部分は最も気をつけなければいけない場所です．このような場合，Python では with 文という例外処理を自動的にしてくれる命令があります．例えば「ファイルが存在していたら以下の処理を行う（存在しない場合は処理しない）」というプログラムを以下のように書けます．

プログラムリスト 2.2　with_read.py

```
1  with open("sample.txt", "r", encoding="utf-8") as f:
2      for line in f:
3          print(line)
```

データ処理をする際は，カンマ区切りのデータを扱うことも多いかもしれません．上記のようにファ

イルを読み込んで，次節で説明する正規表現を用いて，データを自分で区切ってリストなどに補完するという処理を書けばよいわけですが，pandas というライブラリを使うともっと簡単にできます．pandas では DataFrame という形式のオブジェクトでデータを扱います．

　例えば，次のようなカンマ区切りでデータが記述された `sample.csv` があるとします．

```
学生番号,学生名,成績
212A4084,高橋,80
212A5032,佐藤,85
212A4089,田中,95
212A4054,鈴木,58
```

このデータの DataFrame への読み込みや特定の列のデータの参照などが以下のように簡単にできます．

■ プログラムリスト 2.3　pandas_sample.py

```
 1  import pandas as pd
 2  df = pd.read_csv('sample.csv', encoding='utf-8')
 3  print(df['成績'])
 4
 5  list_id = []
 6  list_name = []
 7  list_score = []
 8  list_id = df['学生番号']
 9  list_name = df['学生名']
10  list_score = df['成績']
11  for i, score in enumerate(list_score):
12      if score >= 60:
13          print("合格: {0}, {1}, {2}". format(list_id[i], list_name[i], score))
```

　このプログラムで，3 行目の出力は

```
0    80
1    85
2    95
3    58
Name: 成績, dtype: int64
```

となり，成績の列のデータが取り出されていることがわかります．13 行目の出力は

```
合格: 212A4084, 高橋, 80
合格: 212A5032, 佐藤, 85
合格: 212A4089, 田中, 95
```

となり，条件に合った結果のみが正しく取り出されていることがわかります．
　上記の例ではカンマ区切りのデータを読み込む事例を示しました．タブ区切り（\t）の場合は

read_csv() の代わりに read_table() を使えばタブ区切りのデータを同じように処理できます．また，カンマやタブ以外の区切り記号でデータが区切られている場合は，区切り記号を sep で指定できます．例えば区切り記号が/（212A4084/高橋/80 のようなかたち）だったとします．そのときは 2 行目を

```
df = pd.read_csv('sample.csv', encoding='utf-8', sep='/')
```

とすれば正しく読み込めます[3]．実際の事例を 4.2.2 項でも説明していますので，そちらも参考にしてください．

さらにもう少し進んだ pandas の便利なところを紹介します．テキストアナリティクスにおいては，日付や日時を扱うことがよくあります．例えば，労働災害データベースから季節や月によって起きやすい災害を調べたい場合や，SNS の投稿から日ごとに話題となったトレンドワードを抽出したい場合などです．そのような場合，月や季節ごとにデータを区切って処理する必要があります．ここでは，テキストに付与された日付・日時の文字列を，時間的な情報として処理する方法を説明します．

次のようなカンマ区切りでデータが記述された sample_withtime.csv があるとします．

```
投稿日時,ユーザ名,投稿
2021-08-01 08:00:00,User A,"おはよう"
2021-08-05 12:00:00,User B,"お昼ご飯だ！"
2021-08-10 18:00:00,User C,"下校なう"
2021-08-11 08:00:00,User D,"電車混んでるわー"
```

このファイルを読み込んで 2021 年 8 月 7 日以降に投稿された投稿のみを抽出します．以下プログラムを用いて説明します．

プログラムリスト 2.4　pandas_datetime.py

```
 1  import pandas as pd
 2
 3  # (1) 何も指定せず読み込むと，文字列として読み込まれる
 4  df = pd.read_csv("sample_withtime.csv")
 5  print(type(df["投稿日時"][0]))
 6  print(df)
 7
 8  # (2) 日付が格納されている列を指定すると，その列が日付として扱われる
 9  df = pd.read_csv("sample_withtime.csv",parse_dates=["投稿日時"])
10  print(df)
11  print(type(df["投稿日時"][0]))
12
13  # (3) 特定の日付以降のデータを取り出す
14  ## (3-1) for 文でわかりやすく書く
15  from_date = pd.to_datetime("2021-08-07")
16  print(from_date)
17  for index,post in df.iterrows():
18      if(post["投稿日時"] > from_date):
```

---

3) この例を見て気づいた方もいらっしゃるかもしれませんが，タグ区切りの場合も同様に sep='\t' と書くこともできます．

```
19          print(post)
20
21   ## (3-2) DataFrame らしく書く
22   print(df[df["投稿日時"]>from_date])
```

まずこのプログラムの (1) では，これまでと同様 read_csv() を用いてファイルを読み込みます．すると，投稿日時の変数型は<class 'str'>，つまり文字列として読み込めます，当然文字列に対して，「2021 年 8 月 7 日以降に投稿された投稿のみを抽出する」という時間情報を加味した処理は行えません．

　(2) では，read_csv() を読み出すときに，parse_dates というパラメータを用いて，日時情報が入った列を指定します．そうすると先ほどとは異なり，投稿日時の変数型は

```
<class 'pandas._libs.tslibs.timestamps.Timestamp'>
```

となります．これは日時情報を表す変数型（以下，timestamp 型と呼びます）として読み込まれていることを意味しています．

　(3) では，実際に，「2021 年 8 月 7 日以降」という条件を指定しています．pd.to_datetime とは日時情報を表す文字列を timestamp 型に変換する関数です．先ほどの，parse_dates というパラメータは，指定された列すべてに pd.to_datetime を適用するパラメータとも言えます．これを用いて df の各行の投稿日時が「2021 年 8 月 7 日」よりも大きいもののみを表示しています．なお，DataFrame では for 文を用いずに，より直観的な形式で同じ処理を表現できます．(3-1) と同じ処理を (3-2) では 1 行で表現しています．DataFrame らしい書き方に慣れてくると，データ分析プログラムの行数は格段に減ります．

　pd.to_datetime はさまざまな日付表現に柔軟に対応して，timestamp 型に変換してくれるため，日時表現がある場合はとりあえずこの関数を適用すれば問題ありません[4]．

　このほかにも，2 つの日時の長さを計算したり，ある日時の N 日後を計算するなど日時に関する処理のほとんどは pandas に用意されていますので，そのあたりはぜひ他の参考書を当たってみてください．

2.3　正規表現

　正規表現とは文字列の集合を 1 つの文字列で表現する方法です．多くの言語に実装されています．書き方は言語によって多少異なりますが，基本的な部分は同じで，とても便利なので知っておいて損はないでしょう．言語処理やデータ処理の際には，前処理として頻繁に使うことになります．例えば，郵便番号にマッチする正規表現は \d{3}-\d{4} と書けます．

　使う場合は正規表現のモジュール（re）を読み込む必要があります．

---

4)　余談ですが，pandas 登場以前は，日時文字列のフォーマットを個別に指定しなければ，timestamp 型への変換はできませんでした．もしも pd.to_datetime で変換できない場合は，この従来のアプローチで対応することが可能です．

プログラムリスト 2.5　regexp_sample1.py

```
 1  import re
 2  pattern = r"\d{3}-\d{4}"
 3  str1 = "郵便番号は 112-8001"
 4  str2 = "住所は文京区音羽 2 丁目 12-21"
 5  if re.search(pattern, str1):
 6      print("str1 にその文字列が含まれています")
 7      print(re.search(pattern, str1))
 8  else:
 9      print("str1 にその文字列が含まれていません")
10
11  if re.search(pattern, str2):
12      print("str2 にその文字列が含まれています")
13      print(re.search(pattern, str2))
14  else:
15      print("str2 にその文字列が含まれていません")
```

　この例では pattern で設定した正規表現は前述の郵便番号にマッチする（ことを期待した）ものです．処理結果は以下のようになります．

```
str1 にその文字列が含まれています
<_sre.SRE_Match object; span=(5, 13), match='112-8001'>
str2 にその文字列が含まれていません
```

\d や {} の具体的な説明は後述しますが，言葉で簡単に説明すると，**「数字 3 つのあとにハイフンがきてそのあとに数字が 4 つくるもの」**という意味です．したがって，str1 をマッチングさせると，郵便番号のところ（str1 の中の 5 文字目から 13 文字目）が正しくマッチします．一方で str2 にもハイフンで繋がれた文字列（12-21）がありますが，ハイフンの前に数字が 3 つないので（ハイフンの後ろにも数字が 4 つない），何もマッチしないということになります．

　正規表現のための関数の一部を以下に示します．

　　re.search(pattern, str)

　　pattern が str のどこかにマッチするかを調べる

　　re.match(pattern, str)

　　pattern が str の先頭にマッチするかどうかを調べる

　　re.findall(pattern, str)

　　str の中で pattern にマッチするものすべてを文字列のリストとして返す

　　re.split(pattern, str)

　　pattern で str を分割してリストで返す

　　re.sub(pattern, s, str)

　　str 中で pattern とマッチした場所を文字列 s で置き換える．s の部分を "" とするとマッチした場所を削除することになる

表 2.1　正規表現で利用できる代表的なメタ文字

メタ文字	意味	例（その意味）
|	前後にある正規表現のどちらかと一致する	a|b　（a か b のどちらか）
*	直前の正規表現の 0 回以上の繰り返しに一致する	ab*　（a, ab, abb など）
+	直前の正規表現の 1 回以上の繰り返しに一致する	ab+　（ab, abb など）
?	直前の正規表現に 0 回もしくは 1 回一致する	ab?c　（abc もしくは ac）
{m,n}	直前の正規表現の m 回以上 n 回以下の繰り返し	a{1,2}　（a, aa） a{3,}　（aaa, aaaa など）
[]	[] 内に指定した文字のどれかと一致する	[A-Za-z]　（アルファベット 1 文字） ［ぁ-ん］　（平仮名 1 文字） [0-9]　（半角数字 1 文字）
[^]	[] 内に指定した文字でない場合に一致する	[^A-Za-z] （アルファベット以外の 1 文字）
.	任意の 1 文字と一致する	a.　（ab, ac, ad など）
^	行頭と一致する	^a　（行頭にある a）
$	行末と一致する	a$　（行末にある a）
()	正規表現をグループにまとめる	(ab)+　（ab, abab など）

　正規表現ではメタ文字と呼ばれる特殊記号を使って条件などを指定することがあります．このメタ文字を組み合わせることで，複雑な条件を表すことができます．Python で使う基本的なメタ文字を**表 2.1** に示します．表中のメタ文字の使用例についていくつか事例を示します．

プログラムリスト 2.6　regexp_sample2.py

```
 1  import re
 2
 3  str1 = "abbbbcbcd"
 4  str2 = "text analytics is important"
 5
 6  print(re.search(r"a|e", str1))
 7  print(re.search(r"ab*", str1))
 8  print(re.search(r"ab+c", str1))
 9  print(re.search(r"(bc)+", str1))
10
11  print(re.search(r"^text", str2))
12  print(re.search(r"^analytics", str2))
13  print(re.search(r"nt$", str2))
14  print(re.search(r".. ..", str2))
15  print(re.findall(r".. ..", str2))
16
17  print(re.findall(r".+c", str1))
18  print(re.findall(r".+?c", str1))
```

　このプログラムの処理結果は以下のようになります．

```
<_sre.SRE_Match object; span=(0, 1), match='a'>
<_sre.SRE_Match object; span=(0, 5), match='abbbb'>
<_sre.SRE_Match object; span=(0, 6), match='abbbbc'>
<_sre.SRE_Match object; span=(4, 8), match='bcbc'>
```

```
<_sre.SRE_Match object; span=(0, 4), match='text'>
None
<_sre.SRE_Match object; span=(25, 27), match='nt'>
<_sre.SRE_Match object; span=(2, 7), match='xt an'>
['xt an', 'cs is']
['abbbbcbc']
['abbbbc', 'bc']
```

プログラムの 6 行目では str1 に a か e が含まれているかを判定しています．e は含まれていませんが，a が含まれているので a にマッチしたことと，その場所が示されています．7 行目は a のあとに b が続く場所を探していて，結果はそれが str1 の 0 文字目から 5 文字目までであることを示しています（span=(0，5))．8 行目は言葉で説明すると「**a のあとに b が 1 回以上続き，c がくる**」ことを意味しています．それに該当するのが 0 文字目から 6 文字目であることが結果として戻ってきています．9 行目はグルーピングの例です．b と c をひとかたまり（グループ）だとして，それが 1 回以上連続する場所を探します．結果として 4 文字目から 8 文字目に bcbc があることを返しています．

　11 行目は行頭に text という文字列があるか，12 行目は行頭に analytics という文字列があるかをそれぞれ判定しています．11 行目は str2 の内容から正しいですが，12 行目は正しくありません（analytics という文字列はありますが行頭にはありません）．したがって，12 行目の結果は None となっています．13 行目は指定された文字列（nt）が行末にあるかを判定しています．14 行目はピリオド（任意の 1 文字）を使って，「**任意の文字が 2 つのあとに空白がきて文字が 2 つくる**」ということを表現しています．該当する場所として 2 文字目から 7 文字目の xt an が見つかっています．ここで，str2 には他にも「**任意の文字が 2 つのあとに空白がきて文字が 2 つくる**」場所があることに気づいた方もいるでしょう．すべての場所を探したい場合は findall を使います．それが 15 行目です．正しく

　['xt an', 'cs is']

という 2 つの結果が得られています．

　パターンマッチをする際に注意すべき点があります．正規表現のマッチングでは，特に指定しない場合は最も長くマッチする場所を探します．17 行目は「**任意の文字が 1 文字以上続いたあとに c がくる**」ことを意味しています．結果として出力されるのは

　['abbbbcbc']

です．しかし，str1 の中にはこの条件にマッチする場所が 2 つあります．最も短くマッチする場所を探す場合は?を使ってそれを明示します．18 行目の.+?c の?がそれを意味しています．言葉で説明すると「**任意の文字が 1 文字以上続いたあと（ただし最短のパターン）に c がくる**」ということになり，該当する

　['abbbbc', 'bc']

が得られています．

　表 2.1 の例で説明したように，例えば数字は [] を使って [0-9] と書けますが，これを意味するメタ文字である\d もあります．他にも非数字を意味する\D や空白を意味する\s，空白以外を意味する

\S，ユニコード文字を意味する\w などがあります．これらと m 回の繰り返しを意味する{}を使ったのが本節の冒頭で示した\d{3}-\d{4}です．

　もしパターン中で特定の場所だけを取り出したい場合は，その場所を () で囲みます．

▌プログラムリスト 2.7　regexp_sample3.py

```
1  import re
2
3  text = "テキストは重要です．データは資源です．"
4
5  result = re.findall(r"は (.+?) で", text)
6  for data in result:
7      print(data)
```

　上記のプログラムは text 中に含まれる「は」と「で」に挟まれた文字列をすべて取り出して result に格納するというものです．結果として「重要」と「資源」という文字列が返ってきます．

　他にもさまざまなメタ文字があります．正規表現のすべてを説明するスペースはないので，必要なときに適宜 Google などで検索をしてみてください．

---

note　**正規表現のテスト・可視化方法**

　正規表現は，決まったパターンの文字列を表現するのにとても便利な記法ですが，一方で直観的ではないため，「正しい文法で正規表現が書けているのか？」「マッチさせたいパターンに対して妥当な正規表現になっているのか？」を確認するのが大変です．毎回プログラムを実行してチェックするのは手間がかかります．またそのようにチェックしても例外的な文字列には気づきにくいです．そのような場合には正規表現をテストしたり，可視化するウェブサービスを使うのが有用です．

正規表現のテストサービスの例

　正規表現のテストサービス[a]とは正規表現とテキストを入力すると，そのテキストが正規表現にマッチするかどうかを即座に表示してくれるサービスです．正規表現の可視化サービス[b]とは，正規表現のマッチするパターンをわかりやすく可視化してくれるサービスです．

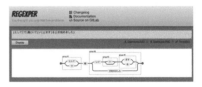

正規表現の可視化サービスの例

---

a)　https://rubular.com/
b)　https://regexper.com

これらのウェブサービスを利用することで効率的に正規表現を作成することが可能です．本書ではそれぞれ 1 つずつ紹介しましたが，他にもあるので自分に合ったものをウェブ検索して探してみてください．

2.4　内包表記

Python のユニークな書き方として内包表記と呼ばれるものがあります．これはリストなどのシーケンスの要素を操作して新しいシーケンスを作り出す記法です．もちろん，内包表記を使わずに普通に for 文などを使って同じことができますが，慣れればこちらのほうがスマートに書けるでしょう（かもしれないでしょう）．また，何かをするときに参考にするプログラムで内包表記が使われていることも多々あります．そのようなプログラムを読み解くには，自分で書けるかどうかは別として，内包表記を知らなければ意味がわからないということになります．そのため，記法自体は覚えておくほうがよいでしょう．書式は以下の通りです．

[式 for 繰り返し変数 in シーケンス]

以下に実例と処理結果をいくつか示します．

プログラムリスト 2.8　list_comp.py

```
 1  original = [1, 2, 3, 4, 5]
 2  double = [ i * 2 for i in original ]
 3  print(double)
 4
 5  evenNum = [ i for i in original if i % 2 == 0]
 6  print(evenNum)
 7
 8  str = "1 2 3 4 5"
 9  strNum = [ s for s in str.split() ]
10  print(strNum)
11
12  castedNum = [ int(s) for s in str.split() ]
13  print(castedNum)
```

最初の例（1 行目から 3 行目）ではリスト original から要素を順に取り出し i に入れて，それを 2 倍したものによって新しいリスト double を作っています．3 行目の print で出力されるのは

[2, 4, 6, 8, 10]

です．その次の evenNum の例のように（5 行目および 6 行目），if 文を使って条件を書くこともできます．この例では割った余りが 0 のもの（つまり偶数）のみのリストを新しく作っています．つまり

処理結果（6 行目の出力）は，original 中の偶数である

```
[2, 4]
```

となります．また，内包表記の中にメソッドや関数を使うこともでき，3 つ目の例（8 行目から 10 行目）では split() で str を分割して，strNum というリストを作っています．このとき，それぞれの要素は文字として扱われています．つまり 10 行目の出力結果は

```
['1', '2', '3', '4', '5']
```

という形になります．値に変換したければ最後の例（12 行目および 13 行目）が示すように int() 関数で型変換をする必要があります．そうすれば結果は

```
[1, 2, 3, 4, 5]
```

となります．

2.5　まとめ：Python を使いこなすために

　本章では，Python に関する補足的な知識を書きました．特に正規表現はテキストを処理する際にとてもよく使う技術だと思います．本章で書かれたもの以外にもいろいろなことができますので，各自で調べてみてください．

　また，Python にはここでは紹介していない便利なライブラリがたくさんあります．例えば，ネットから取ってきたデータは HTML で書かれていると思いますが，テキストを処理する場合にこの HTML タグが邪魔になります．もちろん，前述の正規表現を利用してタグの部分だけを取り除くプログラムを書くことはできますが，Python では，それ専用のライブラリである Beautiful Soup があります．他にもグラフなどを簡単に描画するための matplotlib やさまざまな機械学習アルゴリズムが実装された scikit-learn など枚挙に暇がありません．分析の際に細かい調整や修正をするためには自分でいろいろなプログラムを自在に書けるというのも重要なスキルですが，既存のライブラリを使って効率的に求めている分析（アナリティクス）をするということも重要です．うまくバランスを取りながら，皆さんの手持ちのデータから新たな知見が得られるようなテキストアナリティクスを実現しましょう．

## 第 3 章

環境構築

テキストアナリティクスを行うために，まずは Python の環境を構築する必要があります．Python の誕生は 1991 年と比較的古く，汎用のプログラミング言語です．プログラムを実行するためのコンパイルという事前の作業が不要であり，また，Python は構文がわかりやすいことから，広く人気を集めています．教育目的や，多くの人に利用が見込めるようなライブラリの配布にも適しています．最近の PC では OS に付属することが多くなってきていますが，Python 言語の最新版を活用したい人は，公式の配布元 (https://python.org) から配布されているものや，いくつかのパッケージ管理ソフトからインストールが可能です．

Python は幅広い環境に移植されていますが，本格的な Python の実行には，今のところ PC を用いるのが一般的です．そのため，PC での使用を想定し，以下の 3 種類を解説します．

> Linux
> macOS
> Windows

Python の動作環境がきちんと構築できれば，他の環境であっても，以降の章で同じテキストアナリティクスを実行できます．

先ほど述べたように，Python はライブラリの配布に適しているため，ライブラリの数が非常に多く充実しています．Python に付属の公式ライブラリ以外は，PyPI という仕組みを通じて配布されるものが充実していて，利用方法も簡単で便利です．最近の Python は，標準でライブラリパッケージを管理する pip というソフトウェアが付属していて，PyPI を通じて配布されるライブラリを pip コマンド 1 つでインストールできます．

pip コマンドの具体例は次の通りです．

```
$ pip install gensim
```

これで，gensim と呼ばれるライブラリがインストールされます．pip は，パッケージの管理に必要な一通りの操作ができます．

このように，Python 言語本体やライブラリをインストールするのは大変簡単ですが，それ故に，実際に使うとなると，多くのライブラリが混在するという問題が生じる可能性があります．この問題を解決するのに，仮想環境というものを用いる方法があります．最近のバージョンの Python には，

Python ライブラリを管理したり，Python ライブラリを切り替えるための仕組みが用意されていますので，3.4 節で詳しく述べます．

なお，Python 本体や Python ライブラリをインストールする場合に，C 言語のコンパイラ（C コンパイラ）が必要となることがあります．その場合は，OS によってインストール方法が異なるので，各 OS の方法に従ってインストールする必要があります．

では，各 OS について，具体的に述べます．

3.1　Linux

Linux は，現代ほど PC がパーソナルなデバイスでなかったころに，高価なワークステーションに付属する商用の UNIX 系オペレーティングシステムを PC で作動させることを目的として開発されたフリーな Unix 系 OS です．コンピュータ技術系の開発や，コンピュータ科学系の研究で活用されることが多く，一般公開されているサンプルコードは，Linux での動作が前提となっているものが多くあります．

Linux といえば，本来は OS の肝となるカーネルのことを指しますが，カーネル単体では作動しないため，付属する周辺ソフトウェアと合わせて，ディストリビューションと呼ばれるものが配布されています．ディストリビューションは多数存在しますが，ここでは，代表的なディストリビューションの 1 つである Ubuntu での環境構築方法を紹介します．他のディストリビューションをお使いの方でも同様の環境が構築できるように，情報を提供します．

C コンパイラを含む開発ツール類インストールは，ターミナルというアプリケーションを開いて，次のコマンドを実行します．

```
$ sudo apt update
$ sudo apt install build-essential git
```

ここで，sudo は管理者権限で実行するためのものです．apt は Ubuntu に標準で付属するパッケージマネージャーで，ソフトウェアパッケージのインストール，アンインストール，更新，閲覧ができます．gcc と g++がパッケージ名で，gcc が C コンパイラ，g++が C++コンパイラです．git は，バージョン管理ソフトです．

また，Python の仮想環境を構築するには，Python をコンパイルするためのヘッダ類が必要ですので，次のコマンドでインストールします．

［改行せずに 1 行に続けて入力します］

```
$ sudo apt install libffi-dev libssl-dev zlib1g-dev liblzma-dev libbz2-dev libreadline-dev
    libsqlite3-dev libopencv-dev tk-dev
```

3.2　macOS

macOS は，Apple Computer 社が販売するコンピュータに付属し，標準で Python がインストー

ルされていますが，バージョンが古いことや，macOS システムとの切り分けの重要性から，新たに Python をインストールをすることにします．なお，一部プログラムのインストールには，C 言語の コンパイラが必要ですが，macOS には，C 言語のコンパイラが付属していないため，C 言語のコンパ イラのインストールが別途必要です．アプリケーションフォルダの中にあるユーティリティに入って いるターミナルというアプリケーションを開いて，xcode-select --install と打ち込むことで， macOS 用の純正開発環境に用いるための C 言語のコンパイラをインストールすることができます．

```
# C コンパイラのインストール
$ xcode-select --install
```

　Unix 系 OS でよく利用されるようなコマンドラインツールを多く使う場合，ソースコードをダウ ンロードしてコンパイルするよりも，パッケージマネージャーが使われることが多くなってきました． Homebrew は，macOS 用のパッケージマネージャーの 1 つです．brew というコマンドで，パッケー ジのインストール，アンインストール，更新，閲覧ができます．
　Homebrew を利用するには，最初に一度だけ，Homebrew 本体をインストールする必要があります．

```
$ /bin/bash -c "$(curl -fsSL https://raw.githubusercontent.com/Homebrew/install/HEAD/
    install.sh)"
```

　本書では改行されて印刷されていますが，1 行のコマンドとして改行せずに続けて入力します．イ ンストールが済みますと，brew というコマンドが利用できるようになります．例えば，GNU のコマ ンドラインツール類が一式含まれるパッケージ coreutils をインストールしてみましょう．

```
$ brew install coreutils
```

処理結果

```
==> Downloading https://ghcr.io/v2/homebrew/core/coreutils/manifests/8.32-2
##################################################################### 100.0%
==> Downloading https://ghcr.io/v2/homebrew/core/coreutils/blobs/sha256:371ec577
==> Downloading from https://pkg-containers.githubusercontent.com/ghcr1/blobs/sh
##################################################################### 100.0%
==> Pouring coreutils--8.32.big_sur.bottle.2.tar.gz
==> Caveats
Commands also provided by macOS have been installed with the prefix "g".
If you need to use these commands with their normal names, you
can add a "gnubin" directory to your PATH from your bashrc like:
  PATH="/usr/local/opt/coreutils/libexec/gnubin:$PATH"
==> Summary
  /usr/local/Cellar/coreutils/8.32: 476 files, 12.5MB
```

　このように，一般的なパッケージに共通の動作としてダウンロードとインストールが進み，インス

トールされた場所とファイル数とサイズが表示されます．また，パッケージ固有の追加情報がある場合には表示されます．ここでは，このパッケージによってインストールされたコマンドラインツール類は，接頭文字 "g" が付与されること，および，接頭文字なしの通常の名前で使いたい場合は "gnubin" ディレクトリを PATH 環境変数に追加する必要があることが表示されています．本書では，g という接頭文字なしで GNU のコマンドラインツール類を使いたいので，

```
$ brew link coreutils
```

を実行しておきます．

　Homebrew によってインストールされたパッケージの一覧には brew list，パッケージをアンインストールには brew uninstall を用います．

　brew コマンドの簡単な使い方は，brew help で表示されます．詳しい情報は，Homebrew の公式ページ https://brew.sh/index_ja にありますので，適宜参照してください．

3.3　Windows

　Windows は，Microsoft 社が販売する OS であり，一般的な PC で作動します．Windows がインストール済みで販売されている PC を活用している方も多いと思われます．Windows の開発環境といえば，Microsoft 社製コンパイラを Visual Studio で使うことが永らく一般的でしたが，近年はさまざまな開発環境が存在します[1]．ここでは，Windows 10 になってから発表された機能の 1 つである，Windows Subsystem for Linux (WSL) を用います．そこに Linux をインストールすることによって Python を用いる方法を紹介します．Windows にはコマンドプロンプトの後継として，PowerShell と呼ばれるキャラクターユーザインターフェースがあります．WSL の操作には，PowerShell を用います．スタートメニューの中にある「Windows PowerShell」グループの項目を探し，その中の「Windows PowerShell」を選択することで起動できます．場合によっては，管理者権限を伴う PowerShell の実行が必要となることがあります．その場合は，通常起動するのと同じようにしますが，マウスの右ボタン（コンテキストメニューに割り当てられたボタン）を用いて表示されるコンテキストメニューから，「管理者として実行する」を選択すると管理者権限付きで起動できます．

3.3.1　Windows Subsystem for Linux のインストール

　Windows Subsystem for Linux は，Microsoft によって提供される Linux の実行環境です．主要なディストリビューションを選択できますし，また，Windows 上で実行されるので，Linux を用いるために OS を起動し直す必要がありません．

　インストールは，次の手順を踏みます．詳しい情報は，Microsoft 社の提供するドキュメント「Win-

---

1)　Microsoft も自社製コンパイラ以外の開発環境を積極的にドキュメント化するようになりました．Windows 10 での開発環境については，https://docs.microsoft.com/ja-jp/windows/dev-environment/ に詳しく記載があります．

dows 10 用 Windows Subsystem for Linux のインストールガイド」`https://docs.microsoft.com/ja-jp/windows/wsl/install` にありますので，適宜参照してください．

● Windows10 バージョン 2004 以降または Windows11 の場合

Windows PowerShell（管理者）

```
> wsl --install
```

と入力し，処理が終了したら PC を再起動するだけで，Ubuntu がインストールされます．うまくインストールできない場合や，以前のバージョンの Windows を使用しているときは，以前のバージョン向けの WSL 手動インストールを試してください．

● 以前のバージョン向けの WSL 手動インストール

手順 1 Windows の機能「Linux 用 Windows サブシステム」を有効にする

Windows PowerShell（管理者）　［改行せずに 1 行に続けて入力します］

```
> dism.exe /online /enable-feature/featurename:Microsoft-Windows-Subsystem-Linux
   /all /norestart
```

手順 2 WSL 2 の実行に関する要件を確認する

　Windows 10 をバージョン 1903 以降にします．仮想化支援技術が有効になっていることを確認します．Ctrl+Shift+Esc キーを同時に押して Windows タスクマネージャーを起動し，詳細表示に切り替えます．パフォーマンスタブの CPU を選択して画面の右側に表示される「仮想化:」の項目が有効になっていれば WSL 2 を実行することができます（**図 3.1**）．これらの条件を満たせない場合は，

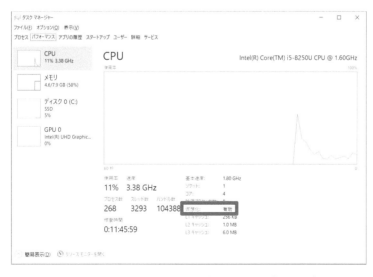

図 3.1　タスクマネージャーによる仮想化支援技術の有効化の確認

手順 6 に進みます（WSL 1 での実行になります）．

手順 3 Windows の機能「仮想マシンプラットフォーム」を有効にする

Windows PowerShell（管理者）

```
> dism.exe /online /enable-feature/featurename:VirtualMachinePlatform /all /norestart
```

ここで，PC を再起動する必要があります．

手順 4 Linux カーネル更新プログラム パッケージをダウンロードする

　https://wslstorestorage.blob.core.windows.net/wslblob/wsl_update_x64.msi を
ダウンロードして実行します．インストーラが起動して管理者権限を要求してきますので，「はい」
を選択してインストールします．

手順 5 WSL 2 を既定のバージョンとして設定する

Windows PowerShell

```
> wsl --set-default-version 2
```

手順 6 選択した Linux ディストリビューションをインストールする

　Microsoft Store を利用することができる場合は，Microsoft Store を開き，希望する Linux ディ
ストリビューションを選択します（**図 3.2**）．ここでは，Ubuntu 20.04 LTS での動作を説明します．
Microsoft Store を用いずに，https://aka.ms/wslubuntu2004 からダウンロードすることもで
きます．ダウンロードしたファイルをダブルクリックして開くことでインストールができます．
　手順 1 と 3 は，「Windows の機能」ダイアログを用いて設定することもできます．「Windows の
機能」ダイアログは，Windows メニューの設定から「アプリ」を選択して表示されるダイアログか
ら，「オプション機能」と「Windows のその他の機能」のリンクを辿ると表示されます（**図 3.3**）．

3.3.2　WSL の使い方

　インストールされた WSL は次のように確認できます．

Windows PowerShell

```
PS C:\Users\Kodansha> wsl --list --verbose
  NAME            STATE        VERSION
* Ubuntu-20.04    Stopped      2
PS C:\Users\Kodansha>
```

　実行を開始するには，wsl と入力すると，仮想マシンの Linux が起動し，コマンド入力待ちになり

図 3.2 Microsoft Store から Linux ディストリビューションをダウンロード　　図 3.3 Windows の機能ダイアログ

ます．コマンドプロンプトが "PS" から "..@.." に変わっていることがわかります．

Windows PowerShell

```
PS C:\Users\Kodansha> wsl
Kodansha@MyMachine:/mnt/c/Users/Kodansha$
```

　ここで，Kodansha は Windows ユーザ名，MyMachine は Windows コンピュータ名です．また，/mnt/c/Users/Kodansha は，wsl コマンドを入力した場所が Linux 上で対応している位置になります．つまり，Windows 上で C:\Users\Kodansha は，Linux 上で/mnt/c/Users/Kodansha になります．また，今後，wsl によって起動された Linux のコマンドプロンプトは，単に "$" と書きます．Windows の慣習であるパス区切り記号やドライブレターが，Linux での慣習に変更されます．

　仮想マシンの Linux から抜けるには exit を入力して Enter を押します．なお，この状態は仮想マシンから抜けただけであり，仮想マシンは（アイドル状態が）続いています．仮想マシンの状態の確認と，作動している仮想マシンの停止は次のようにします．

Windows PowerShell

```
PS C:\Users\Kodansha> wsl --list --verbose
  NAME            STATE        VERSION
* Ubuntu-20.04    Running      2
PS C:\Users\Kodansha> wsl -t Ubuntu-20.04
PS C:\Users\Kodansha> wsl --list --verbose
```

```
   NAME            STATE       VERSION
 * Ubuntu-20.04    Stopped     2
PS C:\Users\Kodansha>
```

3.3.3　WSL 上の Python のインストール

　Linux がインストールできると，通常の Linux コマンドが使えるようになります．Ubuntu ディストリビューションを使用する場合と同様にして，Python をインストールすることができます．ここでは，C コンパイラを含む開発ツール類をインストールしておきましょう．

WSL 上の Linux

```
$ sudo apt update
$ sudo apt install build-essential git
```

　ここで，sudo は管理者権限で実行するためのものです．apt は Ubuntu に標準で付属するパッケージマネージャーで，ソフトウェアパッケージのインストール，アンインストール，更新，閲覧ができます．gcc と g++がパッケージ名で，gcc が C コンパイラ，g++が C++コンパイラです．git は，バージョン管理ソフトです．

　また，Python の仮想環境を構築するには，Python をコンパイルするためのヘッダ類が必要ですので，次のコマンドでインストールします．

WSL 上の Linux

```
$ sudo apt install libffi-dev libssl-dev zlib1g-dev liblzma-dev \libbz2-dev libreadline-dev
    libsqlite3-dev libopencv-dev tk-dev
```

3.4　Python の仮想環境

　仮想環境とは，コンピュータの物理的な動作を模倣する仕組みを提供するソフトウェアのことで，利便性が高いことから近年特に注目されています．

　仮想環境とはどういったものでしょうか．例えば，別々に開発された 2 つの Python プログラム，プログラム A とプログラム B があり，プログラム A は，Python のバージョン 3.7 で作動し，プログラム B は Python のバージョン 3.9 で作動するとします．このような状況で，この両方のプログラムを作動させるために，2 台の PC を用意することでも実現できますが，仮想環境を用いることによって，1 台の PC に 2 つの仮想環境を用意することでも実現できます．このように，仮想環境を用いることで，仮想環境を切り替えたり，複数の仮想環境を同時に用いたりすることができ，PC などのハードウェア資源を節約できます．ただし，仮想環境を用いた場合でも，両立しないバージョンの Python やライブラリを 1 つの仮想環境で同時に用いることはできませんので，注意しましょう．仮想環境を用いて実現できることは，1 台の PC に複数の異なる環境を用意できるということになります．

　これから Python の仮想環境の話をしますが，プログラムの実行環境について，少しだけ一般的な

話を先にします．プログラムの実行にはいくつもの要素が関係していて，それらの要素がブロック状に階層的に積み重なり，その最上層でプログラムが実行されていると考えることができます．階層の上に載っているものは，下のものに依存していて影響を受けるということを，概念的に表しています．最下層には物理的なマシン（ハードウェア）があり，その上に OS があり，その上にプログラム言語（Python など）があります．そして，Python の場合は，ライブラリがとても充実していますから，ほとんどの Python プログラムは，何らかのライブラリを活用していて，その上で作動しています．プログラムを作成する場合や実行する場合は，依存する下層のことに注意を払わなくてはいけません．仮想環境は，プログラムが依存するものを仮想的なソフトウェアによって実現しますから，構築や切り替えがすばやくできるのです．仮想環境を実現する方法は一通りではなく，どういったものを切り替える必要があるかによって，用いられる仮想環境が異なります．

　では，Python の場合についての具体的な話に移ります．Python の仮想環境について，先ほど説明した概念を図示したものが**図 3.4** です．物理的なマシンの上に OS があり，その上に OS に標準で付属する Python が OS と一体となってインストールされています[2]．ユーザは，プログラムを作成するときに必要なライブラリを pip コマンドを用いてインストールし，プログラムを作成し，実行します．仮想環境を用いない場合が，左の列です．仮想環境が用いられていないので，ユーザが pip コマンドでインストールしたライブラリがすべてのプログラムで共有されます．この環境では，OS が標準で利用する Python を切り替えることもできませんし，ライブラリも共有されるため，異なるプログラム間で共存できないライブラリがある場合に，1 台の PC で同時に実行できません．

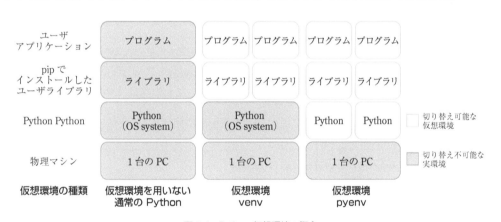

図 3.4　Python 仮想環境の概念

　本書では，2 種類の仮想環境を説明します．図 3.4 の中央の列と右の列で，図にある通り，仮想化される階層が異なるため，用途が違います．Python で仮想環境が必要な，次の 2 つの場合を考えます．

　　ライブラリの特定のバージョンでしか作動しないプログラムがある場合
　　Python の特定のバージョンでしか作動しないプログラムがある場合

---

2)　本書では，Windows OS の場合に Windows Subsystem for Linux を用いて Ubuntu を使用する場合の解説にしています．Windows Subsystem for Linux を用いないで Python を Windows 上に直接インストールする場合は，インストールする Python 固有の方法で Python の実行環境を切り替えることになります．

ライブラリの特定のバージョンでしか作動しないプログラムが複数あって，それぞれに異なるバージョンのライブラリが要求される場合には，「pip でインストールしたユーザライブラリ」の層を切り替える必要があります．これには，venv と呼ばれる仮想環境を用います．また，Python の特定のバージョンでしか作動しないプログラムがあり，OS にインストールされている Python のバージョンと異なる場合には，新たに Python をインストールする必要があります．OS にインストールされている Python をアンインストールすることはできないため，複数のバージョンの Python を共存させる必要があり，これには pyenv と呼ばれる仮想環境を用います．venv は，Python が公式にサポートしている方式で，切り替える領域が少なく軽量でお手軽である反面，Python そのもののバージョンを切り替えることができる方式ではありません．pyenv は，Python の複数のバージョンを切り替えることができますが，切り替える領域が多く，導入の敷居が高いということがあります．仮想環境のそれぞれの用途と長所と短所を**表 3.1** にまとめました．本章のこれ以降では，それぞれの仮想環境方式について，順を追って具体的に説明します．

表 3.1　仮想環境の方式ごとの用途と長所・短所

	venv	pyenv
用途	pip でインストールしたユーザライブラリの切り替え	Python の切り替え
長所	軽量，Python が公式にサポートしている方式	Python のバージョン切り替えが可能
短所	Python のバージョン切り替えが不可能	導入の敷居が高い

3.4.1　venv による仮想環境

venv というのは，Python で公式にサポートされた仮想環境です．そのための venv というモジュールが標準で Python に付属していて，次のように使います．Windows PowerShell 上の WSL と Linux と macOS のターミナルのどれを用いても同じ操作ですので，これ以降はコマンドプロンプトを単に "$" と書きます．

WSL / ターミナル

```
$ python -m venv /path/to/new/virtual/environment
```

こうすることによって，/path/to/new/virtual/environment という場所に新たな仮想環境が構築されます．このようにして構築された仮想環境を用いるには，

WSL / ターミナル

```
$ source /path/to/new/virtual/environment/bin/activate
```

を実行します．この仮想環境から抜け出るには，

WSL / ターミナル

```
$ deactivate
```

と入力します．仮想環境を抜けると，通常の Python の環境に戻ります．異なる仮想環境を作成したい場合は，再度別の場所を指定して仮想環境を作成します．

WSL / ターミナル
```
$ python -m venv /path/to/new/virtual/environment2
```

こうすることによって，ユーザが pip コマンドでインストールするライブラリを別の仮想環境に入れておくことができ，上記の activate と deactivate コマンドを用いることで切り替えができます．

3.4.2 pyenv による仮想環境

Python そのものを複数のバージョン併存させたい場合には，venv 以外の方法を用いる必要があります．ここでは，pyenv による仮想環境作成の方法を紹介します．pyenv の導入は 2 段階となっていて，まず pyenv そのものをインストールしてから，使用したい Python のバージョンを指定してコンパイルするという手順を踏みます．

まず，pyenv そのものをインストールします．これは，GitHub のリポジトリを複製（clone）するところから始めます．

WSL / ターミナル
```
$ git clone https://github.com/pyenv/pyenv.git ~/.pyenv
```

次に，ログイン時に自動的に実行されるように，ホームディレクトリにある .bash_profile ファイル[3] に次の処理を加えます．

WSL / ターミナル
```
$ export PYENV_ROOT="$HOME/.pyenv"
$ export PATH="$PYENV_ROOT/bin:$PATH"
$ eval "$(pyenv init --path)"
```

この設定が済んだ時点で，一度ログインしなおします[4]．

pyenv を用いると，Python の複数のバージョンを同時にインストールしておき，必要に応じて切り替えることができるようになります．インストール可能な Python のバージョンを確認するには，次のようにします．

WSL / ターミナル
```
$ pyenv install -l
```

---

3) 環境によっては .profile や別のファイル名のことがあります．
4) このインストール手順は，bash というシェルが用いられ，その設定ファイルが .bash_profile であるという場合の話です．ログイン後に設定が反映されているか，echo $PYENV_ROOT と実行し，上記の設定通りの結果が返ってくるかで確認することができます．期待通りの結果が得られない場合は，pyenv の公式サイト https://github.com/pyenv/pyenv でログイン設定の詳細をご確認ください．さまざまな環境でのインストール方法が記載されています．また，pyenv コマンドの使い方の詳細も記載されています．

▌ 処理結果

```
...
3.8.8
3.8.9
3.8.10
3.9.0
3.9-dev
3.9.1
3.9.2
3.9.3
3.9.4
3.9.5
3.10.0b1
3.10-dev
3.11-dev
...
```

　このように，インストール可能なバージョンが一覧できます．バージョン番号の後に dev や a,b という文字列が続く場合は，開発途上のものです．通常は，数字だけから構成されるものを選択します．例えば，3.9.5 のバージョンをインストールするときは，次のようなビルドコマンドを実行します．

```
WSL / ターミナル
```

```
$ pyenv install -v 3.9.5
```

ソースコードからコンパイルする場合，必ず成功するとは限りません．このコマンドが成功するには，そのバージョンの Python がソースコードからコンパイルできる環境が整っていることが必要です．環境が不備な場合は，Python が作成されない場合と，Python が作成されるけれども一部の機能が利用できずに不完全な場合があります．Python が作成されない場合は，コンパイル時にエラーが発生してコンパイルが中断します．このビルドコマンドを実行したときに出力されるログをよく読んで，対策を取りましょう．大抵の場合は，コンパイルに必要なライブラリとその開発用ファイルがインストールされていない状態なので，必要なものをインストールすることで解決できます．Python が作成されるけれども不完全な場合は，不完全な状態であることが発見しづらく，大抵は，Python は一応作動するけれども標準ライブラリが作成されていない状態となります．このビルドコマンドを実行したときに出力されるログを丁寧に読んで，コンパイルに失敗したために作成されなかった Python ライブラリがないか，確認することになります．また，Python プログラムを実行した際に，標準で備わっているはずの Python ライブラリを import したときに import エラーになってしまうことがありますので，そのときはその Python が不完全な状態で作成されたのだと気づくことができます．ソースコードからきちんとコンパイルすることは意外と難しいものですが，できるようになると非常に便利ですから，ぜひチャレンジしてみてください．

　構築済みの仮想環境の一覧は，次のようにして確かめることができます．

WSL / ターミナル

```
$ pyenv versions
```

処理結果

```
* system
  3.9.5
```

`pyenv versions` コマンドは，構築済みの仮想環境の一覧が表示され，現在使用されるバージョンに星印 (*) がつきます．system とはシステム付属の Python のことであり，このままでは，せっかくコンパイルした最新のバージョンが使用されません．そこで，BookExamples というディレクトリを作成して，そのディレクトリの中では新しいバージョンの Python が実行されるようにしてみましょう．`pyenv local` コマンドは，特定のディレクトリ以下で使用される Python のバージョンを指定するのに用います．次のように実行します．

WSL / ターミナル

```
$ mkdir BookExamples
$ cd BookExamples
$ pyenv local 3.9.5
$ pyenv versions
```

処理結果

```
  system
* 3.9.5
```

このように，指定したバージョンが使用されるようになったことが確認できます．pyenv は，ディレクトリごとに使用環境を切り替えられる仕組みですが，`pyenv global` コマンドを用いることによって，すべてのディレクトリで使用されるバージョンが指定できます．このコマンドは，影響が広範囲に及ぶため，十分に注意して使用しましょう．

note **仮想環境の必要性**

　本書では仮想環境の利用を推奨していますが，Python に慣れていない方には，イマイチ重要性が伝わらないかもしれません．しかし，Python でデータ分析やテキストアナリティクスを行う場合には，非常に重要になります．

　大きな理由の 1 つは，pip でインストールできる Python ライブラリの依存関係の複雑さです．他のプログラミング言語と比較して Python の強みは，多種多様なライブラリを簡単にインストールできるそのエコシステムにあります．本書でも多数の Python ライブラリを利用し

ていますが，もしもこれらのライブラリがなければ，本書の厚さは 3 倍くらいになっていたでしょう．一方で，それらは複雑に依存しあっているため，依存関係が壊れてしまうことがしばしば起きます．「既存環境に入れたいライブラリが入れられない」「新たなライブラリを入れたら既存のライブラリが作動しなくなった」ということは筆者も何度も直面しました．そのような事態を避けるためにも，近年では目的別に仮想環境を構築しておくことがほぼ必須となっています．

　その他に，同一のライブラリでもバージョンで動作が異なる場合に使い分けたい，動作を軽くするために必要最低限のライブラリのみを入れておきたいなどのケースでも，仮想環境があると便利です．

3.5　まとめ：より快適な環境を構築するために

　本章では，環境の構築を見てきました．本書で紹介した環境はどれも代表的なものですが，他にもさまざまな環境がありますので，自分に合ったものを見つけることが大事です．本書で紹介できなかった環境のうち，主だったものに次のものがあります．Windows 10 には，Microsoft 版の Python があります．コマンドプロンプトで python と入力すると，Microsoft Store 版の Python がインストールされます．Windows と Mac 用には，python.org 本家からのバイナリパッケージの配布があります．本書で紹介した方式とは異なる方法で，複数のバージョンの Python の切り替えを可能にしています．本書で紹介した仮想環境 pyenv で，pip でインストールしたユーザライブラリの階層の切り替えを可能にする，pyenv-virtualenv という方式があります．これを用いることで，venv と pyenv を使い分けることなく，同じようなコマンドで異なる階層を切り替えることができます．他にも，環境構築を総合的に行ったり，配布したりするために，Anaconda や miniconda と呼ばれる方式があります．いろいろ利用してみて，自分に合ったものを見つけることをお勧めします．また，pyenv と似たものに，pipenv や poetry があります．これらは，pyenv-virtualenv で Python のバージョン切り替えや pip によるライブラリのインストールを統一的に利用できるものです．なお，筆者は最近は pipenv を日常的に使用しています．

## 第4章

基礎技術

本章では，テキストアナリティクスの基礎技術について述べます．人間の言葉は，コンピュータプログラムのような人工的な言語と異なり，曖昧な部分を含んでいます．文を構成する単語に表記方法が何種類かあったり，あるいは，文の解釈が何種類かあるようなことがあります．文を自動的に処理しようとする場合は，このような曖昧性を含むものを処理するための専用のプログラムを用いることが一般的です．

本章では，一般的な文を単語に分かち書きして，分類したり可視化したりするための一通りの処理を説明します．形態素解析，係り受け，分類，クラスタリング，可視化を順に見ていきます．

4.1 基礎的な解析

Python の環境構築ができたところで，さっそく基礎的な解析を実行してみましょう．1.3.1 項で述べたように，日本語の文章は単語が空白で区切られていないため，まず単語に区切る処理を行います．単語に区切るために，近年ではさまざまなソフトウェアがありますが，ここでは，GiNZA というものを用います．GiNZA は，次のように pip を用いて ginza と ja-ginza[1] というライブラリをインストールすることで用いることができます．GiNZA は内部で SudachiPy を用いています．ja-ginza インストール時にはその存在を意識することがないですが，pip コマンドにより依存するライブラリとして SudachiPy が自動的にインストールされます．

また，本章で用いられる機械学習アルゴリズムライブラリ sklearn とデータ解析を支援するライブラリ pandas も同時にインストールしましょう．

WSL / ターミナル

```
$ pip install ginza==4.0.6 ja-ginza==4.0.0
$ pip install sklearn pandas
```

本章では，青空文庫[2] に収録されている，江戸川乱歩の『影男』という作品を題材に取り上げます．青空文庫は，ダウンロード可能な書籍の一覧がウェブ上で閲覧でき，好きなものを選択してダウンロードするようになっています．

---

[1] 本書執筆時点で，後続の章のコードは GiNZA 4.0 での動作を想定しているので，本書刊行時点での GiNZA 5.0 以上のバージョンでは動作しない場合があります．

[2] 誰でもアクセスできる自由な電子本を，共有可能なものとして図書館のようにインターネット上に集めているサイトです．現在は，日本国内で著作権保護期間の満了した作品を中心に，ボランティアの皆さんの力によって電子化作業を進めています．https://www.aozora.gr.jp

解析対象のデータを再現できるように，次のようにコマンドラインプログラム類を駆使して題材を用意します．

```
WSL / ターミナル
# 『影男』を青空文庫からダウンロードして解凍する処理
$ wget https://www.aozora.gr.jp/cards/001779/files/58486_ruby_68458.zip
$ mkdir -p text
$ unzip -d text -o 58486_ruby_68458.zip
# ルビ 《》 と注釈 ［］ の中身を除去する処理
$ python aozora2txt.py
# 冒頭と末尾の注釈を削除する処理
$ tail -n +18 text/kageotoko.stripruby.txt | (...1行で続けて...)
  head -n -14 > text/kageotoko.corpus.txt
```

URL を指定してファイルをダウンロードできるコマンドラインプログラム (wget) を用いてダウンロードします．このファイルは zip 形式で圧縮されていますので，コマンドラインの解凍プログラム unzip を用いて解凍します．プログラムリスト 4.1 によって，青空文庫独特のルビや注釈を除去します．

このファイルはシフト JIS と呼ばれる文字コードのファイルになっていますので，2.1 節で述べたように，ファイルの読み込み時にシフト JIS のファイルであることを明示的に指定しています．また，括弧の対応 (開き括弧から閉じ括弧までのひと塊) を検出するために，2.3 節で述べた正規表現を用いています．

プログラムリスト 4.1　aozora2txt.py

```
1  import re
2
3  input_fn = 'text/kageotoko.txt'
4  output_fn = 'text/kageotoko.stripruby.txt'
5
6  with open(input_fn, encoding='shift-jis') as fin, open(output_fn, mode='w') as fout:
7      for line in fin:
8          fout.write(re.sub(r' 《[^》]+》 | [[^]]+] ', '', line))
```

処理の最下行で，冒頭 18 行と末尾 14 行をコマンドラインプログラム head と tail により削除しています．冒頭と末尾の何行を除去すればよいのか，定型的に決まっているわけではありませんので，テキストエディタでファイルを開いてみて，冒頭と末尾で除去すべき行数を決定しました．このようなテキストの切り出しは，テキストエディタの中で手作業でやってしまうことが多いと思いますが，何回も同じ作業を繰り返す場合や，再現性が重視される場合には，コマンドラインで処理をするほうが便利な場合もあるわけです．

4.1.1　形態素解析

形態素解析は，形態素解析器の初期化と，形態素解析処理の 2 段階を経ます．簡単な 1 文を形態素

解析する例は，プログラムリスト 4.2 の通りです．

プログラムリスト 4.2　analyze_ginza1.py

```
1  import spacy
2
3  nlp = spacy.load("ja_ginza")
4  text = "これは文章です。"
5  doc = nlp(text)
6  for token in doc:
7      print(token)
```

実行すると，次のようになります．

WSL / ターミナル

```
$ python analyze_ginza1.py
```

処理結果

```
これ
は
文章
です
。
```

　まずは，解析器の初期化です．GiNZA は，spaCy[3] と呼ばれる汎用的な多言語の自然言語処理ライブラリのモデルの 1 つとして作動します．spaCy はいろいろなモデルを切り替えて使用できるので，1 行目で spaCy ライブラリをロードした後に，2 行目で解析に用いるモデル ja_ginza を指定して読み込み，初期化します．解析器の初期化は一度実行すればよく，その結果を変数に格納しておけば，文の解析に何度でも用いることができます．ですので，ここでは，nlp という変数に格納しておきます．変数 text にある文「これは文章です。」を，解析器 nlp に渡すと，配列 (のようなもの) に格納されて返ってきますので，変数 doc に格納しています．

　text に格納された解析対象となる文に対応する doc は，単語に分割されますので，Python の for ループで取り出すことができます．1 つずつ token に取り出すと，print 文で表示することができます．それは，単語に分かち書きされたものです．ただし，token は，単なる文字列 (str) 型ではなく，形態素解析されるときに得られる豊富な情報が付加されています．形態素解析では，単語分割を行うだけでなく，単語の品詞や，活用する語の原形も得られます．

---

3)　https://spacy.io

プログラムリスト 4.3　analyze_ginza2.py

```
1  import spacy
2
3  nlp = spacy.load("ja_ginza")
4  text = "昨日の天気は晴れでした。明日も晴れるでしょう。"
5  doc = nlp(text)
6  for token in doc:
7      print("{}\t{}\t{}\t{}".format(token, token.lemma_, token.pos_, token.tag_))
```

プログラムリスト 4.3 を実行すると，次のようになります．

WSL / ターミナル

```
$ python analyze_ginza2.py
```

処理結果　形態素解析した単語の属性

昨日	昨日	NOUN	名詞-普通名詞-副詞可能
の	の	ADP	助詞-格助詞
天気	天気	NOUN	名詞-普通名詞-一般
は	は	ADP	助詞-係助詞
晴れ	晴れ	NOUN	名詞-普通名詞-一般
でし	です	AUX	助動詞
た	た	AUX	助動詞
。	。	PUNCT	補助記号-句点
明日	明日	NOUN	名詞-普通名詞-副詞可能
も	も	ADP	助詞-係助詞
晴れる	晴れる	VERB	動詞-一般
でしょう	です	AUX	助動詞
。	。	PUNCT	補助記号-句点

lemma_ という属性には，単語の原形が入ります．例えば，「でした」という過去の表現の「でし」の部分は，「です」という助動詞が活用しているものです．pos_ と tag_ という属性には，単語の品詞が入ります．pos_ には，多言語用に開発された Universal Dependencies という文法で決められた品詞が入ります．一方で，tag_ には，従来から日本語の自然言語処理でも用いられてきた品詞が入ります．

4.1.2　長文の解析

　それでは，テキストファイルに出現する単語の頻度を数えてみましょう．テキストファイルの冒頭10 行を読み込んで単語に分かち書きするプログラムリスト 4.4 によって，次のように単語に分かち書きされます．

プログラムリスト 4.4 analyze_ginza3.py

```
1  import spacy
2
3  input_fn = 'text/kageotoko.corpus.txt'
4  output_fn = 'text/kageotoko.wakati.txt'
5
6  with open(input_fn, 'r') as fin, open(output_fn, 'w') as fout:
7      for line in fin:
8          tokens = [token.text for token in nlp(line.rstrip())]
9          fout.write(' '.join(tokens)+'\n')
```

WSL / ターミナル

```
$ python analyze_ginza3.py
$ head text/kageotoko.wakati.txt
```

処理結果 『影男』の形態素解析 (冒頭の 10 行)

断末魔 の 雄 獅子

　三十二 、 三 歳 に 見える やせ型 の 男 が 、 張 ホテル の 玄関 を はいって 、 カウンター の うしろ の 支配人 室 へ 踏みこん で いった 。
　ずんぐり と 背 が 低くて 丸々 と 太った ちょびひげ の 支配人 が デスク に 向かって 帳簿 を いじくって いた 。 そば の 灰 ざら に のせた 半分 ほど に なった 葉巻き から 、 細い 紫色 の 煙 が ほとんど まっすぐ に 立ちのぼって い た 。 ハバナ の かおり が 何 か 猥 ※ な 感じ で 漂って い た 。
　「 来 て いる ね ？ 」
　やせ型 の 男 が ニヤッ と 笑って たずね た 。
　「 うん 、 来 て いる 。 もう 始まって いる ころ だ よ 」
　「 じゃあ 、 あの へや へ 行く よ 」
　「 いい とも 、 見つかり っこ は ない が 、 せいぜい 用心 して ね 」
　やせ型 の 男 は ネズミ色 の セビロ を 着て 、 ネズミ色 の ワイシャツ 、 ネズミ色 の ネクタイ 、 くつ まで ネズミ色 の もの を はいて いた 。 どんな 背景 の 前 でも 最も 目だた ない 服 装 で あった 。 かれ は まったく 足音 を たて ない で 階段 を 駆け上がり 、 二 階 の ずっと 奥ま った 一室 の ドア を そっと ひらいて 、 中 に すべりこむ と 、 電灯 も つけ ず 、 一方 の 壁 に ある 押し入れ の 戸 を 用意 の カギ で ひらき 、 その 中 へ 身 を 隠した 。

　プログラムリスト 4.5 は，先ほど用意した江戸川乱歩の『影男』のテキストファイルを読み込んで解析を行い，使用頻度の高い単語を順に 10 個表示するものです．

プログラムリスト 4.5 analyze_ginza4.py

```
1  from collections import Counter
2  import spacy
3
4  input_fn = 'text/kageotoko.corpus.txt'
```

```
 5
 6   # 1. 分析対象とする品詞と，不要語を指定する.
 7   include_pos = ('NOUN', 'VERB', 'ADJ')
 8   stopwords = ('する', 'ある', 'ない', 'いう', 'もの', 'こと', 'よう', 'なる', 'ほう')
 9
10   # 2. 解析器の初期化
11   nlp = spacy.load("ja_ginza")
12
13   # 3. ファイルの読み込み
14   with open(input_fn, 'r') as f:
15       text = f.read()
16
17   # 4. 文章を解析し，単語の頻度を数える.
18   doc = nlp(text)
19   counter = Counter(token.lemma_ for token in doc
20   # if token.pos_ in include_pos and token.lemma_ not in stopwords
21   )
22
23   # 5. 単語の出現頻度top 10を出力する.
24   print('count word')
25   for word, count in counter.most_common(10):
26       print(f'{count:>5} {word}')
```

処理の流れは次のようになっています.

1. 分析対象とする品詞と，不要語を指定します
2. 解析器の初期化
3. ファイルの読み込み
4. 文章を解析し，単語の頻度を数えます
5. 単語の出現頻度 top 10 を出力します

単語の頻度は，lemma_ 属性によって原形を抽出した後に，Counter を用いて数えています．Counter で数の多い top 10 は，most_common 関数で抽出しています．
実行すると，次のような結果が得られます．

WSL / ターミナル

```
$ python analyze_ginza4.py
```

処理結果　『影男』に出現する単語の頻度 top10

```
count word
 6700 、
 5925 の
 4475 。
 3536 た
```

```
3480 て
3158 だ
2846 に
2834 は
2621 を
2519 が
```

このように，「て」「に」「を」「は」のような格助詞や，句読点「、」「。」の頻度が上位にくることがわかります．これは一般的な日本語の文章ですと，ほぼどのような場合でも同様なランキングになります．

テキストの内容をもう少し反映したランキングを作るにはどうしたらよいでしょうか．形態素解析をすることによって得られる，単語の品詞情報も活用してフィルタリングする方法があります．20 行目のコメントを外して実行してみると，次のような結果になります．テキストの内容がもう少し反映されていることがわかります．このようなフィルタリング手法は，後に 4.3 節でもう少し詳しく述べます．

処理結果　『影男』に出現する単語の頻度 top10(品詞等によるフィルタリングあり)

```
count word
 224 お
 212 中
 206 人
 199 男
 176 顔
 172 ふたり
 137 つ
 135 わかる
 129 目
 127 見える
```

4.1.3　単語の共起

単語が出現する頻度を単独で調べるだけでなく，単語間の関係を調べることもできます．共起とは，どの語とどの語が一緒に用いられるかを調べる手法です．文章を文に分割したのちに，同一文中に同時に出現する単語の組を数え上げることで分析します．

プログラムリスト 4.6　analyze_ginza5.py

```
1  import sys
2  from collections import Counter
3  import numpy as np
4  from sklearn.feature_extraction.text import CountVectorizer
5  import spacy
```

```
 6
 7  if len(sys.argv) < 2:
 8      sys.exit('利用法: {} (ファイル名) [(検索共起語 1) (検索共起語 2) ...]'.
            format(sys.argv[0]))
 9
10  input_fn = sys.argv[1]
11
12  # 1. 分析対象とする品詞と, 不要語を指定する.
13  include_pos = ('NOUN', 'VERB', 'ADJ')
14  stopwords = ('する', 'ある', 'ない', 'いう', 'もの', 'こと', 'よう', 'なる', 'ほう', 'い
        る', 'くる')
15
16  # 2. 解析器の初期化
17  nlp = spacy.load("ja_ginza")
18
19  # 3. ファイルの読み込み
20  with open(input_fn, 'r') as f:
21      text = f.read()
22
23  def extract_words(sent, pos_tags, stopwords):
24      '分析対象の品詞であり, 不要語でない単語を抽出する. '
25      words = [token.lemma_ for token in sent
26                  if token.pos_ in pos_tags and token.lemma_ not in stopwords]
27      return words
28
29  def count_cooccurrence(sents, token_length='{2,}'):
30      '同じ文中に共起する単語を行列形式で列挙する. '
31      token_pattern = f'\\b\\w{token_length}\\b'
32      count_model = CountVectorizer(token_pattern=token_pattern)
33
34      X = count_model.fit_transform(sents)
35      words = count_model.get_feature_names_out()
36      word_counts = np.asarray(X.sum(axis=0)).reshape(-1)
37
38      X[X > 0] = 1 # 同じ共起が 2以上出現しても 1とする
39      Xc = (X.T * X) # 共起行列を求めるための掛け算. csr 形式という疎行列.
40      return words, word_counts, Xc, X
41
42  def find_sentence_by_cooccurrence(X, idxs):
43      '指定された共起を含む文を見つける. '
44      occur_flags = (X[:,idxs[0]] > 0)
45      for idx in idxs[1:]:
46          occur_flags = occur_flags.multiply(X[:,idx] > 0)
47      return occur_flags.nonzero()[0]
48
49  # 4. 文章を解析し, 共起を求めておく.
50  doc = nlp(text)
51  sents = [' '.join(extract_words(sent, include_pos, stopwords))
52              for sent in doc.sents]
53  words, _, Xc, X = count_cooccurrence(sents)
54
```

```
55   if len(sys.argv) == 2: # 解析対象となるファイルのみを指定した場合
56       # 5a. 共起行列Xc は疎行列なので，非ゼロ要素のみをカウンタに格納しなおす．
57       counter = Counter()
58       for i, j in zip(*Xc.nonzero()):
59           if i >= j:
60               continue
61           counter[(i,j)] += Xc[i,j]
62
63       # 6a. 共起の出現頻度トップ 10を出力する．
64       print('共起ランキング:')
65       for (i,j), c in counter.most_common(10):
66           print('{:>3d} ({}, {})'.format(c, words[i], words[j]))
67   else:
68       print('検索する共起:', sys.argv[2:])
69       sents_orig = list(doc.sents)
70       # 5b. すべての単語のインデックス（通し番号）を求めておく
71       words_lookup = { word: index for index, word in enumerate(words) }
72       # 6b. 指定した共起語のインデックスを求める
73       idxs = list(map(lambda x: words_lookup[x], sys.argv[2:]))
74
75       # 7b. 指定した共起を含む文のリストを順に出力する
76       for i in find_sentence_by_cooccurrence(X, idxs):
77           print("{:>5d}: {}".format(i, sents_orig[i]))
```

では，プログラムリスト 4.6 を見てみましょう．以下のように作動します．

1. 分析対象とする品詞と，不要語を指定します
2. 解析器の初期化
3. ファイルの読み込み
4. 文章を解析し，共起を求めておきます

文章の解析では，次の 2 つの関数が用いられています．extract_words 関数では，分析対象の品詞に該当し，不要語でない単語を抽出します．count_cooccurrence 関数で単語の共起が行列形式で求められています．入力単語が順に index 付与されますが，この行列の第 i 番目の行，第 j 番目の列にある数値が第 i 番目の単語と第 j 番目の単語が共起する数になっています．第 2 引数で共起として扱う単語の長さに制限を加えることができます．指定しないと，2 文字以上から構成される単語のみが対象となります．これは，2.3 節で述べたような正規表現によって実現されています．\w{m,n}は，ユニコード単語文字が m 文字以上 n 文字以下であることを表し，\b は単語境界を表します．

　ここから先は，プログラムの起動方法によって動作が異なります．引数として，分析対象のファイルだけを指定した場合は，以下のように作動します．

5a. 共起行列の非ゼロ要素のみをカウンタに格納しなおします
6a. 共起の出現頻度トップ 10 を共起の多い順にソートして出力します

データの効率的処理を考え，疎行列という表現形式のままで処理しているため，処理が若干わかりにくい面がありますが，行列の要素の大きい順にソートをしています．

　引数として，分析対象のファイルの他に，検索したい共起語を指定した場合，以下のように作動します．

5b. すべての単語のインデックス (通し番号) を求めておきます

6b. 指定した共起語のインデックスを求めます

7b. 指定した共起を含む文のリストを順に出力します

指定した共起を含む文の検索には次の関数が用いられています．`find_sentence_by_cooccurrence` 関数で，指定した共起をすべて含むような文の番号を求めています．ある単語に着目して，その単語を含む文を 1, 含まない文を 0 とします．分析対象のファイルに出現する文の順に，着目した単語の出現に応じて 1 と 0 からなるリストを作成します．別の単語を含む文を 1, 含まない文をまた別のリストとし，先のリストと要素ごとに積をとれば，両方の単語を同時に含む文の番号だけが 1 となり，他の文番号の要素が 0 となるリストが求められます．このリストの要素ごとの積とは，文ごとの論理積になっているわけです．

　では，実際に作動させてみましょう．題材のテキストを処理すると，次のように，頻度の多い順に 10 の共起が表示されます．

WSL / ターミナル

```
$ python analyze_ginza5.py text/kageotoko.corpus.txt
```

▌処理結果　『影男』に出現する単語共起 top10

```
共起ランキング：
  25 (さん，じい)
  22 (会社，殺人)
  17 (さま，だんな)
  16 (ひらく，ドア)
  16 (世界，地底)
  13 (かける，電話)
```

　ここの 5 番目に多く共起が出現する「世界」と「地底」が共起する文の原文を見てみましょう．次のように調べたい共起語を引数に追加指定して実行すると，次のようにそれらを共起として含む原文が表示されます．冒頭の数字は，原文中の文の通し番号です．話の中盤以降に，地底の世界の話が続く部分が対象となっていることがわかります．

WSL / ターミナル

```
$ python analyze_ginza5.py text/kageotoko.corpus.txt 世界 地底
```

処理結果　『影男』で「世界」と「地底」が共起する原文

検索する共起: [' 世界', ' 地底']
2939: そういうおかたは、この地底世界へおつれすることさえむずかしい。
3017: かれはそこでは、いつものゆすりを行なう気にもならず、地底の主人公のちょびひげ紳士と親交を約して別れをつげ、地上世界に立ち帰った。
5338: むろん、地底世界のつづきなのだ。
5368: この地底世界に、それほどの巨資があるのであろうか。
5369: このまえにちょびひげがいっていたのでは、地底世界の女の数は百人ぐらいのはずであった。
5416:
地上世界の見せ物でこんなことをやれば、すぐに種がわかってしまうが、地底の洞窟という好条件がある。
5450:
洞窟にはいってから二時間あまり、黒いメフィストは時を忘れ、追われている身を忘れ、地上のいっさいの煩いを忘れ、艶樹の森と、地底世界をどよもす音楽と、歌声と、踊り狂う五面十脚の美しい怪獣とに、果てしもなく酔いしれていたが、ふと気がつくと、またしても、ただならぬ奇怪事が起こっていた。
5505: どうしてこの地底世界へ、警官がはいりこんできたのか。
5516: 地底世界の経営者が内通したのだろうか。
5649: すると、こういうおもしろい地底の世界を見せてくれた。
5659: 「それにしても、明智先生は、この地底の世界へははじめて来られたのでしょう。
5673: 一方、ぼくは地底世界で、ちょっと荒療治をやった。
5677: 地底世界の様子が、あらましわかった。
5682:
それから、ちょびひげを脅迫して、池のシリンダーを浮き上がらせ、待機していた十人の警官を地底世界に引き入れた。
5748: 小五郎は、中村警部やその部下とともに、地底世界の入り口に近いいわゆる事務室にもどっていた。
5773: 二つの世界で、わたしの地底王国はいっぱいですよ」

　このように，単語共起の頻度の高いものを調べることでわかることがありますが，共起をグラフ上に可視化したものを使うと，より効果的な発見があります．共起の可視化は，4.3.2 項で詳細を述べます．

4.1.4　係り受け

　単語間の関係には，共起の他に係り受けと呼ばれる関係があります．係り受けとは単語の修飾関係のことで，「修飾語」と「被修飾語」，あるいは，「係る語」「受ける語」として学校の日本語文法で勉強したことと思います．spaCy では，Universal Dependencies という多言語解析技術を用いたものです．従来からの日本語言語処理で用いられてきた文節レベルの係り受けとは異なり，細部の単語レベルからの全体の係り受け構造までを求めていく方法です．また，係り受けの関係をいくつかの種類で区別します．

　では，実際のデータで見てみましょう．プログラムリスト 4.7 は次のような処理になっています．

> 1. pandas での日本語出力を整形するための指定
> 2. 解析器の初期化
> 3. 入力文の指定と解析
> 4. 解析結果を pandas の DataFrame に読み込みます
> 5. 解析結果を DataFrame からテキストで表示
> 6. 解析結果をグラフィカルに表示する svg 形式のファイルを作成

　ここでは，pandas を用いて DataFrame に解析結果を格納しています．解析結果をテキストで表示するとともに，グラフィカルに表示するための svg 形式のファイルを作成しています．

▎ プログラムリスト 4.7　analyze_ginza6.py

```
 1  import spacy
 2  import pandas as pd
 3
 4  # 1. pandas での日本語出力を整形するための指定
 5  pd.set_option('display.unicode.east_asian_width', True)
 6  pd.set_option('display.max_columns', None)
 7  pd.set_option('display.width', None)
 8
 9  # 2. 解析器の初期化
10  nlp = spacy.load("ja_ginza")
11
12  # 3. 入力文の指定と解析
13  text = "昨日の天気は雨でした。晴れてほしかった。"
14  doc = nlp(text)
15
16  # 4. 解析結果を pandas の DataFrame に読み込む
17  df = pd.DataFrame({
18      'text': token.text,
19      'lemma_': token.lemma_,
20      'pos_': token.pos_,
21      'tag_': token.tag_,
22      'dep_': token.dep_,
23      'children': list(token.children)
24      } for token in doc)
25
26  # 5. 解析結果を DataFrame からテキストで表示
27  print(df.to_string(index=False))
28
29  # 6. 解析結果をグラフィカルに表示する svg 形式のファイルを作成
30  svg = spacy.displacy.render(doc, style="dep")
31  with open("dependency.svg", "w") as f:
32      f.write(svg)
```

▎ WSL / ターミナル

```
$ python analyze_ginza6.py
```

　処理結果をもう少し細かく見ていきましょう．係る語の children 属性に，受ける語のリストが格納されます．また，dep_ 属性には，その語に係る語からの係り受け種類が入っています．同一文節内の単語間にも係り受けが解析されますので，case，cop，aux が文節内の係り受けになっています．また，nmod，nsubj が文節間の係り受けになっています．

処理結果

text	lemma_	pos_	tag_	dep_	children
昨日	昨日	NOUN	名詞-普通名詞-副詞可能	nmod	[の]
の	の	ADP	助詞-格助詞	case	[]
天気	天気	NOUN	名詞-普通名詞-一般	nsubj	[昨日, は]
は	は	ADP	助詞-係助詞	case	[]
雨	雨	NOUN	名詞-普通名詞-一般	ROOT	[天気, でし, た, 。]
でし	です	AUX	助動詞	cop	[]
た	た	AUX	助動詞	aux	[]
。	。	PUNCT	補助記号-句点	punct	[]
晴れ	晴れる	VERB	動詞-一般	ROOT	[て, ほしかっ, た, 。]
て	て	SCONJ	助詞-接続助詞	mark	[]
ほしかっ	ほしい	ADJ	形容詞-非自立可能	aux	[]
た	た	AUX	助動詞	aux	[]
。	。	PUNCT	補助記号-句点	punct	[]

　また，spaCy には係り受けを図示する機能もあります．**図 4.1** が図示されたもので，係る言葉から受ける単語に向かって矢印で表されます．

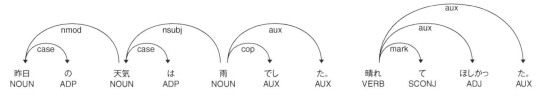

図 4.1　図示された係り受け

　なお，従来からの日本語言語処理で用いられてきた，文節間の係り受けを再現できる仕組みも用意されています．プログラムリスト 4.8 の処理は次の通りです．

1. 解析器の初期化
2. 入力文の指定
3. 従来の係り受け形式での出力

| プログラムリスト 4.8　analyze_ginza7.py

```
 1  import ginza.command_line
 2  import spacy
 3
 4  # 1. 解析器の初期化
 5  nlp = spacy.load("ja_ginza")
 6
 7  # 2. 入力文の指定
 8  text = "昨日の天気は雨でした。晴れてほしかった。"
 9
10  # 3. 従来の係り受け形式での出力
11  for sent in ginza.command_line.analyze(nlp, None, "cabocha", text):
12      for line in sent:
13          print(line)
```

WSL / ターミナル

```
$ python analyze_ginza7.py
```

　このように実行すると，次のように，単語列が文節にまとめ上げられ，文節間の係り受け関係が表示されます．

| 処理結果

```
* 0 1D 0/1 0.000000
昨日    名詞, 普通名詞, 副詞可能, *, , 昨日, キノウ, * 0
の      助詞, 格助詞, *, *, , , の, ノ, *        0
* 1 2D 0/1 0.000000
天気    名詞, 普通名詞, 一般, *, , 天気, テンキ, *      0
は      助詞, 係助詞, *, *, , , は, ハ, *        0
* 2 -1D 0/1 0.000000
雨      名詞, 普通名詞, 一般, *, , 雨, アメ, * 0
でし    助動詞, *, *, *, 助動詞-デス, 連用形-一般, です, デシ, *          0
た      助動詞, *, *, *, 助動詞-タ, 終止形-一般, た, タ, *       0
。      補助記号, 句点, *, *, , , 。, 。, *        0
EOS

* 0 -1D 0/1 0.000000
晴れ    動詞, 一般, *, *, 下一段-ラ行, 連用形-一般, 晴れる, ハレ, *       0
て      助詞, 接続助詞, *, *, , て, テ, *        0
ほしかっ          形容詞, 非自立可能, *, *, 形容詞, 連用形-促音便, ほしい, ホシカッ, *       0
た      助動詞, *, *, *, 助動詞-タ, 終止形-一般, た, タ, *       0
。      補助記号, 句点, *, *, , , 。, 。, *       0
EOS
```

4.1.5　英語の分析

ここまで何回か触れてきたように，GiNZA は，spaCy と呼ばれる多言語用の自然言語処理ライブラリを用いて実装されています．spaCy を用いると，日本語以外の各国語の分析も，ここまで見てきた日本語の分析とほぼ同様にできます．ここでは英語テキストの分析方法を簡単に紹介します．

まず，spaCy 本体と，分析したい言語のモデルをインストールします．英語のウェブテキストを対象としたモデル名は，`en_core_seb_sm` です[4]．

WSL / ターミナル

```
$ pip install spacy
$ python -m spacy download en_core_web_sm
```

このモデル名を指定して解析器を初期化します．具体的には，プログラムリスト 4.9 にあるように，`spacy.load` にこのモデル名を指定します．

プログラムリスト 4.9　analyze_ginza8.py

```
1  import spacy
2
3  nlp = spacy.load("en_core_web_sm")
4  text = "This is a sentence."
5  doc = nlp(text)
6  for token in doc:
7      print(token)
```

他の部分は，日本語の分析と同じ処理で分析ができます．4.3 節でワードクラウドを用いた可視化を紹介しますが，日本語と英語の場合のワードクラウドを**図 4.2** に載せます．分析対象は，夏目漱石の『坊ちゃん』の日本語原文と英訳です．

図 4.2　日本語と英語の分析例

---

4)　分析したい言語のモデル名は，spaCy のウェブページ (https://spacy.io) で確認します．言語のほか，モデルの学習データの種類や，モデルの種別，学習規模によって，別々のモデルが用意されている場合もあります．

note **spaCy の基本的な考え方**

　本書は，テキストアナリティクスがメインの書籍ということで本文のほうでは spaCy について詳細に触れていないので，note で補足的説明します．

　spaCy は Explosion AI 社が開発しているオープンソースの自然言語処理ライブラリです．これまでの主要な言語解析ツールと異なり，製品への本格活用が想定されている点，基本的な機能を実現するための学習済みモデル・

Explosion AI 社によるアーキテクチャの説明
https://spacy.io/usage/processing-pipelines による

ベクトルが付属している点，多数の言語をサポートしている点などが特徴的です．「pip install spacy」でインストールできることは大きな強みでしょう．

　テキスト処理の方法も特徴的です．右上図のように各機能（コンポーネント）が順番に適用される pipeline という方式でテキストが処理されます．前段のコンポーネントの結果を後段のコンポーネントが利用するという流れになっています．

　代表的には，tokenizer（分かち書き），tagger（品詞付与），parser（係り受け解析），ner（固有表現抽出），lemmatizer（原形抽出），textcat（文書分類）というコンポーネントが用意されており，またこれ以外にユーザが自身でカスタムコンポーネントを構築することも可能です．

　nlp() を実行するとデフォルトでは，tokenizer,tagger,parser,ner が入力文書に適用されるようになっています．実用の上では，この pipeline を目的に合わせてコンポーネントを入れ替えていくことでさまざまな処理に対応していくことが想定されています．目的に合わないコンポーネントのみ入れ替えればよいので，開発コストが低くなる点，コンポーネントの流用・再利用が可能となる点が，この pipeline 方式の大きなメリットと言えるでしょう．

　また，spaCy についてはサードパーティによるモデルやプラグイン／拡張も徐々に整備されつつあり，利便性が徐々に高まってきています．本書で利用している GiNZA もまさにその1つです．最新技術へのキャッチアップも早く，spaCy の Version3 では，BERT をはじめとする Transformer ベースの事前学習モデルも利用可能となりました．このように徐々にエコシステムができあがってきているのが spaCy の現状です．

　なお，spaCy と他のツールとの分かち書きとしての比較については，9.2 節をご覧ください．

4.2　文書の分類・クラスタリング

文書を分類してみましょう．ここでは，感情表現の分析に基づく分類と，トピック分析を行います．

4.2.1　感情分析に基づく分類

　感情表現の分析には，oseti というライブラリを用います．oseti ライブラリの動作には，GiNZA とは異なる形態素解析器 MeCab がインストールされ，ipadic 辞書が用いられるように構成されている必要があります．9.2 節を参照して MeCab をインストールした後に，次のように，oseti ライブラリをインストールできます．

WSL / ターミナル

```
$ pip install oseti
```

oseti ライブラリの基本的な使い方は，プログラムリスト 4.10 の通りです．

プログラムリスト 4.10　oseti1.py

```
1  import oseti
2
3  analyzer = oseti.Analyzer()
4  print(analyzer.analyze_detail('天国で待ってる。'))
5  print(analyzer.analyze_detail('遅刻したけど楽しかったし嬉しかった。すごく充実した！'))
```

実行すると，次のような結果が得られます．

処理結果

```
> python oseti1.py
[{'positive': ['天国'], 'negative': [], 'score': 1.0}]
[{'positive': ['楽しい', '嬉しい'], 'negative': ['遅刻'], 'score': 0.3333333333333333},
{'positive': ['充実'], 'negative': [], 'score': 1.0}]
```

　先ほど用いた文書を感情分析してみましょう．
　プログラムリスト 4.11 を実行すると，次のような処理結果が得られます．

プログラムリスト 4.11　oseti2.py

```
1  from collections import Counter
2  import oseti
3
4  filename = 'text/kageotoko.corpus.txt'
5  analyzer = oseti.Analyzer()
6
7  with open(filename, 'r', encoding='UTF-8') as f:
8      hist = Counter(
9          element['score']
10         for text in f
11         for element in analyzer.analyze_detail(text))
```

```
12
13  print('score count')
14  print('-----------')
15  for k in sorted(hist.keys()):
16      print('{:>5.02f} {}'.format(k, hist[k]))
```

処理結果

```
> python oseti2.py kageotoko.corpus.txt
score count
-----------
-1.00 1048
-0.67 1
-0.60 7
-0.56 1
-0.50 12
-0.43 1
-0.33 67
-0.20 6
-0.14 3
 0.00 3165
 0.20 7
 0.33 78
 0.43 1
 0.50 12
 0.60 6
 1.00 989
```

4.2.2　トピックモデルによるクラスタリング

　では，次に，トピックモデルによるクラスタリングを行ってみましょう．クラスタリングとは，どのように分類すべきかが事前にわからない場合に，似たものをまとめ上げることを言います．ここで取り上げるトピックモデルは，Latent Dirichlet Allocation(LDA) モデルと言い，多項分布による生成的確率モデルに基づくものです．LDA モデルは，gensim というライブラリで実装されているものを用います．次のようにインストールしましょう．

WSL / ターミナル

```
$ pip install gensim
```

　次に，クラスタリングの対象とするデータを入手します．厚生労働省には労働災害データベースがあり，無作為に抽出された個別事例について，発生状況の概要が Excel 形式のデータで公開[5] されています．そこから，平成 29 年 1 月のデータ sisyou_db_h29_01.xlsx をあらかじめダウンロードし

---

5) https://anzeninfo.mhlw.go.jp/anzen_pgm/SHISYO_FND.aspx

ておきましょう.

　Excel 形式のデータなので，読み込みには pandas を用います.

WSL / ターミナル

```
$ pip install pandas
```

　クラスタリングしたい文書は，このデータの「災害状況」欄に記載されている発生状況の概要が文章で記載されている列です．pandas ライブラリを使って，Excel データを読み込んだり，特定の列を抽出するのは，プログラムリスト 4.12 のような処理になります.

プログラムリスト 4.12　pandas による列の抽出

```
1  import pandas
2  df=pandas.read_excel('sisyou_db_h29_01.xlsx')
3  print(df['災害状況'])
```

　この出力は，次のようになります.

処理結果

```
0                                                           NaN
1      工場内で床に置いていたコードに、荷物を抱えていた状態のときに足が引っ掛かり、よろめいて数歩
前...
2      倉庫の出入口の階段を荷物(冷凍商品 15kg ぐらい)を持って下りる際に、階段が凍っていて滑って...
3      会社構内にて車輌の洗車中、足を滑らせ転倒した際に左手をつき、翌朝に左肩の痛みが大きくなり、
左...
4                     厩舎 2 階でバッカン受け入れ作業中、バッカンを落とす穴から落下した。
                                     ...
2691   重機の整備中、待機している台船へ乗船時に、つまずいて高さ 1m40cm~50cm の所から転落し、足...
2692   新聞配達中、アパートにて 2 階と 3 階の配達を終え、1 階に下りる時に誤って最後の段で足を滑らせ
て...
2693   左手にしびれを感じ、中指にも痛みが出始めたたため検査した結果、手根管症候群と中指ばね指と診
断...
2694   塗装場所へ移動する為、5 尺の脚立をはしご状態にして、約 2.3m 程上がった屋上へ上る途中に使用...
2695   入浴介助後、利用者(男性 48kg・全介助・車いす)を洗い場から車いすに移動させる際、新人職員が...
Name: 災害状況, Length: 2696, dtype: object
```

　このように，pandas ライブラリの魅力は，データの入出力と加工が便利な点にあります.

　では，クラスタリングまでの処理を行うプログラムの全体をプログラムリスト 4.13 で見てみましょう．処理は次の通りとなっています.

> 1. 学習中の状況を出力するフォーマットの指定
> 2. 解析器の初期化
> 3. ドキュメントを読み込んで単語分割します
> 4. 極端に頻度が低い語や高い語を除外します
> 5. バイグラムの計算
> 6. LDA モデル

　(3) の処理では，pandas を用いて「災害状況」欄を抽出したのちに，spaCy で単語分かち書き処理をしてから，docs という変数に格納します．1 つの文書ごとに単語の配列となるので，文書集合 docs は，配列の配列となります．(4) の処理で，極端に出現頻度が低い単語や高い単語を極端な単語として除外します．極端に出現頻度が低い単語は，ごく限られた状況にしか出現しないので，LDA のような確率モデルでの計算では，あまり意味のある情報になりません．また，助詞や助動詞や接続詞のような付属語は，非常によく使われるために，それらの単語の出現はやはりあまり意味のある情報になりません．ここでは，20 文書に満たない文書にしか出現しない単語と，文書の 50% 以上に出現する単語を除外しています．(5) の処理では，文書単語行列にバイグラムを加えています．バイグラムとは連続する 2 つの単語の出現のことです．例えば，「今日は」という表現が出現したら，「今日」と「は」という 2 つの単語が連続しているので，「今日 は」というバイグラムが出現したとして扱うということです．Bag-of-Words と呼ばれるように，文書単語行列は元来，単語の単独での出現を表現するものですが，頻繁に出現するバイグラムを加味することによって，熟語や定型表現を扱うような効果が期待できます．ここでは，20 回以上出現したバイグラムを扱います．以上までが準備で，(6) の処理でいよいよ LDA モデルを求めることになります．LDA モデル計算のための各種パラメータを指定して計算に入ります．ミニバッチを指定した繰り返し法による計算で，ここではミニバッチの大きさを 2000，学習の繰り返しを 20 回，トピック数を 10 と指定しています．計算の経過は，(1) で指定したフォーマットに従って出力されます．

プログラムリスト 4.13　LDA によるクラスタリング

```
 1  import logging
 2  import spacy
 3  import pandas as pd
 4
 5  # 1. 学習中の状況を出力するフォーマットの指定
 6  logging.basicConfig(
 7      format='%(asctime)s : %(levelname)s : %(message)s',
 8      level=logging.INFO)
 9
10  # 2. 解析器の初期化
11  nlp = spacy.load("ja_ginza")
12
13  # 3. ドキュメントを読み込んで単語分割する
14  df = pd.read_excel('sisyou_db_h29_01.xlsx')
15  docs=[]
```

```
16  for text in df['災害状況']:
17      if type(text) != str: continue
18      doc=[_.lemma_ for _ in nlp(text)]
19      docs.append(doc)
20
21  #
22  # 4. 極端に頻度が低い語や高い語を除外する
23  #
24  from gensim.corpora import Dictionary
25
26  # 4a. 辞書の作成
27  dictionary = Dictionary(docs)
28
29  # 4b. 出現が 20文書に満たない単語と 50%以上の文書に出現する単語を極端とみなして除外する
30  dictionary.filter_extremes(no_below=20, no_above=0.5)
31
32  # 4c. 上記のように定められた語彙で，文書単語行列 (Bag-of-Words 表現)を求める
33  corpus = [dictionary.doc2bow(doc) for doc in docs]
34
35  print(f'Number of unique tokens: {len(dictionary)}')
36  print(f'Number of documents: {len(corpus)}')
37
38  #
39  # 5. バイグラムの計算
40  #
41  from gensim.models import Phrases
42
43  # 5a. 文書単語行列にバイグラムを加える (出現頻度 20以上のもの)
44  phrase_model = Phrases(docs, min_count=20)
45  for idx, doc in enumerate(docs):
46      # _が含まれるトークンはバイグラム(あるいはそれ以上)なので，追加する
47      bigram_tokens = [token for token in phrase_model[doc] if '_' in token]
48      docs[idx].extend(bigram_tokens)
49
50  #
51  # 6. LDA モデル
52  #
53  from gensim.models import LdaModel
54
55  num_topics = 10
56
57  temp = dictionary[0]  # 辞書をメモリに読み込むための処理
58
59  # 6a. LDA モデルの計算
60  model = LdaModel(
61      corpus=corpus,
62      id2word=dictionary.id2token,
63      chunksize=2000,
64      alpha='auto',
65      eta='auto',
66      iterations=400,
```

```
67        num_topics=num_topics,
68        passes=20,
69 )
70
71 # 6b. LDA モデルによって得られるトピックの抽出
72 top_topics = model.top_topics(corpus)
73
74 # 6c. 評価指標コヒーレンスを求める
75 avg_topic_coherence = sum([t[1] for t in top_topics]) / num_topics
76 print('Average topic coherence: %.4f.' % avg_topic_coherence)
```

できあがったトピックの良し悪しは，perplexity と coherence という指標を用いて評価されます．perplexity とは，モデルが予測する単語の予測精度の良し悪しを示す指標で，言語モデルの評価指標としてもよく用いられるものです．ここで用いたデータで，学習回数が進むごとに perplexity が進む様子は，プログラムの出力を見るとわかります．

WSL / ターミナル

```
$ python lda.py | grep perplexity
```

この実行の様子は次に示すように，学習回数が 1 回終了するごとに perplexity が表示されていることがわかります．perplexity の推移は，1 回目の終了時に 67.5 から始まり，学習が進むにつれて，徐々に減少します．15 回目の学習終了時には，51.2 とほぼ下げ止まっています．

▎処理結果

```
: INFO : running online (multi-pass) LDA training, 10 topics,
  20 passes over the supplied corpus of 2695 documents,
  updating model once every 2000 documents,
  evaluating perplexity every 2695 documents,
  iterating 400x with a convergence threshold of 0.001000
: INFO : -6.076 per-word bound, 67.5 perplexity estimate
  based on a held-out corpus of 695 documents with 18678 words
: INFO : -5.839 per-word bound, 57.2 perplexity estimate
  based on a held-out corpus of 695 documents with 18678 words
: INFO : -5.762 per-word bound, 54.3 perplexity estimate
  based on a held-out corpus of 695 documents with 18678 words
: INFO : -5.730 per-word bound, 53.1 perplexity estimate
  based on a held-out corpus of 695 documents with 18678 words
: INFO : -5.714 per-word bound, 52.5 perplexity estimate
  based on a held-out corpus of 695 documents with 18678 words
: INFO : -5.703 per-word bound, 52.1 perplexity estimate
  based on a held-out corpus of 695 documents with 18678 words
: INFO : -5.697 per-word bound, 51.9 perplexity estimate
  based on a held-out corpus of 695 documents with 18678 words
: INFO : -5.692 per-word bound, 51.7 perplexity estimate
  based on a held-out corpus of 695 documents with 18678 words
: INFO : -5.690 per-word bound, 51.6 perplexity estimate
  based on a held-out corpus of 695 documents with 18678 words
```

```
: INFO : -5.687 per-word bound, 51.5 perplexity estimate
  based on a held-out corpus of 695 documents with 18678 words
: INFO : -5.684 per-word bound, 51.4 perplexity estimate
  based on a held-out corpus of 695 documents with 18678 words
: INFO : -5.682 per-word bound, 51.4 perplexity estimate
  based on a held-out corpus of 695 documents with 18678 words
: INFO : -5.681 per-word bound, 51.3 perplexity estimate
  based on a held-out corpus of 695 documents with 18678 words
: INFO : -5.681 per-word bound, 51.3 perplexity estimate
  based on a held-out corpus of 695 documents with 18678 words
: INFO : -5.679 per-word bound, 51.2 perplexity estimate
  based on a held-out corpus of 695 documents with 18678 words
: INFO : -5.679 per-word bound, 51.2 perplexity estimate
  based on a held-out corpus of 695 documents with 18678 words
: INFO : -5.678 per-word bound, 51.2 perplexity estimate
  based on a held-out corpus of 695 documents with 18678 words
: INFO : -5.677 per-word bound, 51.2 perplexity estimate
  based on a held-out corpus of 695 documents with 18678 words
: INFO : -5.676 per-word bound, 51.1 perplexity estimate
  based on a held-out corpus of 695 documents with 18678 words
: INFO : -5.676 per-word bound, 51.1 perplexity estimate
 based on a held-out corpus of 695 documents with 18678 words
```

　もう 1 つの評価指標は，coherence です．coherence は，意味的な一貫性を評価しようとする指標ですが，どのように一貫性を評価すべきかは必ずしも明確ではありません．coherence という評価尺度が当初は人手によるものでしたが，後にさまざまな自動評価の尺度が提案されるようになってきました．ここでは，相互情報量という自動評価尺度を用います[6]．コーパス自体を用いて計測された相互情報量は，処理結果の最後のほうに出力されています．

```
Average topic coherence: -2.0012.
```

4.3　可視化

　形態素解析ができると，頻出単語のランキングが取得できるようになりますが，もう一歩進めて，可視化をしてみましょう．ここでは，頻出単語の頻出度合いを文字の大きさで可視化するワードクラウドと，頻出単語同士の繋がりを可視化する共起ネットワークを描きます．

4.3.1　ワードクラウド

　ワードクラウドとは，頻度の高い単語を大きく表示するものです．単語のランキングをリスト形式

---

6)　David Mimno, Hanna Wallach, Edmund Talley, Miriam Leenders, Andrew McCallum : Optimizing Semantic Coherence in Topic Models, In Proceedings of the 2011 Conference on Empirical Methods in Natural Language Processing, pp. 262-272, 2011.

で表示するのと同様の情報を表示できます．ワードクラウドの表示には，wordcloud[7] というライブラリを用います．次のようにしてインストールしましょう．

WSL / ターミナル

```
$ pip install wordcloud
```

▌ プログラムリスト 4.14　analyze_wordcloud.py

```
 1  import re
 2  import sys
 3  import matplotlib.pyplot as plt
 4  import spacy
 5  from wordcloud import WordCloud
 6
 7  if len(sys.argv) != 2:
 8      sys.exit('利用法: {} （ファイル名）'.format(sys.argv[0]))
 9
10  # 1. 分析対象とする品詞と，不要語を指定する.
11  include_pos = ('NOUN', 'VERB', 'ADJ')
12  stopwords = ('する', 'ある', 'ない', 'いう', 'もの', 'こと', 'よう', 'なる', 'ほう')
13
14  # 2. 解析器の初期化
15  nlp = spacy.load("ja_ginza")
16
17  # 3. ファイルの読み込み
18  with open(sys.argv[1], 'r', encoding='UTF-8') as f:
19      text = f.read()
20
21  # 4. 文章を解析し，単語に分割する
22  words = [token.lemma_ for token in nlp(text)
23          # if token.pos_ in include_pos and token.lemma_ not in stopwords
24          ]
25
26  # 5. ワードクラウドの表示設定と作成
27  wordcloud = WordCloud(
28      background_color='white', font_path='fonts/ipaexg.ttf',
29      max_font_size=100).generate(' '.join(words))
30
31  # 6. プロット
32  plt.figure(figsize=(8, 4))
33  plt.imshow(wordcloud, interpolation='bilinear')
34  plt.axis("off")
35  plt.tight_layout(pad=0)
36  plt.savefig("Figure_wordcloud.png")
```

プログラムリスト 4.14 がワードクラウドを作成するプログラムで以下のように作動します．

---

7) https://github.com/amueller/word_cloud

1. 分析対象とする品詞と，不要語を指定します
2. 解析器の初期化
3. ファイルの読み込み
4. 文章を解析し，単語に分割します
5. ワードクラウドの表示設定と作成
6. プロット

(5) で，ワードクラウドの表示設定と作成を行います．表示設定では背景を白色にし，日本語の表示が可能なフォントを指定しています．また，頻度の高い単語が大きく表示されすぎないように，表示の大きさの上限を 100 と指定しています．ワードクラウドの作成では，空白で単語に分かち書きされたテキストを入力として期待していますので，単語に分割された単語リストを空白文字で join して generate 関数に与えます．(6) のプロットでは，matplotlib を用いて描画します．

では，4.1 節で準備した小説『影男』に頻出する単語をワードクラウドで可視化してみましょう．プログラムリスト 4.14 を次のようにして実行すると，**図 4.3** のような図が表示されます．

WSL / ターミナル

```
$ python analyze_wordcloud.py text/kageotoko.corpus.txt
```

図 4.3　素のワードクラウド

このように，テキストをありのままに処理してしまうと，どんな文書にも頻出するようなものがかなり大きく表示されてしまい，文書固有の特徴が図示できているとは言い難くなってしまいます．

そこで，ここでは，簡単な方法として，品詞による選択や，不要語リストの作成による方法を試してみましょう．品詞による選択をする方法では，自立語を抽出対象とし，付属語は除外することにします．自立語は主に名詞，動詞，形容詞で構成されますから，ginza での名詞，動詞，形容詞に相当する NOUN，VERB，ADJ の品詞だけを抽出する処理を加えます．付属語の代表的なものは，「てにをは」のような助詞や，「〜ようだ」のような助動詞です．

また，品詞による選択で対応しきれない場合は，個別の単語ごとに処理をします．名詞の「もの」や「こと」，動詞の「する」「いう」などのような単語は，特徴的な意味を担わずに形式的に使われることが

多く，時に形式名詞や形式動詞と呼ばれます．ここでは，そのような単語を除去する処理を加えます．
　こうした処理は，プログラムリスト 4.14 の 23 行目でコメントアウトされています．このコメント
アウトを除去して，処理を有効にすると**図 4.4** のような図が表示されます．この小説に特徴的な語が
際立って表示されることがわかると思います．

図 4.4　品詞等でフィルタリングしたワードクラウド

4.2.2 項で説明したトピックモデルをワードクラウドで可視化することもできます．（**図 4.5**）

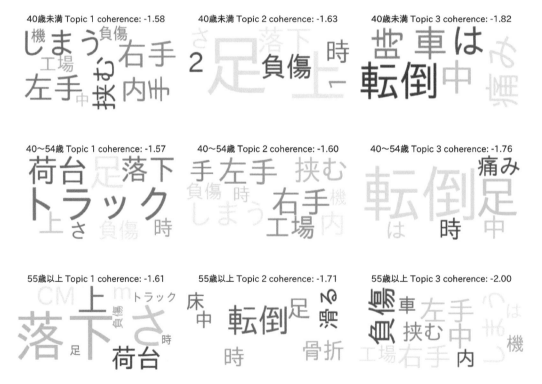

図 4.5　トピックモデルのワードクラウド

4.3.2　共起ネットワーク

　4.1.3 項で見てきたように，同一文中に同時に出現する単語の組を共起と言います．ここでも，そのランキングをリスト形式で見るにとどまらず，ネットワーク形式で可視化してみましょう．ネットワーク形式とは，ノードとノードを結ぶ辺で構成されるものです．単語をノードで表し，ノードの大きさは単語の単独での出現の多さを反映します．また，2 つの単語間で共起が出現したものは，ノードを結ぶ辺で表現され，辺の太さが共起数の多さを反映します．

プログラムリスト 4.15　analyze_cooccurrency.py

```
 1  import sys
 2  import spacy
 3  from sklearn.feature_extraction.text import CountVectorizer
 4  import numpy as np
 5  import networkx as nx
 6  from pyvis.network import Network
 7  import matplotlib.pyplot as plt
 8  import japanize_matplotlib
 9
10  if len(sys.argv) != 2:
11      sys.exit('利用法: {} （ファイル名）'.format(sys.argv[0]))
12
13  input_fn = sys.argv[1]
14
15  # 1. 分析対象とする品詞と，不要語を指定する．
16  include_pos = ('NOUN', 'VERB', 'ADJ')
17  stopwords = ('する', 'ある', 'ない', 'いう', 'もの', 'こと', 'よう', 'なる', 'ほう', 'いる', 'くる')
18
19  # 2. 解析器の初期化
20  nlp = spacy.load("ja_ginza")
21
22  # 3. ファイルの読み込み
23  with open(input_fn) as f:
24      text = f.read()
25
26  from sklearn.feature_extraction.text import CountVectorizer
27  import numpy as np
28
29  def extract_words(sent, pos_tags, stopwords):
30      '分析対象の品詞であり，不要語でない単語を抽出する．'
31      words = [token.lemma_ for token in sent
32              if token.pos_ in pos_tags and token.lemma_ not in stopwords]
33      return words
34
35  def count_cooccurrence(sents, token_length='{2,}'):
36      '同じ文中に共起する単語を行列形式で列挙する．'
37      token_pattern = f'\\b\\w{token_length}\\b'
38      count_model = CountVectorizer(token_pattern=token_pattern)
```

```
39
40      X = count_model.fit_transform(sents)
41      words = count_model.get_feature_names_out()
42      word_counts = np.asarray(X.sum(axis=0)).reshape(-1)
43
44      X[X > 0] = 1 # 同じ共起が 2以上出現しても 1とする
45      Xc = (X.T * X) # 共起行列を求めるための掛け算. csr 形式という疎行列.
46      return words, word_counts, Xc, X
47
48 # 4. 文章を解析し, 共起を求めておく.
49 doc = nlp(text)
50 sents = [' '.join(extract_words(sent, include_pos, stopwords))
51          for sent in doc.sents]
52 words, word_counts, Xc, X = count_cooccurrence(sents)
53
54 def word_weights(words, word_counts):
55      '単語の最多頻度が 1 となるような相対値として単語の重みを求める'
56      count_max = word_counts.max()
57      weights = [(word, {'weight': count / count_max})
58                  for word, count in zip(words, word_counts)]
59      return weights
60
61 def cooccurrence_weights(words, Xc, weight_cutoff):
62      '''共起の最多頻度が 1 となるような相対値として共起の重みを求める
63      共起の重みが weight_cutoff より低い共起は除外（枝刈り）する'''
64      Xc_max = Xc.max()
65      cutoff = weight_cutoff * Xc_max
66      weights = [(words[i], words[j], Xc[i,j] / Xc_max)
67                  for i, j in zip(*Xc.nonzero()) if i < j and Xc[i,j] > cutoff]
68      return weights
69
70 def create_network(words, word_counts, Xc, weight_cutoff):
71      '語彙, 単語頻度, 共起行列から共起ネットワークを NetworkX 形式で得る'
72      G = nx.Graph()
73
74      weights_w = word_weights(words, word_counts)
75      G.add_nodes_from(weights_w)
76
77      weights_c = cooccurrence_weights(words, Xc, weight_cutoff)
78      G.add_weighted_edges_from(weights_c)
79
80      G.remove_nodes_from(list(nx.isolates(G)))
81      return G
82
83 def pyplot_network(G):
84      'NetworkX 形式で与えられた共起ネットワークを pyplot で描画する'
85      plt.figure(figsize=(10, 10))
86      pos = nx.spring_layout(G, k=0.1)
87
88      weights_n = np.array(list(nx.get_node_attributes(G, 'weight').values()))
89      nx.draw_networkx_nodes(G, pos, node_size = 300 * weights_n)
```

```
 90
 91       weights_e = np.array(list(nx.get_edge_attributes(G, 'weight').values()))
 92       nx.draw_networkx_edges(G, pos, width = 20 * weights_e)
 93
 94       nx.draw_networkx_labels(G, pos, font_family='IPAexGothic')
 95
 96       plt.axis("off")
 97       plt.tight_layout()
 98       plt.savefig("Figure_cooccurrence.png")
 99       plt.savefig("Figure_cooccurrence.eps", bbox_inches = "tight")
100       plt.show()
101
102  def nx2pyvis_G(G):
103       'NetworkX 形式で与えられた共起ネットワークを pyvis で描画する'
104       pyvis_G = Network(width = '800px', height = '800px', notebook = False)
105       # pyvis_G.from_nx(G) # pyvis ライブラリ現状では，属性が反映されない．
106       for node, attrs in G.nodes(data = True):
107           pyvis_G.add_node(node, title = node, size = 30 * attrs['weight'])
108       for node1, node2, attrs in G.edges(data = True):
109           pyvis_G.add_edge(node1, node2, width = 20 * attrs['weight'])
110       return pyvis_G
111
112  # 5. ネットワークの生成
113  G = create_network(words, word_counts, Xc, 0.03)
114
115  # 6. 静的ネットワークの描画
116  pyplot_network(G)
117
118  # 7. 動的ネットワークの描画
119  pyvis_G = nx2pyvis_G(G)
120  pyvis_G.show("mygraph.html")
```

プログラムリスト 4.15 の処理は次の通りです．

1. 分析対象とする品詞と，不要語を指定します
2. 解析器の初期化
3. ファイルの読み込み
4. 文章を解析し，共起を求めておきます
5. ネットワークの生成
6. 静的ネットワークの描画
7. 動的ネットワークの描画

　(1)〜(4) の流れは 4.1.3 項での処理と同じです．word_weights 関数で，単語の最多頻度が 1 となるような相対値として単語の重みを求めています．cooccurrence_weights 関数で，共起の最多頻度が 1 となるような相対値として共起の重みを求めています．共起ネットワークでは，単語と単語を結ぶ辺として共起が描画されますので，共起の種類があまり多いとネットワークが見づらくなってし

図 4.6　共起ネットワーク

まいます．そこで，`weight_cutoff` を指定して，一定の割合に満たない共起は除外（枝刈り）します．`create_network` 関数は，語彙，単語頻度，共起行列から共起ネットワークを NetworkX 形式で作成するものです．`pyplot_network` 関数は，NetworkX 形式で与えられた共起ネットワークを pyplot で描画します．pyplot は静止画のための描画ライブラリで，さまざまなフォーマットの静止画像を生成することができます．`nx2pyvis_G` 関数は，NetworkX 形式で与えられた共起ネットワークを pyvis で描画します．pyvis は，マウス操作でインタラクティブな確認ができる動的な html を生成します．マウスで単語をドラッグして動かすことによって，共起ネットワークの細部を確認できます．特に込み入っている部分がどうなっているのかを確認するのに便利です．(5)～(7) の処理では，これらの関数を順に呼び出して，静的な共起ネットワークと動的な共起ネットワークを生成します．

　それでは，次のように実行してみましょう．そうすると，**図 4.6** のような共起ネットワークが描画されます．インタラクティブな共起ネットワークは，`mygraph.html` というファイルが生成されますので，ウェブブラウザで閲覧してみてください．

WSL / ターミナル

```
$ python analyze_cooccurrence.py text/kageotoko.corpus.txt
```

　このように全体を一瞥することで，意外な共起を発見できる可能性があります．例えば，「人間」と「探求」に共起の辺が描かれていますが，この奇異なミステリー小説の中であっても，人間探求がテーマであったことが反映されています．4.1.3 項で見たように，共起が含まれる原文を見てみましょう．「人間」と「探求」の共起が含まれる原文は，次のようにして表示します．

WSL / ターミナル

```
$ python analyze_ginza5.py text/kageotoko.corpus.txt 人間 探求
```

処理結果　『影男』に出現する「人間」と「探求」の共起

検索する共起：[' 人間 '，' 探求 ']
　163： かれは人間というものの探求を生きがいとするようになっていた。
　166： かれはその裏側のほうの人間を探求しようとしたのである。
　168： しかし、普通犯罪学者がやるような一般的研究ではなくて、これと目ざした個々の人間の、世間にも、その人自身の家族にさえも知られていない秘密の生活を探求することが、かれの生きがいであった。

　219：
　かれの人間裏返しの探求には、いま一つの副産物があった。
　225： かれの「裏返しの人間探求」の副産物にすぎなかった。
　227： 隠身術による人間探求の結果を、小説の形でそれとなく世間に見せびらかすのが楽しかったのである。
　240： それらの恋人を、かれは人間探求事業の助手として巧みに駆使していた。
　1431： 裏返しの人間探求というかれの事業は、つまり物の逆を探ることであった。

　このように，共起ネットワークは，視覚的に訴えるものでわかりやすいですが，ノードが混み合っているところは視認性に欠ける場合があります．近年の発展が著しい可視化ライブラリの助けを借りると，動的なネットワークをウェブブラウザ上に簡単に表示できるようになりました．このプログラムを実行して生成される `mygraph.html` というファイルをウェブブラウザで開くか，JupyterLab のノートブックを操作することで，見づらいノードをマウスで動かして見やすい位置に持っていくことができます．

---

note　単語共起行列の計算

　共起ネットワークの作成では，各単語の共起頻度を求めています．共起頻度を求める場合，シンプルに考えると，各文書ごとに共起する単語ペアを数え上げ，それをまとめ上げていく方法が考えられます．ただこの場合 for 文を何重にも回す必要があり，処理的に効率的ではありません．

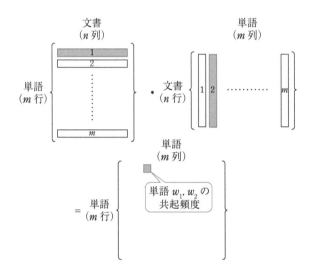

　ここでは，文書単語行列とその転置行列を掛け合わせることで，単語共起行列を算出しています．行列計算に慣れていない方にとっては直観的にわかりにくいかもしれませんが，上図のような計算をしています．

　まず文書単語行列の転置行列（m 行 n 列）を考えると各行が単語に対応し，単語が出現する文書に対応する列のみ 1 となります．つまり，行方向に見ると，単語の出現する文書を現す単語ベクトルとなります．

　この転置行列と元の文書単語行列（n 行 m 列）を掛け合わせると m 行 m 列の行列ができます．この時，例えば 1 行目 2 列目の要素は，単語 w_1 と単語 w_2 の単語ベクトルを掛け合わせることになります．つまり，w_1 と単語 w_2 が共起する文書数が 1 行目 2 列目の値となります．

　このようにして文書単語行列の行列演算だけで，単語出現頻度を簡単に算出することができます．

4.4　まとめ：より深い分析を実現するために

　本章では，形態素解析，係り受け，分類，クラスタリング，可視化を見てきました．形態素解析と係り受け解析には，GiNZA[8] を用いました．第 1 章で述べたように，他の解析器もあります．膨大な解析を短時間で実施する必要があり，解析速度が重要な状況では，別の解析器を用いることも必要になってくるかもしれません．また，ja-ginza の開発も進んでいて，解析精度重視モデルや，GPUを活用できるモデルも選択できるようになってきました．これは，近年の深層学習モデルを活用したものです．ただし，深層学習モデルを現実的な速度で実行するには，CUDA 等に代表されるような，いわゆる GPU 向けの汎用並列コンピューティングプラットフォームの導入が必要になります．

　感情表現の分析をより深く学びたい方は，いわゆる評判分析に関する大塚らの書籍[9] などを参照してください．また，トピックモデルをより深く学びたい方は，佐藤の書籍[10] が参考になります．

8)　松田寛：GiNZA-Universal Dependencies による実用的日本語解析，自然言語処理，Vol.27, No.3, pp.695-701, 2020.
9)　大塚裕子，乾孝司，奥村学：意見分析エンジン，コロナ社，2007.
10) 奥村学（監修），佐藤一誠（著）：トピックモデルによる統計的潜在意味解析，コロナ社，2015.

テキストアナリティクスの
実践

第Ⅱ部では，第5章でデータ収集方法と注意点を解説したうえで，テキストアナリティクスを実際の
テキストデータに適用した分析の具体的事例を紹介します．ここでは，観光，金融・経済，ソーシャルメ
ディア，の3つのテキストデータを利用します．

　第6章では，観光地に関する口コミデータを扱っています．読者の皆さんが旅行先を決める際に，よく
参考にしているデータではないでしょうか？　ビジネス用途・日常的な用途としてよく使われているテキ
ストデータです．本書では，個人として旅行計画を立てることを目的として，特定の観光地の特徴をテキ
ストデータを用いて分析します．

　第7章では金融・経済に関するテキストデータを扱っています．日常的に触れることはそれほど多くあ
りませんが，金融機関／経営者／投資家が日々の意思決定に利用している点で，ビジネス用途でよく使わ
れているテキストデータです．本書では，実際にビジネスへの活用を目的として，テキストデータと数値
データ（日経平均株価）を組み合わせて利用する分析を行っています．

　第8章ではソーシャルメディアテキストを扱っています．日々の何気ない出来事について書かれたテキ
ストであり，特にブログ・Twitterに関するデキストデータは，その取得の容易性から，研究用途・ビジ
ネス用途の双方で，幅広く活用されているテキストデータと言えます．若い世代の方々にとっては，一番
身近なテキストデータかもしれません．テキストの特徴としては，くだけた口語的な表現が多く使われて
いる点，投稿者の情報や投稿日時，投稿の宛先，URL，画像など多様なメタデータが含まれている点など
が挙げられます．本書では，世の中全体を俯瞰することを目的として，多くの人々の話題や感情成分の時
間的な変化の分析を行っています．

　各章における分析は，いずれも下記の流れで行われています．

- 事前準備
- データの入手
- 基礎的な解析（前処理も含む）
- 分析

この流れは実際のテキストアナリティクスにおける標準的な進め方となっています．皆さんがテキストア
ナリティクスを実践する際も，この流れを意識していただくのがよいと思います．

## 第 5 章

データ収集

第 4 章では，テキストアナリティクスの基礎技術を紹介するとともに，ワードクラウドや共起ネットワークなどによる分析例を示しました．もっと自分の興味があるテキストデータを分析したいと思われたのではないでしょうか？ 幸い，ウェブを問わず世の中には多種多様なテキストデータがあふれ返っています．本章では，それらのテキストデータを収集する方法について説明します．

5.1 公開データ

近年のオープンサイエンス，オープンガバメントの潮流や，コンペティション形式のアルゴリズム開発の普及などにより，さまざまなデータが公開されるようになりました．またいくつかの研究グループや研究機関が，自前で収集・整備した研究用のデータを公開している場合もあります．これらの公開データを用いることで，手軽にテキストアナリティクスに取り組み始めることもできます．

本節では公開データの探し方と代表的なデータを紹介します．なお利用に際し，まったく制約がないもの，非営利目的であれば利用できるもの，研究機関のみが利用できるものなど，利用条件はデータによって異なります．データの利用条件を十分に確認したうえで，皆さんの立場に合わせて選択してください．

5.1.1 公開データの探し方

前述の通り，近年のデータ公開の潮流から，世の中にはさまざまなテキストデータが公開されています．その中から，皆さんが行いたい分析に適したデータを探す必要があります．では，どのようなデータが公開されているのでしょうか？ 公開されているデータを内容の分野別に整理し，**表 5.1** に示します[1]．

表 5.1 から，実に多様なデータが公開されていることがわかるでしょう．一方で公開されている場所も多岐にわたるため，闇雲に探すのは効率がよくありません．そのような場合に役立つのが，さまざまな公開データを探すための入り口（玄関）となるデータポータルサイトです．以下に代表的なデータポータルサイトを紹介します．

---

1) 総務省 ICT スキル総合習得プログラム「4-1 オープンデータの利活用」より引用．引用元の元資料：Sashinskaya, Maria：Open Data: All You Want To Know About Open Data (Big Data, Transparency, Urbanism, Transportation, Sustainable Cities, Innovations, Smart Governance, e-government) (p.17) を翻訳して一部改訂．
https://www.soumu.go.jp/ict_skill/

表 5.1　公開データの分類（分野別）

地理・地域交通データ	地図・土地利用および公共交通の時刻表・交通量・旅行者数
人口データ	住民の年齢・性別情報および出生・死亡統計
選挙・地方議会のデータ	選挙の投票率・選好，地方議会における議案
予算・税金データ	自治体の予算，税収，支出
犯罪・防犯データ	犯罪統計・警察による検挙率
産業および地域活動データ	産業の状況，地域サービスの実施位置や連絡先
金融・経済活動に関するデータ	金融：株価・為替，経済活動：各種経済指標・商品購買
不動産データ	地価や家賃の情報，特定の地域から公共サービスへの移動時間
エネルギーの生産・消費データ	市民・公共団体・産業におけるエネルギーの生産と消費
環境および汚染に関するデータ	大気・水および土壌の汚染率
廃棄物および水管理データ	ごみの廃棄量・収集スケジュール，水の消費量
健康関連データ	病床数，病院のパフォーマンス，病気の感染情報
教育データ	学校の所在地と費用，生徒の性別・年齢・成績の構成
農業・漁業データ	農作物別収穫量，漁獲数
科学に関するデータ	大学，公的研究機関の研究，特許情報等
文化資料	博物館・美術館・展示会・祭り・図書館の資料
メディア情報	メディアの記事や投稿に関するタイトルや本文，メタデータ

● **データを保有・公開している組織自体により運営されるデータポータルサイト**
- デジタル庁が運用するオープンデータを集約したデータカタログサイト（DATA GO JP）[2]
- 日本の政府統計データが閲覧できる政府統計の総合窓口（e-Stat）[3]
- 東京都のオープンデータをまとめた東京都オープンデータカタログサイト[4]

● **第三者がさまざまな公開データを集約したデータポータルサイト**
- 東京大学社会科学研究所により運営されている SSJ データアーカイブ[5]
- Google Dataset Search[6]
- Dimensions[7]

これらのサイトを利用することで，分析に適したテキストデータを効率的に探すことができるでしょう．

5.1.2　具体的な公開データの紹介

5.1.2.1　オープンデータ

　利用目的を問わず，自由に利用できるデータです．ただし，自由といっても再配布は禁止しているものも多いため，その点は注意が必要です．
　以下の 2 つは，機械学習のトレーニングデータとしてよく使われるテキストデータです．よく使わ

---

2) https://www.data.go.jp/
3) https://www.e-stat.go.jp/
4) https://portal.data.metro.tokyo.lg.jp/
5) https://csrda.iss.u-tokyo.ac.jp/
6) https://datasetsearch.research.google.com/
7) https://app.dimensions.ai/

れるが故に周辺ツールや分析例も豊富で，分析の練習用データとしても適しています.

> Wikipedia 記事データ[8].
> 青空文庫[9]

　また，近年ではデータコンペティションのデータセットの活用も有用でしょう. 国際的には Kaggle[10]
が，国内では SIGNATE[11] が代表例となります.

　上記のほかにも，下記のような公開データがあります. また，第 6, 7, 8 章でも，それぞれの分野
に関連したテキストデータを紹介していますので，そちらもご参照ください.

> livedoor ニュースコーパス[12]
> 厚生労働省：労働災害データベース[13]
> ニコニコ大百科データ[14]
> 地方議会会議録[15]

5.1.2.2　研究用データ

　研究利用を目的として公開されているデータです. ただし，研究利用といっても，大学関係者によ
る利用に限定されている場合もあり，利用条件を十分に確認する必要があります.

　日本における情報学に関する主要な研究データは，国立情報学研究所の情報学研究データリポジト
リ（IDR）[16] を通じて公開されています. 利用申請が必要になりますが，研究にも使われている信頼
性の高いデータを取得することができます. 英語圏のデータとしては，研究用のデータリポジトリで
ある Zenodo[17] や figshare[18]，Harvard Dataverse[19] 等が挙げられます. また，個別に大規模デー
タを公開している Stanford Large Network Dataset Collection[20] もあります.

5.1.2.3　大規模ウェブコーパス

　自然言語処理の汎用モデル学習用に公開された大規模なデータです. 無作為にウェブをクローリン
グして作成されたデータであるため，目的を持って分析するテキストアナリティクスにはあまり適し
ていませんが，自然言語処理の学習には有用です.

　代表的なものとして以下のウェブコーパスを挙げることができます.

---

8) https://dumps.wikimedia.org/
9) https://www.aozora.gr.jp
10) https://www.kaggle.com/
11) https://signate.jp/
12) https://www.rondhuit.com/download.html
13) https://anzeninfo.mhlw.go.jp/anzen_pgm/SHISYO_FND.aspx
14) https://www.nii.ac.jp/dsc/idr/nico/nicopedia-apply.html
15) http://local-politics.jp/公開物/オープンデータカタログ公開状況/
16) https://www.nii.ac.jp/dsc/idr/
17) http://zenodo.org/
18) http://figshare.com/
19) http://dataverse.harvard.edu/
20) http://snap.stanford.edu/data/index.html

- OSCAR[21]：フランス国立情報学自動制御研究所により公開されている多言語ウェブコーパス．Open Super-large Crawled Aggregated coRpus の略．
- mC4[22][23]：Google により公開されている多言語ウェブコーパス．Multilingual T5 と呼ばれる大規模言語モデルの学習に利用されたもの．

5.2　社内データ

　企業に勤めている方に向けた内容ですが，社内に蓄積されたテキストデータを分析対象とすることも検討するとよいでしょう．大きな企業であればあるほど，自社サービスやユーザサポート履歴など，さまざまなデータが内部に蓄積されているため，社内にデータを求めることも 1 つの手段です．

　社内データを使用する際には，社内規則の確認や関係部署との調整が必須となります．また自社サービスのユーザや顧客から収集したデータであれば，利用規約や個人情報の利用目的を確認する必要があります．

　社内データはテキストアナリティクスの分析対象としてはとても有意義なデータだと考えられます．第 1 章で紹介した NLC 研主催のテキストアナリティクス・シンポジウムでも，社内に蓄積されたテキストデータを分析した事例が多様な企業から発表されていました．

5.3　データ購入

　さまざまな企業・非営利団体等がテキストデータを販売しています．例えば，全国紙の新聞社は数十年分の新聞記事のテキストデータを販売しています[24]　また，テレビ放送の内容をテキスト化したものも販売されています[25]．言語資源協会は，自然言語処理に利用可能なさまざまなテキストデータを販売しています[26]．

5.4　ウェブクローリング

　公開データなど，比較的容易に準備できるデータを紹介しましたが，自分が分析したいデータが公開されているとは限りません．むしろ，公開されていることのほうが少ないでしょう．そのような場合，プログラムを用いて自動的にウェブからデータを収集する方法があります．この手段は，ウェブクローリングと呼ばれます．

　本節では，ウェブクローリングの概要と注意点について説明します．第 6 章や第 8 章の実践例を試すためには，ウェブクローリングが必要となる場合があります．ウェブクローリングを行う前に，まずは，本節を読んでください．

---

21) https://oscar-corpus.com
22) https://www.tensorflow.org/datasets/catalog/c4?hl=en
23) https://github.com/allenai/allennlp/discussions/5265
24) https://ndk.co.jp/category/dictionary-newspaper/newspaper/
25) https://mdata.tv/metadata/
26) https://www.gsk.or.jp/catalog/

5.4.1　ウェブクローリングの概要

　ウェブで公開されている情報は，ウェブブラウザでアクセスすることで収集できます．その作業を人手で行うことも不可能ではないですが，人にはかけられる時間に限界がある以上，大規模化することは難しいでしょう．しかし，プログラムを使って自動的に収集できれば，大規模なデータを収集することも可能です．このような自動収集は，クローリング（crawling）とスクレイピング（scraping）の2つのステップに分けることができます．クローリングとスクレイピングを行うコンピュータプログラムは，クローラと呼ばれます（ボットやスパイダとも呼ばれます）．**図 5.1** にクローラの動作イメージを示します．以降，ブログ記事の収集を事例とし，クローラの概要を説明します．具体的な技法については，脚注の書籍を参照してください[27)28)29)]．

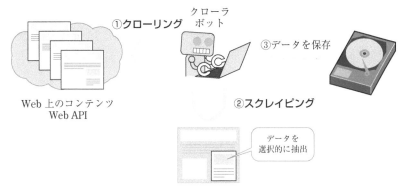

図 5.1　クローラの動作イメージ

5.4.1.1　クローリングとスクレイピング

　クローリングとは，収集対象となるデータが含まれるウェブページを機械的・網羅的に収集する処理です．例えば，あるブログサイトの記事を自動収集したい場合，記事のカテゴリごとに，そこに含まれる新着記事ページをすべて収集することがクローリングにあたります．このようなクローリングにおいては，あるページを取得し，そのページに含まれるリンクをさらに辿り，…，と再帰的に収集することも少なくありません．その際には，アクセス頻度[30)]に注意するとともに，同じページに何度もアクセスしない，リンクを辿る回数に制約を設けるなど，ループして無限にアクセスすることのないようにする必要があります．

　スクレイピングとは，収集したウェブページから，収集対象となるデータのみを選択的に抽出する

27) 加藤耕太：Python クローリング＆スクレイピング 増補改訂版, 技術評論社, 2019.
28) Ryan Mitchell（著）, 黒川利明（訳）, 嶋田健志（技術監修）：Python による Web スクレイピング 第 2 版, オライリー・ジャパン, 2019.
29) Seppe vanden Broucke, Bart Baesens（著）, トップスタジオ（訳）：Python スクレイピングの基本と実践, インプレス, 2018.
30) 自動アクセスの頻度として, 一般的に, 同時に送信するリクエストは 1 件のみ（並列にアクセスしない）, リクエストの間隔を 1 秒以上あける（過度にアクセスしない）, を守ることが求められます.

処理です．例えば，あるブログサイトの記事を自動収集したい場合，クローリングしたウェブページから記事タイトルと本文のみを抽出することがスクレイピングにあたります．スクレイピングの処理は，サイトごとにルールを記述することになる場合があります．このようなルールの記述には，正規表現，XPath（XML Path Language），CSS Selector などが用いられます．

　一般的に，クローラはウェブページの HTML を解析することにより，必要な情報（コンテンツ）を抽出します．しかしながら，2005 年より，Ajax（Asynchronous JavaScript XML）に代表されるようにブラウザの非同期通信機能を用いてコンテンツを動的に出力するページが増えてきています．このようなページでは，HTML を解析するだけではコンテンツを抽出することは困難で，ブラウザを高度にシミュレートする必要が生じます．この場合，ヘッドレスブラウザを用いることで，解決できる場合があります．ヘッドレスブラウザとは，グラフィカルユーザインターフェース（GUI）を持たないウェブブラウザであり，コンピュータプログラムからの操作に適しています．例えば，Google Chrome にもヘッドレス機能[31] が用意されています．ヘッドレスブラウザを用いることにより，動的に生成された最終的な DOM 出力（HTML に相当）を得ることができ，その内容を解析することにより，必要な情報を抽出できるでしょう．

5.4.1.2　Web API の利用

　ウェブサイトによっては，コンピュータプログラムがアクセスするのに適したインタフェースが用意されています．このようなインタフェースは Web API（Application Programming Interface）と呼ばれます．ウェブが十分に普及した今日では，Web API は単に API とも呼ばれるようになりました．Web API は，アクセス方法の仕様が厳密に定められ，XML や JSON（JavaScript Object Notation）のような機械可読なコンテンツを出力するため，クローリングやスクレイピングの手間を大幅に削減し，効率的にデータを収集できます．

　よく知られた Web API として，2003 年に公開された Amazon[32] の Product Advertising API（当時は Amazon Web Service と呼ばれていました）が挙げられます．この API は Amazon の商品情報を取得するものでしたが，販売報酬を得られるアフィリエイトシステムと連携し，自分のサイトで Amazon の商品を販売して報酬を得られることから，爆発的に普及しました．また，2006 年にリリースされた Twitter[33] も，サービス開始当初から API を提供しています．Twitter の API は，データを出力することにとどまらず，ツイートを投稿するなど，サービス上の操作のほとんどを API 経由で行うことができます．その結果，第三者によるさまざまなアプリやサービスが立ち上がり，多くの情報が Twitter に蓄積されるエコシステムが構築されました．

---

31) https://developers.google.com/web/updates/2017/04/headless-chrome
32) https://www.amazon.com/
33) https://twitter.com/

5.4.2　ウェブクローリングの注意点

5.4.2.1　データ収集上の注意点

Web API を利用することにより，容易にデータを収集できるものの，利用規約に同意したうえで，利用申請や認証が必要となるなど，大規模な収集に対しては一定の制限がかかる場合があります．例えば，Twitter 社の検索 API は当初，実質的に無制限にアクセス可能であったものの，2013 年 6 月より，15 分間に 180 回までのアクセスに制限されるようになりました．このように，データ収集の途中に利用制限が加わる場合もあり，コンピュータプログラムに適したインタフェースといえども，仕様の変更が生じないかの確認は必要です．

　明示的にクローリングやスクレイピングを禁止しているウェブサービスも少なくないため，自動収集を試みる場合は，そのサイトの利用規約を十分に確認しましょう．例えば，Instagram は，下記のように許可のない自動化された手段を用いた情報の取得を明示的に禁止しています[34]．

> **不正な方法を用いて、アカウントの作成、情報へのアクセス、または情報の取得を試みることは禁止されています。**
> これには、弊社から明示的な許可を得ることなく、自動化された手段を用いてアカウントを作成したり、情報を取得したりする行為が含まれます。

　一方，著作権法の第三十条の四（著作物に表現された思想又は感情の享受を目的としない利用）や第四十七条の五（電子計算機による情報処理及びその結果の提供に付随する軽微利用等）に則り，情報解析を目的とする場合，著作権者の許諾なく，著作物を収集して利用できます．日本においても，学習済みモデルデータ（BERT など）が企業から公開されるようになってきたのは，この規定によります．ただし，情報解析を目的とする場合であっても，必要と認められる限度において，かつ，当該著作物の種類及び用途並びに当該利用の態様に照らし著作権者の利益を不当に害しないことが前提となることに注意が必要です．このようなデータ収集における規約と法令との関係については，吉野らによる解説[35]も参照してください．

　クローリングやスクレイピングが禁止されていない場合であっても，クローリングを行う際は，収集先のサービスに負荷を与えないようにアクセス頻度に十分注意する必要があります．クローリングにより図書館サービスにアクセス障害を引き起こした結果，最終的には起訴猶予となったものの，偽計業務妨害容疑で逮捕された事例もあります[36]．また，法令上，収集や活用が可能であったとしても，収集先事業者から損害賠償請求等の訴訟が起こされる場合があります．例えば，日本国内においては，著作物と認められないニュースタイトルの利用についても，損害賠償が認められた事例があります[37]．日本国外においても，Meta 社（Facebook 社）は悪質なクローラ利用者に対して，訴訟を起こすなど

---

34) https://www.facebook.com/help/instagram/478745558852511
35) 吉野諒三，田中康裕，小出哲彰，稲垣佑典，芝井清久，前田忠彦：ソーシャル・ビッグデータの活用と個人情報保護の法律・倫理の現状，データ分析の理論と応用，Vol.8, No.1, pp.3-24, 2019.
36) https://ja.wikipedia.org/wiki/岡崎市立中央図書館事件
37) https://ja.wikipedia.org/wiki/ライントピックス

の強い態度を取っています[38]．このように，自社以外のデータを収集して利用する場合，その収集先事業者の意向によって，サービスの利用が停止されたり，公開した情報の差し止めの請求等を受けることがあり得ます．特にそれらのデータの分析結果を事業に活用する場合には，発生するリスクを十分に考慮・検討する必要があります．

5.4.2.2　データ利用上の注意点

　ウェブのデータ，特にソーシャルメディアのデータはユーザが作成したコンテンツであり，削除されやすいことにも注意が必要です．Twitter から収集したデータをデータセットとして公開する際には，投稿 ID（ツイート ID）の公開しか認められておらず，その本文等は API を通じて再取得する必要があります．例えば，鳥海らの研究[39]で収集し，公開された Twitter のデータセットのうち，感情分析に用いられた 28,547,492 ツイートについてツイート ID をもとに再取得したところ，ツイートが削除されたまたは非公開にされたことにより，4,370,020 ツイート（15.3 %）がアクセス不能でした[40]．Twitter 社は有償または学術機関所属者向けに過去のデータにアクセスできるフルアーカイブ API を提供していますが，分析開始時にフルアーカイブ API を利用してデータを収集したとしても，当時の状況を再現するのは困難であることがわかります．分析の際には，使用データがどのような状態であるのか，適切に収集できているのかなどに十分に注意を払いましょう．理想的なのは，これから起こる事象についての分析計画を立案し，リアルタイムにデータを収集することです．

　収集したデータを活用する際には，その利用規約等を遵守する必要があります．例えば，Twitter API の利用目的の制限に関する追加情報として，下記が明記されています[41]．

> Twitter 利用者の以下に関する情報を取得したり推定することや、取得もしくは推定した情報の保存は行わないでください。
> ・健康状態（妊娠を含む）
> ・財務状況の悪化
> ・政治的所属もしくは政治理念
> ・人種
> ・宗教、哲学的な信仰もしくは信念
> ・性生活もしくは性的指向
> ・労働組合への加盟の有無
> ・犯罪容疑もしくは実際の犯罪行為

Twitter のデータを用いてユーザのパーソナリティ推定などを行う場合には，前記の制限に反しないかなどを十分に検討する必要があります．なお，Twitter ユーザのリンケージ調査については，下記

---

38) https://about.fb.com/ja/news/2021/04/how-we-combat-scraping/
39) 鳥海不二夫，榊剛史，吉田光男：ソーシャルメディアを用いた新型コロナ禍における感情変化の分析，人工知能学会論文誌，Vol.35，No.4, pp.F-K45_1-7, 2020.
40) 吉田光男：COVID-19 流行下におけるソーシャルメディア-日本での状況と研究動向・公開データセット-，人工知能，Vol.35, No.5, pp.644-653, 2020.
41) https://developer.twitter.com/ja/developer-terms/more-on-restricted-use-cases

のように条件付きで許可されており，アンケート調査を組み合わせるなどの，より高度な分析もできるでしょう．

> Twitter 利用者を Twitter 外の個人識別子と関連付けようとする場合、**関連付けを行う前に利用者から明示的なオプトインの承諾を得る必要があります。**

　ただし，研究倫理上はまた別であり，多くの研究機関で研究倫理審査が必要になります[42]．日本においては，研究倫理審査の画一的な基準はなく，許可を得られる機関もあれば，許可を得られない機関もあります．

　機関や学会の定める倫理規定では一般的に，インフォームド・コンセント（説明を受けたうえでの同意）を実験参加者から得ずにデータを収集してはいけないことが明記されています．先のリンケージ調査も同様です．小規模な被験者実験における対面インタビューでは，インフォームド・コンセントを得るのは難しくないでしょう．しかし，ウェブを通じたデータ収集，例えば，ソーシャルメディアなどの投稿テキストを収集する際，インフォームド・コンセントを得るために，収集対象となるすべての投稿者に，データを収集してもよいかどうかを尋ねるべきでしょうか．これは現状，インフォームド・コンセントを得るという社会的な合意はなく，著作権法に則り，投稿者の同意を取らずにデータを収集する場合が多いです．このような状況が恒久的に続くとは限らず，最新の動向・社会的合意に注意する必要があるでしょう．

---

42) 研究機関でない場合であっても，技術者倫理上，一定の節度を持って取り扱う必要があるでしょう．

## 第 6 章

観光テキストの解析

本章では，観光テキスト解析を対象にしたテキストアナリティクスについて紹介します．近年，ブログ，Twitter，口コミサイトなどのソーシャルメディアが急速な広がりをみせています．これらのソーシャルメディアには，旅先での体験，食べたものや土産物の感想など，旅行者の生の声が投稿されているため，観光の有益な情報源となっています．このような，ソーシャルメディア上に投稿されている観光情報を含んだテキストを収集し，観光情報を分析するという方法が広まりつつあります．

6.1　データの入手：観光テキスト解析に利用できるソーシャルメディアの例

観光情報を分析するために利用できるソーシャルメディアの例を以下に挙げます．

- **ブログ**

  旅行に特化したブログ記事が投稿されるサイトに Travel Blog[1) や，4travel[2) があります．一般のブログサイトに，旅行関連のカテゴリが設定されている場合もあります．例えば，にほんブログ村の旅行ブログ[3) があります．

- **マイクロブログ**

  マイクロブログの代表的なサービスには，Twitter[4) があります．詳細は，第 8 章を参照してください．

- **口コミサイト**

  旅行に特化した口コミサイトには，Tripadvisor[5) や，4travel があります．食に特化した口コミサイトには食べログ[6) があります．旅行予約サイトの楽天トラベル[7) やじゃらん net[8) には，宿泊施設に関する口コミが投稿されています．

- **画像共有サービス**

  画像共有サイトの代表的なサイトに Flickr[9) があります．また，近年人気が増している写真を共

---

1) https://www.travelblog.org/
2) https://4travel.jp/
3) https://travel.blogmura.com/
4) https://twitter.com/
5) https://www.tripadvisor.jp/
6) https://tabelog.com/
7) https://travel.rakuten.co.jp/
8) https://www.jalan.net/
9) https://www.flickr.com

有するソーシャルメディアに，Instagram[10] があります．投稿される写真や動画には，関連するテキストやハッシュタグが付与されているため，それらのテキストがテキストアナリティクスの対象になります．

　このようなソーシャルメディアのテキストを対象に，観光情報を分析するためにテキストアナリティクス技術が利用されています．

　ソーシャルメディアからデータを収集する際には，クローリングやスクレイピングが必要になる場合があります[11]．クローリングおよびスクレイピングを伴う解析を行う際は，第三者の著作権を侵害したり，業務を妨害したりすることのないようにご注意ください．また，クローリングおよびスクレイピング行為は，解析の対象となるサービスの利用規約等によって禁止されている場合があります．クローリングおよびスクレイピングを伴う解析を行う際には，クローリングおよびスクレイピング行為が当該サービスの利用規約等で禁止されていないかをご確認いただいたうえで，ご自身の責任で行ってください．

6.2　口コミを利用した観光地の分析

6.2.1　分析概要

　広島県にある宮島（厳島）の口コミを利用して観光情報の分析にチャレンジしてみましょう！　観光情報にはさまざまな種類の情報がありますが，観光スポットや食に関する情報は，基本的な観光情報といえます．また，旅行する際の注意点が事前にわかっていれば，より旅行を楽しむことができます．ここでは，これらの観光情報を，テキストアナリティクスの技術を利用して，口コミから分析してみます．なお，分析に使用する口コミのデータは，6.2.3 項に記載している URL から配布しています．ぜひ，口コミデータをダウンロードして，プログラムを手元で動かしながら分析を進めてみてください．

6.2.2　事前準備：宮島の基本情報

　分析をスムーズに行うために，分析対象としている観光地について，基本的な情報を調べてみましょう．ここでは，宮島について簡単に紹介します．宮島は，広島県廿日市市にある広島湾に浮かぶ島です．古くから松島，天橋立とともに日本三景の 1 つに数えられており，世界遺産もあるため海外からの旅行客も多く訪れる日本屈指の名所です．世界遺産に登録されている区域は，厳島神社とその前面の海，背後の天然記念物である弥山原始林と広範囲にわたっています．宮島にはニホンジカが生息しており，牡蠣やもみじ饅頭が名物として知られています．

　その他の情報については，観光協会が公開しているウェブページ[12][13] などで，各自で調べてみてく

---

10) https://www.instagram.com/
11) 詳細は，5 章を参照してください．
12) https://nihonsankei.jp/miyajima.html
13) https://www.miyajima.or.jp/

ださい.

6.2.3　データの入手：宮島の口コミデータの入手

　宮島の観光情報の分析には，テキストアナリティクスの練習用に用意した口コミデータを利用します．宮島の口コミデータは，本書付属コードの GitHub リポジトリに含まれていますので，単体でのダウンロードは不要です．直接ダウンロードされたい方は，以下の URL からダウンロードして，text フォルダに保存してください.

> https://github.com/tksakaki/kspub_ds_text_analytics/tree/main/Chapter06/text/
> miyajima_sample.csv

　宮島の口コミデータ miyajima_sample.csv は，次のようなカンマ区切りのデータです．1 行が 1 件の口コミのデータになっており，各口コミの内容は，口コミの投稿者の「居住地」,「年代」,「性別」,「旅行の時期」,「同行者」,「評価」,「タイトル」,「口コミ」の順番に保存されています．口コミデータの文字コードは，UTF-8 です.

> 居住地, 年代, 性別, 旅行の時期, 同行者, 評価, タイトル, 口コミ
> 広島,50 代, 男性,2021-10, 家族, とても良い, まあきてみんさい, 自然の景色　雅な社殿　ときめきいっぱいの商店街…
> 広島,30 代, 女性,2021-10, 友達, とても良い, 魅力満載のワンダーアイランドです！, パワースポットでもある厳島神社を参拝したり、牡蠣やもみじ饅頭、穴子飯をはじめとしたグルメは有名で食べ歩きを楽しめます。…
> 広島,30 代, 女性,2021-10, 家族, とても良い, 宮島グルメ, 宮島のグルメを楽しむために母と訪問しました。…

6.2.4　基礎的な解析：口コミ件数と頻出単語の調査

　口コミの件数と頻出単語を調べてみましょう．まずは，2.2 節で説明されている pandas というライブラリを使って，データを読み込んで表示させてみます.

▌プログラムリスト 6.1　read_review1.py

```
1  import pandas as pd
2
3  # 宮島の口コミのファイルの読み込み
4  df = pd.read_csv('text/miyajima_sample.csv', encoding='utf-8',
5                   parse_dates=['旅行の時期'])
6  print(df)
```

　次に，口コミの件数と口コミの平均文字数を，プログラムリスト 6.2 で調べてみましょう．宮島の口コミデータ miyajima_sample.csv は，1 行に 1 件の口コミが保存されています．そのため，Python の組み込み関数 len() で DataFrame の行数を調べれば口コミの件数がわかります.

プログラムリスト 6.2 read_review2.py

```
1   import pandas as pd
2
3   # 宮島の口コミのファイルの読み込み
4   df = pd.read_csv('text/miyajima_sample.csv', encoding='utf-8',
5                    parse_dates=['旅行の時期'])
6
7   # 口コミの件数の算出
8   count = len(df)
9   print("口コミの件数", count)
10
11  # 口コミの平均文字数の算出
12  word_count = 0
13  for review in df["口コミ"]:
14      word_count += len(review)
15
16  ave = word_count / count
17  print("口コミの平均文字数", round(ave, 1))
```

処理結果

口コミの件数 176
口コミの平均文字数 175.1

　続いて，口コミに含まれる単語の頻度を調べてみましょう．プログラムリスト 6.3 は，プログラムリスト 4.5 を参考に作成しています．カウントする単語の品詞として，プログラムリスト 4.5 で使用した NOUN（名詞），VERB（動詞），ADJ（形容詞）に，PROPN（固有名詞）を加えます．これは，観光情報を分析するうえで重要な地名や商品名が固有名詞にあたるためです．本書のコードは GiNZA 4.0 での動作を想定して作成していますが，GiNZA 5.0 で作動させた場合に，空行（改行の連続）が名詞として判定される場合がありますので，空行は削除するようにしています．

プログラムリスト 6.3 count_word.py

```
1   from collections import Counter
2
3   import spacy
4   import pandas as pd
5
6   # 使用する単語の品詞とストップワードの指定
7   include_pos = ('NOUN', 'PROPN', 'VERB', 'ADJ')
8   stopwords = ('する', 'ある', 'ない', 'いう', 'もの', 'こと', 'よう',
9                'なる', 'ほう', 'いる', 'くる', 'お', 'できる')
10
11  # 宮島の口コミのファイルの読み込み
12  df = pd.read_csv('text/miyajima_sample.csv', encoding='utf-8',
13                   parse_dates=['旅行の時期'])
14
```

```
15  # 口コミに含まれている空行を削除
16  df['口コミ'] = df['口コミ'].replace('\n+', '\n', regex=True)
17
18  nlp = spacy.load("ja_ginza")
19
20  # 出現する単語をリストに追加
21  words = []
22  for doc in nlp.pipe(df['口コミ']):
23      words.extend([token.lemma_ for token in doc
24                      if token.pos_ in include_pos and
25                      token.lemma_ not in stopwords])
26
27  # 単語の頻度をカウント
28  counter = Counter(words)
29
30  print('count word')
31  for word, count in counter.most_common(10):
32      print(f'{count:>5} {word}')
```

▌処理結果

```
count word
  209 宮島
  125 行く
   96 食べる
   84 もみじ
   77 思う
   74 厳島神社
   66 牡蠣
   52 水族館
   52 鹿
   48 饅頭
```

　頻出単語の上位には，「もみじ」，「饅頭」，「牡蠣」など名物に関する単語，「厳島神社」や「水族館」などの主要な観光スポットが並んでいます．「食べる」という単語の頻度が 3 番目に高く，口コミには食に関する情報が多く含まれていそうだということがわかります．

6.2.5　分析：宮島の共起ネットワークの分析

　共起ネットワークを作成し，口コミに含まれる観光スポットなどの情報を俯瞰してみましょう．共起ネットワークを作成するプログラムをプログラムリスト 6.4 に示します．プログラムリスト 6.4 は，プログラムリスト 4.15 を参考に作成しています．ストップワードは，共起ネットワークを作成しながら，分析に不要そうな単語を適宜追加しました．

プログラムリスト 6.4　analyze_cooccurrency_miyajima.py

```
 1  import spacy
 2  import pandas as pd
 3  import networkx as nx
 4  from pyvis.network import Network
 5  import matplotlib.pyplot as plt
 6  import japanize_matplotlib
 7
 8  # 使用する単語の品詞とストップワードの指定
 9  include_pos = ('NOUN', 'PROPN', 'VERB', 'ADJ')
10  stopwords = ('する', 'ある', 'ない', 'いう', 'もの', 'こと', 'よう', 'なる', 'ほう',
        'いる', 'くる', 'お', 'つ', 'おる', 'とき', 'しまう', 'いく', 'みる', 'ため', 'とこ
        ろ', '際', '他', '時', '中', '方', '目', '回', '年', '点', '前', '後', '思う', '行
        く')
11
12  # 宮島の口コミのファイルの読み込み
13  df = pd.read_csv('text/miyajima_sample.csv', encoding='utf-8',
14                     parse_dates=['旅行の時期'])
15
16  nlp = spacy.load("ja_ginza")
17
18  def extract_words(sent, pos_tags, stopwords):
19      words = [token.lemma_ for token in sent
20              if token.pos_ in pos_tags and token.lemma_ not in stopwords]
21      return words
22
23  from sklearn.feature_extraction.text import CountVectorizer
24  import numpy as np
25
26  def count_cooccurrence(sents, token_length='{2,}'):
27      token_pattern=f'\\\\b\\\\w{token_length}\\\\b'
28      count_model = CountVectorizer(token_pattern=token_pattern)
29      X = count_model.fit_transform(sents)
30      words = count_model.get_feature_names()
31      word_counts = np.asarray(X.sum(axis=0)).reshape(-1)
32
33      X[X > 0] = 1 # limit to 1 occurrence in a document.
34      Xc = (X.T * X) # this is co-occurrence matrix in sparse csr format
35      return words, word_counts, Xc, X
36
37  def word_weights(words, word_counts):
38      count_max = word_counts.max()
39      weights = [(word, {'weight': count / count_max})
40                  for word, count in zip(words, word_counts)]
41      return weights
42
43  def cooccurrence_weights(words, Xc, weight_cutoff):
44      Xc_max = Xc.max()
45      cutoff = weight_cutoff * Xc_max
46      weights = [(words[i], words[j], Xc[i,j] / Xc_max)
47                  for i, j in zip(*Xc.nonzero()) if i < j and Xc[i,j] > cutoff]
```

```
48        return weights
49
50
51   def create_network(words, word_counts, Xc, weight_cutoff):
52        G = nx.Graph()
53
54        weights_w = word_weights(words, word_counts)
55        G.add_nodes_from(weights_w)
56
57        weights_c = cooccurrence_weights(words, Xc, weight_cutoff)
58        G.add_weighted_edges_from(weights_c)
59
60        G.remove_nodes_from(list(nx.isolates(G)))
61        return G
62
63   def pyplot_network(G):
64        plt.figure(figsize=(10, 10))
65        pos = nx.spring_layout(G, k=0.1)
66
67        weights_n = np.array(list(nx.get_node_attributes(G, 'weight').values()))
68        nx.draw_networkx_nodes(G, pos, node_size=300 * weights_n)
69
70        weights_e = np.array(list(nx.get_edge_attributes(G, 'weight').values()))
71        nx.draw_networkx_edges(G, pos, width=20 * weights_e)
72
73        nx.draw_networkx_labels(G, pos, font_family='IPAexGothic')
74
75        plt.axis("off")
76        plt.show()
77
78   def nx2pyvis_G(G):
79        pyvis_G = Network(width='800px', height='800px', notebook=True)
80        # pyvis_G.from_nx(G) # pyvis ライブラリ現状では，属性が反映されない．
81        for node, attrs in G.nodes(data=True):
82            pyvis_G.add_node(node, title=node, size=30 * attrs['weight'])
83        for node1, node2, attrs in G.edges(data=True):
84            pyvis_G.add_edge(node1, node2, width=20 * attrs['weight'])
85        return pyvis_G
86
87
88
89   sents = []
90   for doc in nlp.pipe(df["口コミ"]):
91        sents.extend([' '.join(extract_words(sent, include_pos, stopwords))
92                      for sent in doc.sents])
93
94   words, word_counts, Xc, X = count_cooccurrence(sents,'{1,}')
95   G = create_network(words, word_counts, Xc, 0.015)
96   pyplot_network(G)
97   pyvis_G = nx2pyvis_G(G)
98   pyvis_G.show("mygraph.html")
```

図 6.1　宮島の口コミの共起ネットワークの例 (一部抜粋)

「宮島」という単語から，世界遺産である「弥山」や「厳島神社」，観光スポットである「みやじマリン水族館 (み-やじ-マリン-水族館)」などの単語が繋がっています (**図 6.1**)．「食べる」という単語から，「牡蠣」，「もみじ饅頭 (もみじ-饅頭)」，「あなご飯 (あなご-飯)」，「にぎり天 (にぎり-天)[14]」などの食に関する単語が繋がっており，宮島ではさまざまな食を楽しめることがわかります．

　宮島観光の目玉である厳島神社に着目してみましょう．厳島神社の大鳥居を指す単語 (「大鳥居」，「鳥居」) には，「残念」というネガティブな単語が繋がっています．なぜでしょうか？「鳥居」と「残念」という単語が含まれる口コミの原文と，その口コミの旅行の時期 (年) を表示させて調べてみましょう．利用するプログラムをプログラムリスト 6.5 に示します．

プログラムリスト 6.5　ext_review.py

```
 1  import re
 2
 3  import spacy
 4  import pandas as pd
 5
 6  # 宮島の口コミのファイルの読み込み
 7  df = pd.read_csv('text/miyajima_sample.csv', encoding='utf-8',
 8                  parse_dates=['旅行の時期'])
 9
10  # 口コミに含まれている空行を削除
11  df['口コミ'] = df['口コミ'].replace('\n+', '\n', regex=True)
```

---

14) 魚のすり身を油で揚げた串ものです．穴子，タコ，チーズなどさまざまな種類があります．

```
12
13   nlp = spacy.load("ja_ginza")
14
15   # 「鳥居」と「残念」という単語が含まれている口コミを表示
16   print("year", "review")
17   for doc in nlp.pipe(df["口コミ"]):
18       for sent in doc.sents:
19           sent = sent.text
20           if re.search("鳥居", sent) and re.search("残念", sent):
21               date = df[df['口コミ'] == doc.text]['旅行の時期']
22               date = date.iloc[-1]
23               sent = re.sub("\n", "", sent)
24               print(date.year, sent)
```

▍処理結果

```
year review
2021 鳥居を見ましたが、改修工事をしていたため全貌を見れず残念でした。
2020 厳島神社の大鳥居が改装中で幕に覆われていたのは残念でしたが、その分、秋の行楽シーズンにしては空い
ていて本社拝殿をじっくり歩くことができました。
2020 大鳥居が見えないのは残念ですが、夜は、保存修理中の大鳥居がライトアップされて金色に輝き、これはこ
れで貴重な景色だと思います。
2019 ただ、観光のメインである大鳥居が修繕中だったのが残念でした。
2019 鳥居が工事中で、記念撮影をしたかったですが、残念でした。
2019 当時、厳島神社の大鳥居が工事中で残念でしたが、宮島花火大会名物の水上花火は圧巻の美しさでした。
2019 友人は楽しんでいましたが、やはり目玉の鳥居を見ることができなかったのは残念です。
2019 鳥居をメインに見に来ましたが干潮の時刻を過ぎていたため鳥居の真下までは行けなかったのと曇りだった
のが少し残念でした。
```

　2019 年から「鳥居」と「残念」という単語が含まれる口コミがあり，「残念」というのは工事中であ
ることが原因だとわかります．大鳥居は，2019 年から大規模な保存修理工事が行われており，2021
年 10 月時点では大鳥居全体がネットで覆われています．なお，工事の終了時期は未定です[15]．口コ
ミの本文を確認することで，大鳥居が工事中で残念という意見がある一方で，工事中の大鳥居の姿が
貴重だという意見もあることがわかりました．

───────

▣▣▣ 演習 1　本節の演習では，すべての口コミを利用して共起ネットワークを作成し，観光スポッ
トなどの観光情報を俯瞰してみました．特定の観光スポットのより詳細な分析を行うためには，その
観光スポットの名前が含まれる口コミもしくは口コミの文のみを抽出し，共起ネットワークを作成す
るという方法があります．観光スポットを 1 つ取り上げ，共起ネットワークを作成して分析してみま
しょう．

───────

15) http://www.itsukushimajinja.jp/construction.html#construction_contents

6.2.6　分析：宮島の食に関する分析

　共起ネットワークの分析から，宮島ではさまざまな食を楽しめることがわかりました．宮島の口コミでよく言及されている食に関する単語を明らかにしてみましょう．ここでは，固有表現抽出の技術を使用します．固有表現抽出とは，人名や地名などといった固有名詞や，日付，時間などに関する表現を，テキストから抜き出す技術のことです．GiNZA では，一般的な人名 (Person タグ)，地名 (Location タグ) などの固有表現の他に，拡張された固有表現が抽出可能です．例えば，食に関連するものとしては，料理名 (Dish タグ)，食べ物名_その他 (Food_Other タグ) があります．詳細は，拡張固有表現階層の定義[16]で確認してください．

　固有表現抽出を行うプログラムをプログラムリスト 6.6 に示します．Jupyter Notebook 上では，spaCy の displacy.render を使うことで，固有表現抽出の結果を可視化することができます．

プログラムリスト 6.6　do_ner1.py

```
 1  import spacy
 2  from spacy import displacy
 3
 4  nlp = spacy.load("ja_ginza")
 5
 6  text = "宮島でもみじ饅頭を食べた。"
 7  doc = nlp(text)
 8
 9  # 固有表現を抽出
10  for ent in doc.ents:
11      print(ent.text, ent.label_)
12
13  # 固有表現の抽出結果を可視化
14  displacy.render(doc, style="ent")
```

処理結果

```
宮島 City
もみじ饅頭 Dish
```

　宮島 CITY 　で　 もみじ饅頭 DISH 　を食べた。

　処理結果を見てください．1 列目に単語，2 列目に固有表現抽出の結果のラベルが表示されています．「宮島」は市区町村名 (City タグ)，「もみじ饅頭」は料理名 (Dish タグ) と判定されていることがわかります．

　それでは，宮島の口コミデータから，固有表現を抽出してみましょう．作成したプログラムをプログラムリスト 6.7 に示します．

---

16) http://liat-aip.sakura.ne.jp/ene/ene8/definition_jp/html/enedetail.html

プログラムリスト 6.7　do_ner2.py

```
1  import spacy
2  from spacy import displacy
3  import pandas as pd
4
5  # 宮島の口コミのファイルの読み込み
6  df = pd.read_csv('text/miyajima_sample.csv', encoding='utf-8',
7                   parse_dates=['旅行の時期'])
8
9  nlp = spacy.load("ja_ginza")
10
11 for doc in nlp.pipe(df["口コミ"]):
12     # 固有表現を抽出
13     for ent in doc.ents:
14         print(ent.text, ent.label_)
15     # 固有表現の抽出結果を可視化
16     if doc.ents:
17         displacy.render(doc, style="ent")
18     print('='*80)
```

処理結果

```
================================================================
宮島 City
焼き牡蠣 Dish
飯 Dish
お腹 Animal_Part
```

何度訪れても飽きない　宮島 CITY　！

食べ物は最高に美味しいです。

おススメは、　焼き牡蠣 DISH　、あなご　飯 DISH　、揚げもみじ、揚げたてのガンス、にぎり天。

海を眺めながら食べてたらすぐ　お腹 ANIMAL_PART　がいっぱいに。

最高のロケーションですが、鹿が寄って来るので食べられないよう注意して下さい。

```
================================================================
```

　固有表現抽出の結果を確認すると，いくつかの食に関する固有表現が抽出できていないことがわかります．例えば，「あなご飯」，「揚げもみじ[17]」，「ガンス[18]」，「にぎり天」は料理名（Dish タグ）として抽出できていない場合があります．固有表現抽出のためのモデルから学習しなおすこともできますが，今回は，「あなご飯」，「揚げもみじ」，「ガンス」，「にぎり天」を料理名（Dish タグ）であると判定するルールを追加します．作成したプログラムをプログラムリスト 6.8 に示します．このプログラムは，以下のように作動します．

---

17) もみじ饅頭に衣をつけて油で揚げたものです．
18) 魚のすり身に，みじん切りにした野菜や一味唐辛子などを混ぜ，パン粉をつけて揚げたものです．

1. 口コミデータの読み込み
2. 固有表現抽出のルールを追加
3. 固有表現抽出の結果を表示

(2) で「あなご飯」や「揚げもみじ」などを料理名（Dish タグ）であると判定するルールを追加しています．追加したい単語が 1 つの形態素からなる場合は，「"label": "Dish", "pattern": "揚げもみじ"」と指定します．複数の形態素から構成されている場合（例えば，「にぎり天」は「にぎり」と「天」という 2 つの形態素からなります）は，"pattern"の部分を分けて記載する必要があります．また，"pattern"の部分には正規表現も利用できます．「あなご飯」は，飯が漢字表記でもひらがな表記でも料理名（Dish タグ）であると判定できるように，正規表現を利用して記述しています．

プログラムリスト 6.8　do_ner3.py

```
1   import spacy
2   from spacy.pipeline import EntityRuler
3   import pandas as pd
4   # 1. 口コミデータの読み込み
5   df = pd.read_csv('text/miyajima_sample.csv', encoding='utf-8',
6                    parse_dates=['旅行の時期'])
7
8   nlp = spacy.load("ja_ginza")
9
10  # 2. 固有表現抽出のルールを追加
11  patterns = [
12      {"label": "Dish", "pattern": [
13          {"TEXT": "あなご"},
14          {"TEXT": {"REGEX": r"飯|めし"}}
15      ]},
16      {"label": "Dish", "pattern": "揚げもみじ"},
17      {"label": "Dish", "pattern": "ガンス"},
18      {"label": "Dish", "pattern": [
19          {"TEXT": "にぎり"},
20          {"TEXT": "天"}
21      ]}
22  ]
23  ruler = EntityRuler(nlp, overwrite_ents=True)
24  ruler.add_patterns(patterns)
25  nlp.add_pipe(ruler, before="ner")
26
27  # 3. 固有表現抽出の結果を表示
28  for doc in nlp.pipe(df["口コミ"]):
29      # 固有表現を抽出
30      for ent in doc.ents:
31          print(ent.text, ent.label_)
32      # 固有表現の抽出結果を可視化
33      if doc.ents:
34          spacy.displacy.render(doc, style="ent")
35      print('='*80)
```

▌処理結果

```
================================================
宮島 City
焼き牡蠣 Dish
あなご飯 Dish
揚げもみじ Dish
ガンス Dish
にぎり天 Dish
お腹 Animal_Part
```

何度訪れても飽きない 宮島 CITY ！

食べ物は最高に美味しいです。

おススメは、 焼き牡蠣 DISH 、 あなご飯 DISH 、 揚げもみじ DISH 、揚げたての ガンス DISH 、 にぎり天 DISH 。

海を眺めながら食べてたらすぐ お腹 ANIMAL_PART がいっぱいに。

最高のロケーションですが、鹿が寄って来るので食べられないよう注意して下さい。

```
================================================
```

　処理結果を確認すると，「あなご飯」や「揚げもみじ」が料理名（Dish タグ）であると判定できるようになったことがわかります．

　宮島の口コミでよく言及されている料理名（Dish タグ）をカウントしてみましょう．作成したプログラムをプログラムリスト 6.9 に示します．このプログラムは，以下のように作動します．

1. 口コミデータの読み込み
2. 固有表現抽出のルールを追加
3. 料理名をリストに追加
4. 料理名の頻度をカウント
5. 料理名の頻度を表示

▌プログラムリスト 6.9　count_food1.py

```python
1  from collections import Counter
2  import spacy
3  from spacy.pipeline import EntityRuler
4  import pandas as pd
5
6  # 1. 口コミデータの読み込み
7  df = pd.read_csv('text/miyajima_sample.csv', encoding='utf-8',
8                  parse_dates=['旅行の時期'])
9
10 nlp = spacy.load("ja_ginza")
11
12 # 2. 固有表現抽出のルールを追加
13 patterns = [
14     {"label": "Dish", "pattern": [
15         {"TEXT": "あなご"},
16         {"TEXT": {"REGEX": r"飯|めし"}}},
```

```
17          ]},
18          {"label": "Dish", "pattern": "揚げもみじ"},
19          {"label": "Dish", "pattern": "ガンス"},
20          {"label": "Dish", "pattern": [
21              {"TEXT": "にぎり"},
22              {"TEXT": "天"}
23          ]}
24  ]
25  ruler = EntityRuler(nlp, overwrite_ents=True)
26  ruler.add_patterns(patterns)
27  nlp.add_pipe(ruler, before="ner")
28
29  # 3. 料理名をリストに追加
30  food = []
31  for doc in nlp.pipe(df["口コミ"]):
32      # 食べ物に関する固有表現を抽出
33      for ent in doc.ents:
34          if ent.label_ == "Dish":
35              food.append(ent.text)
36
37  # 4. 料理名の頻度をカウント
38  counter = Counter(food)
39
40  # 5. 料理名の頻度を表示
41  print('count word')
42  for word, count in counter.most_common():
43      print(f'{count:>5} {word}')
```

処理結果

```
count word
   31 もみじ饅頭
   27 揚げもみじ
   11 焼き牡蠣
    8 饅頭
    6 にぎり天
    6 あなご飯
    6 あなごめし
    6 ガンス
    5 コーヒー
    4 牡蠣料理
    4 アイスクリーム
    4 お茶
    3 穴子飯
```

　処理結果を見てみると，「あなご飯」は，「あなごめし」や「穴子飯」などさまざまな表記で記述されていることがわかります．このような，ある単語が 2 通り以上の書き方をされていて表記にばらつきが生じることを「表記ゆれ」と言います．表記ゆれをまとめてカウントできるようにプログラムを改良してみましょう．作成したプログラムをプログラムリスト 6.10 に示します．このプログラムは，

以下のように作動します.

1. 口コミデータの読み込み
2. 固有表現抽出のルールを追加
3. 料理名をリストに追加
4. 料理名の頻度をカウント
5. 表記ゆれを解消するための用語辞書を用意
6. 表記ゆれを解消して料理名の頻度をカウント
7. 料理名の頻度を表示

(5) で,表記ゆれを解消するための用語辞書を用意しています.用語辞書には,値に表記ゆれの単語のリスト,キーに表記ゆれの単語をまとめる代表語を登録しています.例えば,「穴子飯」,「あなごめし」,「穴子めし」は「あなご飯」としてカウントします.(6) で,(5) で作成した用語辞書を利用して,表記ゆれを解消したうえで,料理名の頻度をカウントしています.

プログラムリスト 6.10　count_food2.py

```
 1  from collections import Counter
 2  import spacy
 3  from spacy.pipeline import EntityRuler
 4  import pandas as pd
 5
 6  # 1. 口コミデータの読み込み
 7  df = pd.read_csv('text/miyajima_sample.csv', encoding='utf-8',
 8                  parse_dates=['旅行の時期'])
 9
10  nlp = spacy.load("ja_ginza")
11
12  # 2. 固有表現抽出のルールを追加
13  patterns = [
14      {"label": "Dish", "pattern": [
15          {"TEXT": "あなご"},
16          {"TEXT": {"REGEX": r"飯|めし"}},
17      ]},
18      {"label": "Dish", "pattern": "揚げもみじ"},
19      {"label": "Dish", "pattern": "ガンス"},
20      {"label": "Dish", "pattern": [
21          {"TEXT": "にぎり"},
22          {"TEXT": "天"}
23      ]}
24  ]
25  ruler = EntityRuler(nlp, overwrite_ents=True)
26  ruler.add_patterns(patterns)
27  nlp.add_pipe(ruler, before="ner")
28
29  # 3. 料理名をリストに追加
30  food = []
31  for doc in nlp.pipe(df["口コミ"]):
```

```
32          # 食べ物に関する固有表現を抽出
33          for ent in doc.ents:
34              if ent.label_ == "Dish":
35                  food.append(ent.text)
36
37      # 4. 料理名の頻度をカウント
38      counter = Counter(food)
39
40      # 5. 表記ゆれを解消するための用語辞書を用意
41      ## キーは代表語, 値は表記ゆれの単語のリスト
42      name2variants = {"あなご飯": ["穴子飯", "あなごめし", "穴子めし"],
43                       "揚げもみじ": ["揚げ紅葉", "揚げ紅葉饅頭"],
44                       "ガンス": ["がんす"]}
45
46      # 用語辞書を, 表記揺れをチェックしやすい形式に変換
47      ## キーは表記ゆれの単語, 値は代表語
48      variant2name = {}
49      for name, variants in name2variants.items():
50          variant2name[name] = name
51          for variant in variants:
52              variant2name[variant] = name
53
54      # 6. 表記ゆれを解消して料理名の頻度をカウント
55      counter2 = {}     # 表記ゆれを解消した後の単語の頻度を保存するための辞書
56      for word, count in counter.most_common():
57          if word in variant2name:
58              if variant2name[word] in counter2:
59                  counter2[variant2name[word]] += count
60              else:
61                  counter2[variant2name[word]] = count
62          else:
63              counter2[word] = count
64
65      # 7. 食べ物に関する料理名の頻度を表示
66      print('count word')
67      for word, count in sorted(counter2.items(), key=lambda x: -x[1]):
68          print(f'{count:>5} {word}')
```

処理結果

```
count word
   31 もみじ饅頭
   29 揚げもみじ
   15 あなご飯
   11 焼き牡蠣
    8 饅頭
    6 にぎり天
    6 ガンス
    5 コーヒー
    4 牡蠣料理
    4 アイスクリーム
```

4　お茶

　「あなごめし」や「穴子飯」が出現した回数を，「あなご飯」としてカウントすることができました．処理結果より，宮島の口コミに出現する頻度が高い料理名は，1 位は「もみじ饅頭」，2 位は「揚げもみじ」，3 位は「あなご飯」ということがわかりました．このような食が宮島では注目されているようです．

　口コミに出現する料理名の傾向は，性別によって異なるかを確認してみましょう．今回は，性別は「男性」と「女性」で分けて分析してみます．「男性」の口コミを使用した場合のプログラムは，プログラムリスト 6.10 で使用している口コミを，性別が男性である口コミに限定すればよい（例えば，df[df['性別']=='男性']['口コミ']のようにする）だけですので，プログラムは省略します．処理結果は，以下のようになります．

▌**処理結果**

● 男性の場合
```
count word
   22 もみじ饅頭
   13 揚げもみじ
    9 あなご飯
    8 焼き牡蠣
    5 饅頭
    3 鹿せんべい
    3 お茶
    2 チーズ
    2 クリーム
    2 穴子
    2 牡蠣料理
    2 日本酒
```

● 女性の場合
```
count word
   16 揚げもみじ
    9 もみじ饅頭
    6 あなご飯
    6 ガンス
    5 にぎり天
    4 アイスクリーム
    4 コーヒー
    3 焼き牡蠣
    3 饅頭
    3 タピオカ
    2 牡蠣料理
    2 サンド de おにぎり
```

　「もみじ饅頭」と「揚げもみじ」を比較すると，男性は「もみじ饅頭」，女性は「揚げもみじ」の頻度が高いことがわかりました．女性は，男性と比較すると「焼き牡蠣」の頻度は低く，「ガンス」や「にぎり天」といった揚げ物の頻度が高いことがわかりました．性別により，関心のある食に違いがある

ようです．

▤▤ **演習 2** 固有表現抽出の技術を利用し，口コミに出現している飲食店を抽出してみましょう．

6.2.7　分析：宮島の注意点の分析

　口コミには，旅行の際の注意点が記載されている場合があります．観光地をこれから訪問する旅行者にとって，このような情報は非常に有益です．注意点が記載された文は，例えば，「〜した方がよい」，「〜に注意して」などの表現が使われやすいと考えられます．これらの表現が含まれる文を，正規表現を利用して抽出してみましょう．プログラムをプログラムリスト 6.11 に示します．

プログラムリスト 6.11　ext_advice.py

```
 1  import re
 2
 3  import spacy
 4  import pandas as pd
 5
 6  # 宮島の口コミのファイルの読み込み
 7  df = pd.read_csv('text/miyajima_sample.csv', encoding='utf-8',
 8                   parse_dates=['旅行の時期'])
 9
10  # 口コミに含まれている空行を削除
11  df['口コミ'] = df['口コミ'].replace('\n+', '\n', regex=True)
12
13  nlp = spacy.load("ja_ginza")
14
15  print("● 「した方がよい」が含まれる文を抽出した結果")
16  for doc in nlp.pipe(df["口コミ"]):
17      for sent in doc.sents:
18          sent = sent.text
19          if re.search("した方がよい", sent):
20              print(sent)
21  print("\n")
22
23  print("● 「注意して」が含まれる文を抽出した結果")
24  for doc in nlp.pipe(df["口コミ"]):
25      for sent in doc.sents:
26          sent = sent.text
27          if re.search("注意して", sent):
28              print(sent)
```

▌ 処理結果

● 　「した方がよい」が含まれる文を抽出した結果
修理中でない大鳥居が見たい方は、修理の状況を確認した方がよいでしょう。
時間によって厳島神社の景観が異なるため、満潮干潮の時間を調べてから訪問した方がよいと思います。

● 　「注意して」が含まれる文を抽出した結果（一部抜粋）
あなご飯などの袋を目の届かない所に置いておくと鹿に食べられてしまうので注意してください。
夜の厳島神社のライトアップは綺麗ですが、飲食店は閉まるのが 17〜18 時ごろと早いため注意してください。
宮島島内にはコンビニが一軒もないので注意してください。

　正規表現を利用することで，注意点が記載された文を抽出することができました．注意点が記載されている文に使われやすい表現は，今回利用した表現の他にもさまざまあります．表現を工夫して，さまざまな注意点を含んだ文を抽出できるようにプログラムを改良してみてください．

> 演習 3 　口コミからネガティブな意見が含まれている文を抽出すれば，それを注意点として利用できる可能性があります．4.2.1 項の感情分析に基づく分類で紹介されている oseti ライブラリを使って，ネガティブな意見が含まれる文を抽出してみてください．

6.3　口コミを利用したテーマパークの分析

6.3.1　分析概要

　Tripadvisor に投稿されている口コミを利用して，テーマパークについて分析した事例を紹介します．分析対象は，日本の代表的なテーマパークである東京ディズニーランド，東京ディズニーシー，ユニバーサル・スタジオ・ジャパンです．分析は，2 つの観点から行います．6.3.5 項では，各テーマパークの共起ネットワークから，注目を集めている要素を分析します．6.3.6 項では，ユニバーサル・スタジオ・ジャパンの口コミから，入場者数の増加の要因を分析します．

6.3.2　事前準備：テーマパークの基本情報

　テーマパークの基本的な情報を以下に記載します．

● **東京ディズニーランド**
　東京ディズニーランドは，千葉県浦安市舞浜に，1983 年 4 月 15 日に開園しました．白雪姫やピノキオ，シンデレラやピーターパンなどのディズニーの作品の世界観を体験できる施設です[19]．

---

19) http://www.olc.co.jp/ja/tdr/profile/tdl.html

東京ディズニーシー

東京ディズニーシーは，2001 年 9 月 4 日に開園しました．東京ディズニーランドに隣接し，東京湾に面した場所に位置しています．海にまつわる物語や伝説からインスピレーションを得たテーマパークです[20]．

ユニバーサル・スタジオ・ジャパン

ユニバーサル・スタジオ・ジャパンは，大阪府大阪市此花区に 2001 年 3 月 31 日に開園しました．『ジョーズ』や『ジュラシック・パーク』などハリウッドの超大作映画をテーマにしたテーマパークです[21]．

これから紹介するテーマパークの分析では，キャラクター，アトラクション，ショーの名前が頻出します．これらの情報は，各テーマパークの公式サイト[22][23][24] などで調べてみてください．

6.3.3　データの入手：テーマパークの口コミのデータの収集

本節の分析では，Tripadvisor に投稿されている口コミを利用しています．Tripadvisor は，観光スポットやホテルなど旅行に関する口コミの投稿や，価格比較を行うことができる世界最大級の旅行サイトです．Tripadvisor では，およそ 800 万件の宿泊施設，レストラン，ツアーやチケット，航空会社，クルーズについて投稿された 8 億 8,400 万件を超える口コミ情報や評価を参照することができます[25]．Tripadvisor などの口コミサイトは，観光スポットごとに口コミを投稿する形式が多いため，それらを収集すれば観光スポットごとの分析を容易に始めることができます．

Tripadvisor の口コミには，口コミの投稿者の居住地，旅行の時期，同行者，口コミのタイトル，口コミの本文などの情報が含まれています．ここでは，旅行の時期が 2018 年度末までの口コミを対象に，これらの情報をクローリング・スクレイピングの技術を利用して収集し，口コミの投稿者の「居住地」，「旅行の時期」，「同行者」，「タイトル」，「口コミ」の順番で csv ファイルに保存したとします．なお，本節では，データ収集のサンプルプログラムは載せていません．ファイルは，以下のファイル名で保存したとします．

東京ディズニーランド：　　tdl.csv

東京ディズニーシー：　　tds.csv

ユニバーサル・スタジオ・ジャパン：　　usj.csv

筆者が口コミを収集した時点では，東京ディズニーランドは 2114 件，東京ディズニーシー は 1923 件，ユニバーサル・スタジオ・ジャパンは 3070 件の口コミが収集できました．

---

20) http://www.olc.co.jp/ja/tdr/profile/tds.html
21) https://www.usj.co.jp/web/ja/jp
22) https://www.tokyodisneyresort.jp/tdl/
23) https://www.tokyodisneyresort.jp/tds/
24) https://www.usj.co.jp/web/ja/jp
25) https://tripadvisor.mediaroom.com/JP-about-us （2021 年 10 月 7 日時点）

6.3.4　基礎的な解析：口コミ件数と入場者数の年度別の推移

　口コミ件数と入場者数の年度別の推移を調べてみます．まず，口コミに付与されている旅行の時期を利用して，年度ごとに口コミの件数をカウントします．東京ディズニーランドの口コミの件数をカウントするプログラムを，プログラムリスト 6.12 に示します．

▌ プログラムリスト 6.12　count_review.py

```
 1  import pandas as pd
 2
 3  # 東京ディズニーランドの口コミのファイルの読み込み
 4  df = pd.read_csv('text/tdl.csv', encoding='utf-8',
 5                  parse_dates=['旅行の時期'])
 6
 7  # 旅行の時期が欠損している口コミを削除する
 8  df = df.dropna(subset=['旅行の時期'])
 9
10  # 旅行の時期を年度に直し，「年度」という項目を追加
11  df['年度'] = df['旅行の時期'].apply(lambda x: x.year if x.month >= 4 else x.year-1)
12
13  # 年度ごとに口コミの件数をカウントした結果を表示
14  print("year  count")
15  print(df["年度"].value_counts().sort_index(), "\n")
```

▌ 処理結果

```
year   count
2007       1
2008       6
2009       7
2010      50
2011     140
2012     220
2013     262
2014     319
2015     362
2016     270
2017     240
2018     237
Name: 年度, dtype: int64
```

　次に，それぞれのテーマパークの年度ごとの口コミ件数と入場者数の推移をグラフにまとめてみます．東京ディズニーリゾート（東京ディズニーランドと東京ディズニーシー）の口コミ件数と入場者数[26]の推移を**図 6.2**に示します．ユニバーサル・スタジオ・ジャパンの口コミ件数と入場者数[27]の

---

[26] 株式会社オリエンタルランド　入園者数データ（入園者数は，東京ディズニーランドと東京ディズニーシーの 2 パーク合算），http://www.olc.co.jp/ja/tdr/guest.html

[27] 合同会社ユー・エス・ジェイのニュース記事 (https://www.usj.co.jp/company/news/) や新聞記事から作成（2017 年度より入場者数は非公開）

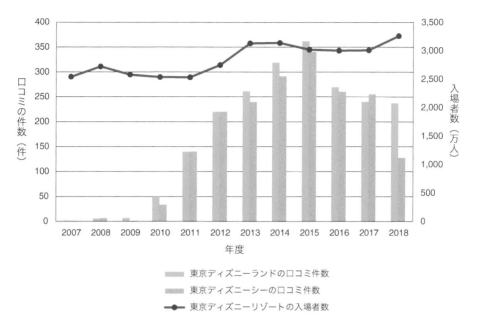

図 6.2　東京ディズニーリゾートの口コミ件数と入場者数の推移

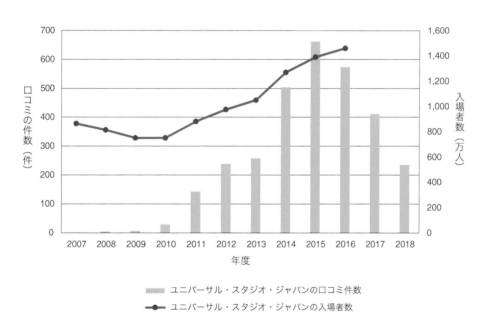

図 6.3　ユニバーサル・スタジオ・ジャパンの口コミ件数と入場者数の推移

推移を**図 6.3** に示します．

　Tripadvisor の日本語対応のウェブサイトは 2008 年に開設されたため，開設後数年は，どのテーマパークでも，投稿されている口コミは少なかったようです．また，今回の分析は，旅行の時期が付与

されている口コミを対象にしています．本書の執筆時点では，口コミを投稿する際に，旅行の時期が必須項目になっていますが，Tripadvisor に投稿されている口コミを眺めてみると，2012 年度ごろまでは旅行の時期が付与されていない口コミが確認できました．このことも口コミが少なくなっている要因になっていそうです．2015 年度までは口コミは増加傾向にあり，それ以降は減少傾向にあるようです．

6.3.5　分析：テーマパークの共起ネットワークの分析

　テーマパークの口コミから共起ネットワークを作成して，各テーマパークで注目されている要素を分析してみましょう．共起ネットワークの作成には，旅行の時期が 2014 年度から 2018 年度の 5 年間の口コミを利用することとします．筆者が口コミを収集した時点では，東京ディズニーランドは 1428件，東京ディズニーシー は 1278 件，ユニバーサル・スタジオ・ジャパンは 2387 件の口コミが収集できました．

　東京ディズニーランドの共起ネットワークを作成するプログラムを，プログラムリスト 6.13 に掲載します．プログラムリスト 6.13 は，プログラムリスト 6.4 をベースに，旅行の時期を 2014 年度から 2018 年度に限定するよう，データの読み込み部分を変更しています．プログラムリスト 6.13 のストップワードは，作成した共起ネットワークを確認しながら，分析に不要と思われる単語を追加していきました．

▌**プログラムリスト 6.13**　analyze_cooccurrency_themepark.py

```
 1  import spacy
 2  import pandas as pd
 3  import networkx as nx
 4  from pyvis.network import Network
 5  import matplotlib.pyplot as plt
 6  import japanize_matplotlib
 7
 8  # 使用する単語の品詞とストップワードの指定
 9  include_pos = ('NOUN', 'VERB', 'ADJ', 'PROPN')
10  stopwords = ('する', 'ある', 'ない', 'いう', 'もの', 'こと', 'よう', 'なる', 'ほう',
        'いる', 'くる', 'お', 'つ', 'おる', 'とき', 'しまう', 'いく', 'みる', 'やる', 'た
        め', 'ところ', '際', '他', '時', '中', '方', '回', '目', '年', '月', '日', '分', '
        事', '等', '内', '間', '半', '頃', '前', '後', '今回', '入る', '思う', '行う', '行
        く', '行ける', '行なう', '来る', '思う', '見る', '見える', '見れる', '観る', '訪れる')
11
12  # 東京ディズニーランドの口コミのファイルの読み込み
13  df = pd.read_csv('text/tdl.csv', encoding='utf-8',
14                  parse_dates=['旅行の時期'])
15
16  # 旅行の時期が欠損している口コミを削除
17  df = df.dropna(subset=['旅行の時期'])
18
19  # 旅行の時期を年度に直し，「年度」という項目を追加
20  df['年度'] = df['旅行の時期'].apply(lambda x: x.year if x.month >= 4 else x.year-1)
```

```
21
22  # 旅行の時期を指定
23  df = df[(df['年度'] >= 2014) & (df['年度'] <= 2018)]
24
25  nlp = spacy.load("ja_ginza")
26
27  ・・・（省略）・・・
28
29  words, word_counts, Xc, X = count_cooccurrence(sents, '{1,}')
30  G = create_network(words, word_counts, Xc, 0.020)
31  pyplot_network(G)
32  pyvis_G = nx2pyvis_G(G)
33  pyvis_G.show("mygraph_tdl.html")
```

　東京ディズニーランド，東京ディスニーシー，ユニバーサル・スタジオ・ジャパンの共起ネットワークを，それぞれ**図 6.4**，**図 6.5**，**図 6.6** に示します．

　分析対象としたテーマパークは，人気の高いテーマパークなので，どの共起ネットワークでも，「時

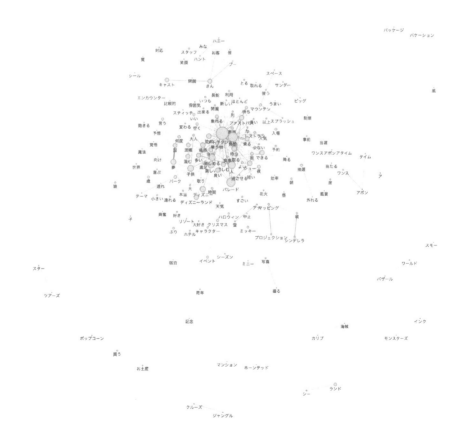

図 6.4　東京ディズニーランドの共起ネットワークの例（一部抜粋）

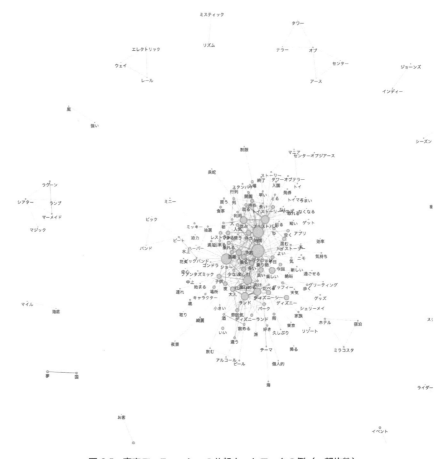

図 6.5　東京ディズニーシーの共起ネットワークの例（一部抜粋）

間」という単語に、「長い」や「混雑」といった単語が繋がっており、混雑している状態が推察できます。また、どのテーマパークの共起ネットワークでも、「アトラクション」が最も大きく表示されており、人気のあるアトラクションに関する単語と繋がっています。例えば、東京ディズニーランドの場合は、「アトラクション」に、「ビッグサンダー・マウンテン（ビッグ-サンダー-マウンテン）」、「スプラッシュ・マウンテン（スプラッシュ-マウンテン）」、「プーさんのハニーハント（プー-さん-ハニー-ハント）」というアトラクションの名前が繋がっています。

　東京ディズニーランドの共起ネットワークでは、「パレード」という単語が大きく表示されています。「パレード」には、「クリスマス」、「ハロウィン」など季節のイベントに関する単語が繋がっており、季節ごとのパレードが注目されていることがわかります。「ポップコーン」と「買う」という単語が繋がっており、ポップコーンを購入する人が多いことが想像できます。

　東京ディズニーシーの共起ネットワークでは、「ショー」という単語が大きく表示されており、「ファンタズミック！」や「ビッグバンドビート（（ビッグバンド-ビート）や（ビック-バンド-ビート））」などのショーに関する単語と繋がっています。「グッズ」という単語に、東京ディズニーランドには登場

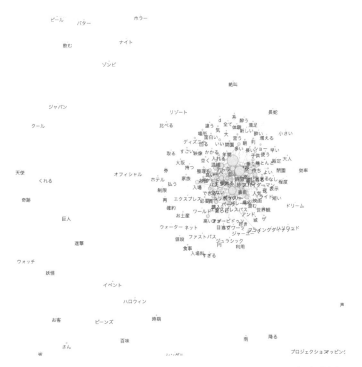

図 6.6　ユニバーサル・スタジオ・ジャパンの共起ネットワークの例（一部抜粋）

しない「ダッフィー」や「シェリーメイ」というキャラクターの名前が繋がっており，グッズに人気が
あることが推測できます．「飲める」という単語に「アルコール」や「ビール」といった単語が繋がっ
ており，東京ディズニーランドでは飲めないアルコール類が，東京ディスニーシーでは飲めることに
着目されていることがわかります．また，「大人」と「雰囲気」が繋がっており，大人っぽい雰囲気で
あることが特徴として挙げられているようです．

　ユニバーサル・スタジオ・ジャパンの共起ネットワークでは，ハリー・ポッターを指す単語（「ハ
リー」,「ポッター」,「ハリポタ」など）が大きく表示されていたり，「ホグワーツ城（ホグワーツ-城）」,
「バタービール（バター-ビール）」,「百味ビーンズ（百味-ビーンズ）」など，ハリー・ポッターに関連
する単語が多く現れていることから，ハリー・ポッターの人気の高さがうかがえます．その他には，
「クールジャパン（クール-ジャパン）」という期間限定のイベントで登場した「進撃の巨人（進撃-巨
人）」や「妖怪ウォッチ（妖怪-ウォッチ）」も注目されているようです．また，「高い」という単語に，
「入場料」,「食事」,「お土産」,「エクスプレスパス」といったノードが繋がっており，費用の高さが言
及されているようです．

演習 4　Tripadvisor の口コミには，投稿者の評価が 5 段階で付いています．例えば，評価が
1（最も低い評価）の口コミを分析すれば，旅行者がそのテーマパークについて持っているネガティブ
な意見を抽出できる可能性があります．評価ごとに口コミを分けて分析してみましょう！

6.3.6　分析：ユニバーサル・スタジオ・ジャパンの入場者数 増加の要因の分析

　図 6.3 より，ユニバーサル・スタジオ・ジャパンは，2013 年度から 2014 年度にかけて，口コミ件数と入場者数が大幅に増加していることがわかります．要因は何でしょうか？　口コミから分析してみましょう．

　まずは，2011 年度（口コミが 100 件を超えた年度）から 2013 年度までの口コミと，2014 年度から 2018 年度までの口コミで，増加率が大きく増加した単語を調べてみます．増加率を求めるプログラムを，プログラムリスト 6.14 に示します．このプログラムは，以下のように作動します．

1. 口コミデータの読み込み
2. 2013 年度までの口コミと 2014 年度からの口コミに分割
3. 単語の頻度をカウントする関数を用意
4. 2013 年度までの口コミと 2014 年度からの口コミの単語の頻度をカウント
5. 単語の増加率を算出
6. 単語の増加率を表示

　(4) で，2013 年度までの口コミと，2014 年度からの口コミに出現する単語の頻度を求めています．ここでは，品詞 NOUN（名詞），PROPN（固有名詞）を対象に単語の頻度を求めています．ストップワードは，分析に不要そうな単語を適宜追加しました．

　(5) で，2013 年度までの口コミに出現する単語の頻度と，2014 年度からの口コミに出現する単語の頻度から，増加率を求めています．ここでは，2 文字以上で，2014 年度に 100 回以上出現する単語を対象に増加率を求めています．2013 年度までに 1 回も出現していない単語の増加率は，1000.0 としています．ここでは，増加率が 3.0 以上の単語をピックアップしています．

▌ プログラムリスト 6.14　rate_increase.py

```python
import spacy
import pandas as pd
from collections import Counter

# 1. 口コミデータの読み込み
df = pd.read_csv('text/usj.csv', encoding='utf-8',
                 parse_dates=['旅行の時期'])

# 口コミに含まれている空行を削除
df['口コミ'] = df['口コミ'].replace('\n+', '\n', regex=True)

# 旅行の時期が欠損している口コミを削除する
df = df.dropna(subset=['旅行の時期'])

# 旅行の時期を年度に直し，「年度」という項目を追加
```

```python
16   df['年度'] = df['旅行の時期'].apply(lambda x: x.year if x.month >= 4 else x.year-1)
17
18   # 2. 2013年度までの口コミと 2014年度からの口コミに分割
19   df2013 = df[(df['年度'] >= 2011) & (df['年度'] <= 2013)]
20   df2014 = df[(df['年度'] >= 2014) & (df['年度'] <= 2018)]
21
22   nlp = spacy.load("ja_ginza")
23
24   # 使用する単語の品詞とストップワードの指定
25   include_pos = ('NOUN', 'PROPN')
26   stopwords = ('こと', 'なし', 'ため', 'よう', 'ところ',
27               'もの', 'あと', 'さん', '以上', '以外')
28   # 3. 単語の頻度をカウントする関数を用意
29   def count_words(df):
30       # 出現する単語をリストに追加
31       words = []
32       for doc in nlp.pipe(df["口コミ"]):
33           words.extend([token.lemma_ for token in doc
34                         if token.pos_ in include_pos and
35                         token.lemma_ not in stopwords])
36
37       # 単語の頻度をカウント
38       counter = Counter(words)
39
40       return counter
41
42
43   # 4. 2013年度までの口コミと 2014年度からの口コミの単語の頻度をカウント
44   counter2013 = count_words(df2013)    # 2013年度までの単語の頻度をカウント
45   counter2014 = count_words(df2014)    # 2014年度からの単語の頻度をカウント
46
47   # 5. 単語の増加率を算出
48   word2rate = Counter()    # 単語と増加率を保存する辞書
49   for word, count in counter2014.items():
50       if len(word) > 1 and count >= 100:
51           if word in counter2013:
52               rate = count / counter2013[word]
53               if rate >= 3.0:
54                   word2rate[word] = round(rate, 1)
55           else:
56               # 2013年度までの口コミに単語が出現しない場合は増加率を 1000 としておく
57               word2rate[word] = 1000.0
58
59   # 6. 単語の増加率を表示
60   print('    rate word')
61   for word, rate in word2rate.most_common():
62       print(f'{rate:>8} {word}')
```

処理結果

```
    rate word
 1000.0 ホグワーツ
 1000.0 ミニオン
 1000.0 バター
 1000.0 フライングダイナソー
  109.7 ハリポタ
   65.5 ビール
   53.7 ハリー
   53.6 ポッター
   20.4 整理券
   16.5 エクスプレスパス
    ・・・
    3.9 ハロウィン
    3.8 パス
    3.8 家族
    3.7 テーマ
    3.7 アトラクション
    3.7 ジョーズ
    3.7 クリスマス
    3.6 ゾンビ
    ・・・
```

　増加率が大きい単語には，ハリー・ポッター，ミニオンなどのキャラクターに関する単語，フライングダイナソーというアトラクション名，ハロウィンやクリスマスといったイベントに関する単語があるということがわかりました．これらの単語の年度ごとの出現頻度を求めてみましょう．作成したプログラムを，プログラムリスト 6.15 に示します．

　このプログラムは，以下のように作動します．

1. 口コミデータの読み込み
2. 単語の頻度をカウントする関数を用意
3. 年度ごとに単語の頻度をカウント
4. カウントする単語を登録した辞書を用意
5. 年度ごとに単語の頻度を表示

　ハリーポッターは，「ハリポタ」や，「ハリー」などさまざまな表現で記載されます．これらをまとめてカウントするための辞書を (4) で用意しています．

プログラムリスト 6.15　count_word_usj.py

```
1  import spacy
2  import pandas as pd
3  from collections import Counter
4
5  # 1. 口コミデータの読み込み
```

```
 6  df = pd.read_csv('text/usj.csv', encoding='utf-8',
 7                  parse_dates=['旅行の時期'])
 8
 9  # 口コミに含まれている空行を削除
10  df['口コミ'] = df['口コミ'].replace('\n+', '\n', regex=True)
11
12  # 旅行の時期が欠損している口コミを削除する
13  df = df.dropna(subset=['旅行の時期'])
14
15  # 旅行の時期を年度に直し，「年度」という項目を追加
16  df['年度'] = df['旅行の時期'].apply(lambda x: x.year if x.month >= 4 else x.year-1)
17
18  nlp = spacy.load("ja_ginza")
19
20  # 使用する単語の品詞とストップワードの指定
21  include_pos = ('NOUN', 'PROPN')
22  stopwords = ('こと', 'なし', 'ため', 'よう', 'ところ',
23              'もの', 'あと', 'さん', '以上', '以外')
24  # 2. 単語の頻度をカウントする関数を用意
25  def count_words(df):
26      # 出現する単語をリストに追加
27      words = []
28      for doc in nlp.pipe(df["口コミ"]):
29          words.extend([token.lemma_ for token in doc
30                        if token.pos_ in include_pos and
31                        token.lemma_ not in stopwords])
32
33      # 単語の頻度をカウント
34      counter = Counter(words)
35
36      return counter
37
38
39  # 3. 年度ごとに単語の頻度をカウント
40  year2counter = {}
41  for y in range(2011, 2019):
42      year2counter[y] = count_words(df[df['年度'] == y])
43
44
45  # 4. カウントする単語を登録した辞書を用意
46  keywords = {'ハリーポッター': ['ハリーポッター', 'ハリポタ', 'ハリー'],
47             'ミニオン': ['ミニオン', 'ミニオンズ', 'ミニオンパーク'],
48             'フライングダイナソー': ['フライングダイナソー'],
49             'ハロウィン': ['ハロウィン', 'ハロウィーン', 'ハローウィン', 'ハローイン', 'ハ
    ロイン'],
50             'クリスマス': ['クリスマス', 'Xmas']}
51
52  # 5. 年度ごとに単語の頻度を表示
53  records = []
54  for keyword, synonyms in keywords.items():
55      record = {'キーワード': keyword}
```

II

テキストアナリティクスの実践

```
56        for y in range(2011, 2019):
57            count = sum([year2counter[y][s] for s in synonyms])
58            record[y] = count
59        records.append(record)
60
61  df_res = pd.DataFrame(records)   # 単語の頻度を保存するデータフレーム
62  df_res = df_res.set_index('キーワード')
63
64  pd.set_option('display.unicode.east_asian_width', True)
65  print(df_res)
```

処理結果

キーワード	2011	2012	2013	2014	2015	2016	2017	2018
ハリーポッター	1	4	22	556	520	303	158	85
ミニオン	0	0	0	0	5	23	104	44
フライングダイナソー	0	0	0	0	4	76	24	20
ハロウィン	8	20	27	41	68	51	28	18
クリスマス	7	11	15	28	38	34	17	8

　ハリーポッター，ミニオン，フライングダイナソーに関連する単語の頻度の年度ごとの推移を**図 6.7**，ハロウィン，クリスマスに関連する単語の頻度の年度ごとの推移を**図 6.8** に示します．

　図 6.7 より，2014 年度からハリーポッターに関する単語の頻度が大幅に増えていることがわかります．これは，ハリーポッターの世界を忠実に再現した「The Wizarding World of Harry Potter（ウィザーディング・ワールド・オブ・ハリー・ポッター）」が，2014 年にオープンし，話題になったためだと考えられます[28]．

　ザ・フライング・ダイナソーは 2016 年，ミニオンのアトラクションなどが楽しめるミニオン・パークは 2017 年にオープンしています[29]．それぞれオープンした年度の単語の頻度は増えていますが，ハリーポッターほどではないことがわかります．

　図 6.8 より，「ハロウィン」の単語の頻度は，2014 年度よりも 2015 年度は大きく増えていることがわかります．それまでもハロウィンイベントは行われていましたが，2015 年度にリニューアルを行い，多種多様のゾンビがパークを占拠し絶叫をテーマにしたイベントになっています[30]．これらの，ウィザーディング・ワールド・オブ・ハリー・ポッターのオープンや，ハロウィンイベントのリニュー

---

28) https://www.usj.co.jp/company/news/2014/0715.html
29) https://www.usj.co.jp/company/about/history.html
30) https://www.usj.co.jp/company/news/2015/0722.html

アルが，2014 年度と 2015 年度の入場者数の増加の一因になったのではと考えられます．

6.4 分析上の注意点

　6.2 節の口コミを利用した観光地の分析では，旅行の時期にかかわらず，すべての口コミを利用して分析を行いました．しかし，新しく開店したり閉店するお店もあるため，口コミに記載されている情報が必ずしも正しいとは限らないことに注意が必要です．また，旅行者の属性（性別，年齢，居住地）や旅行の形態により，旅行先に対する評価は異なります．したがって，そのような属性も加味し

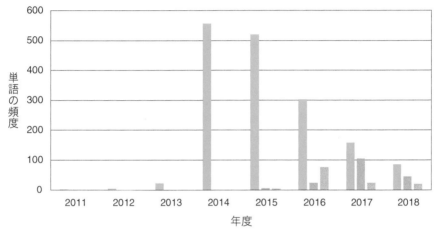

図 6.7　年度ごとの単語の頻度の推移

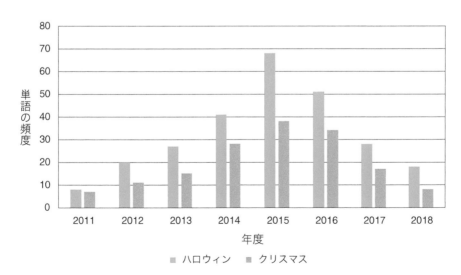

図 6.8　年度ごとのイベント関連の単語の頻度の推移

た口コミの多面的な分析が必要となるでしょう.

　レストランのメニューの名前や, テーマパークのアトラクション名などは, 複数の単語が組み合わさって1つの単語となっているため, 文字数も多く, 固有表現として抽出することが難しくなります. そのため, そのような単語を正確に抽出するためには, あらかじめ固有名詞の辞書を整備するか, ウェブ上のデータからテキストマイニングの技術を使って収集するなどして, 固有表現抽出のルールとして追加することが必要となります. また, ハリーポッターを「ハリポタ」, 東京ディズニーシーのショーであるビッグバンドビートを「BBB」と表現する場合もあるため, そのような場合は同義語や言い換えの辞書を整備して, 同じ意味の固有名詞を正規化する必要があります.

　本章で行った分析には, 特定の観光地について投稿されている口コミを利用したため, どの観光地に関する記述かを推定する必要はありませんでした. しかし, 一般のブログサイトに投稿されたブログ記事を利用する場合や, Twitter データを利用する場合は, どの観光地に関する記述かを推定する必要があります.

6.5　研究の紹介

　本節では, 本書の知識を身につけた読者が, 次のステップとして試してみやすい観光テキスト解析に関する研究を紹介します.

　旅行記が記述されたブログ記事には, 土産物, 観光名所, 旅行の際の体験や感情などさまざまな観光情報が含まれているため, このような情報を抽出し分析する研究が行われています. 石野ら[31] は, 旅行記が記載されたブログ記事から, 土産物の名前を抽出するために, 表層パターンと機械学習を組み合わせた方法を提案しています. ここでは, 表層パターンを利用する部分のみを説明します. 表層パターンを用いた手法とは, あらかじめ決められたパターンを埋める形でテキスト中の情報を抽出する手法です. 表層パターンを利用した方法は, 網羅性の点で十分でないという問題がありますが, 高い精度で情報を抽出できます. 石野らの場合は, "[固有表現抽出により地名と判定された単語] 名物「[***]」" という表層パターンを利用し, ***の部分を土産物の名前として抽出しています. 例えば, 「広島名物「もみじ饅頭」」というテキストがあると, 地名として「広島」, 土産物として「もみじ饅頭」という対が抽出できます. さまざまな表層パターンを用意して, どのような情報が抽出できるかを試してみるとよいでしょう.

　村上ら[32] は, 訪日外国人旅行者が持つ日本旅行のイメージを分析するために, 訪日外国人が記載した日本旅行に関するブログ記事を分析しています. 村上らが対象にした旅行先は, 東京, 北海道, 石川です. まず, これらの旅行先での旅行について訪日外国人が記述したブログ記事を収集しています. 次に, それぞれの旅行先のブログ記事の本文を形態素解析し, 名詞, 動詞, 形容詞の単語を抽出します. その際に, 2つ以上の旅行先に共通して出現する単語は, その旅行先特有の単語ではないと判断して, 削除します. そして, 残った単語を出現頻度の高い順にまとめた結果から, 旅行先のイメージを分析しています. 例えば, 石川では以下のような分析をしています.

31) 石野亜耶, 難波英嗣, 竹澤寿幸：旅行ブログエントリからの観光情報の自動抽出, 知能と情報, Vol.22, No.6, pp.667-679, 2010.
32) 村上嘉代子, 川村秀憲：外国人から見た日本旅行-英語ブログからの観光イメージ分析-, 人工知能, Vol.26, No.3, pp.286-293, 2011.

　　"Kanazawa"，"garden"，"castle"，"samurai"，"tea"，"temple" といった名詞が出現して
　おり，訪日外国人は城下町である金沢で文化に触れる活動を行っていたことが予想できる．
　　"old"，"beautiful" という形容詞から，石川の歴史的観光資源にポジティブな印象を受けたことが
　うかがえる．

　本書で利用している自然言語処理ライブラリ spaCy では，英語の解析も可能です．4.1.5 項に英語
の分析についての記載があります．まずは，少量の英語のブログ記事などを集めて，解析を試してみ
るとよいでしょう．また，特定の観光地に対して，日本人旅行者と訪日外国人旅行者それぞれが記述
したブログや口コミに含まれる単語を比較することで，日本人旅行者と訪日外国人旅行者の興味関心
の違いを分析してみるのも面白いかもしれません．

　ブログの著者の属性（性別や居住地など）がわかるとより詳細な観光情報の分析が可能になります．
そのため，ブログ著者の属性を推定する研究[33] が行われています．また，一般のブログサイトには，
旅行記以外のブログ記事も多数存在するため，その中から旅行記が記述されたブログを自動で抽出す
る研究[31] も行われています．

　Twitter には，旅行先での出来事，食事の内容や交通状況などさまざまな情報がリアルタイムに投稿
されています．観光情報分野においても，Twitter のリアルタイム性を利用した研究が活発に行われて
います．例えば，緯度経度付きツイートを利用して桜の見頃を推定する研究[34] があります．Twitter
のフォロー・フォロワー関係を利用して，ある観光地にどのようなユーザが興味を持っているかを分
析している研究もあります．鈴木ら[35] は，各地域の観光協会の Twitter アカウントを対象に，フォ
ロワーのユーザプロフィールのテキストに含まれる単語を解析することで，その市町村にどのような
ユーザが関心を持っているかを分析しています．例えば，人気アニメの舞台となっている大洗町の観
光協会の Twitter アカウントは，「アニメ」に興味を持っているフォロワーが多いことなどを分析し
ています．

　観光情報はさまざまな観点からの分析が可能です．まずは，自分の行ってみたい観光地や身近な観
光地を対象に，どのような情報が旅行者にとって有益かを考えながら，分析にチャレンジしてみてく
ださい！

---

33) 藤井一輝，難波英嗣，竹澤寿幸，石野亜耶，奥村学，倉田陽平：旅行者の行動分析のための旅行ブログエントリの属性推定，観光と情報，Vol.13, No.1, pp.83-96, 2017.
34) 遠藤雅樹，三富恵佑，佐伯圭介，江原遥，廣田雅春，大野成義，石川博：ツイートを用いた生物季節観測の見頃推定手法による情報提供の検討，観光と情報，Vol.12, No.1, pp.47-60, 2016.
35) 鈴木祥平，倉田陽平：Twitter のユーザプロフィールを用いた観光地の特徴分析，観光と情報，Vol.13, No.1, pp.39-52, 2017.

第7章

金融・経済テキストの解析

　本章では，金融・経済テキストを対象にしたテキストアナリティクスについて紹介します．金融・経済分野は多くのテキストを業務において作成しており，テキストマイニングの対象となる文書は数多く存在します．例えば，以下に挙げるようなテキストが存在します．

- **決算短信**
  東証などに上場している企業が決算および四半期決算の発表を行う際に，決算内容の要点をまとめた書類．
- **有価証券報告書**
  金融商品取引法で規定されている，事業年度ごとに作成する企業内容の外部への開示資料．
- **経済新聞記事**
  日本経済新聞記事などの経済に関する記事が掲載されている新聞記事．
- **アナリストレポート**
  各証券会社のアナリストが発行しているレポート．
- **景気ウォッチャー調査**
  地域の景気に関連の深い動きを観察できる立場にある人々の協力を得て，地域ごとの景気動向を的確かつ迅速に把握して作成した，景気動向判断の基礎となる資料．

　上記のうち，容易に入手可能なのが，決算短信と有価証券報告書，景気ウォッチャー調査です．決算短信であれば，各企業がホームページで公開しており，有価証券報告書は EDINET[1] からダウンロード可能です．また，景気ウォッチャー調査は内閣府のホームページ[2] からダウンロードできます．

　上記のテキストを対象に，金融・経済分析のためにテキストアナリティクス技術が利用されています．例えば，わかりやすい例だと，日本経済新聞記事を用いて日経平均株価を予測する研究などが存在しています[3]．他にも，レポート生成やその文書要約，また投資に役立つ情報抽出などが研究タスクとして取り組まれていますが，やはり金融・経済分野のテキストアナリティクスとして特徴的なのは，テキストからの時系列予測だと考えられます．

　本章では，有価証券報告書からの時系列予測を実例に，実践的な金融・経済分野のテキストアナリ

---

1) https://disclosure.edinet-fsa.go.jp/
2) https://www5.cao.go.jp/keizai3/watcher/watcher_menu.html
3) 藏本貴久，和泉潔，吉村忍，石田智也，中嶋啓浩，松井藤五郎，吉田稔，中川裕志：新聞記事のテキストマイニングによる長期市場動向の分析，人工知能学会論文誌，Vol.28, No.3, pp.291-296, 2013.

ティクスを紹介していきます．さらに詳しく金融・経済テキストアナリティクスを知りたい読者の方
は，和泉らの書籍[4] を一読していただければ幸いです．

7.1　事前準備：金融・経済における極性分析

金融・経済テキスト分析において，極性分析は株価予測や景気予測などに繋がっていることから，非
常に重要な分析となっています．言語処理の分野における極性辞書としては，東北大学の乾研究室が
公開しているものがあります[5]．ここで，極性辞書とは，「良い」「素晴らしい」などのポジティブな表
現と，「悪い」「いまいち」などのネガティブな表現が収められた辞書です．上記のような辞書は，人
間の感情に基づき，ポジティブかネガティブかを表すタグが付与されています．一方，金融における
極性とは，株価が上がるか下がるかであって，人間の感情とは異なります．具体的には，「リストラ」
や「人件費削減」は一般的にはネガティブな言葉ですが，金融においては，株価上昇の要因となるた
めポジティブな言葉です．

このように一般的な極性辞書と異なることから，英語圏であれば，Loughran-McDonald の極性辞
書[6] が有名です[7]．一方，日本語における金融の極性辞書は，少なかったことから，さまざまな研究
が進められてきました[8][9][10]．本書では，東京大学和泉研究室で公開している Ito らの金融極性辞書[9]
について紹介します．

Ito らは，株価を予想しながら，単語の極性値を得る新たなニューラルネットワークモデルを提案
し，これを用いて極性辞書を作成しました．ここで，極性値とは，ポジティブ，もしくは，ネガティブ
の度合いを表す数値です．彼らは入力された記事に記載されている企業の株価が翌日，上がるか（ポ
ジティブ）下がるか（ネガティブ）を予想することで得られる特徴を極性値として獲得し，辞書を構
築しています．辞書の一部を，**表 7.1** に示します．ロイターニュース記事と各銘柄の株価を用いてい
る伊藤らのモデルで学習することで辞書を作成したため，この辞書は株価をターゲットとした極性辞
書になっていることがわかります．ニューラルネットワークモデルについて詳しく知りたい読者は，
Ito らの論文[11] を参照してください．さらに，ニューラルネットワークについての理解を深めたい読
者は，脚注の書籍[12][13] を参照してください．

4)　和泉潔，坂地泰紀，松島裕康：金融・経済分析のためのテキストマイニング，岩波書店，2021.
5)　https://www.cl.ecei.tohoku.ac.jp/Open_Resources-Japanese_Sentiment_Polarity_Dictionary.html
6)　https://sraf.nd.edu/textual-analysis/resources
7)　Loughran Tim, McDonald Bill: When is a Liability not a Liability? Textual Analysis, Dictionaries, and 10-Ks (March 4, 2010). Journal of Finance, Forthcoming, Available at SSRN: https://ssrn.com/abstract=1331573
8)　Ryo Ito, Kiyoshi Izumi, Hiroki Sakaji, Shintaro Suda: Lexicon Creation for Financial Sentiment Analysis Using Network Embedding, Journal of Mathematical Finance, Vol.7, No.4, pp.896-907, 2017.
9)　Tomoki Ito, Hiroki Sakaji, Kota Tsubouchi, Kiyoshi Izumi, Tatsuo Yamashita: Text-visualizing Neural Network Model: Understanding Online Financial Textual Data, The Pacific-Asia Conference on Knowledge Discovery and Data Mining(PAKDD), pp.247-259, Melbourne, Australia, 2018.
10)　Tomoki Ito, Kota Tsubouchi, Hiroki Sakaji, Tatsuo Yamashita, Kiyoshi Izumi: Word-level Contextual Sentiment Analysis with Interpretability, the Thirty-Fourth AAAI Conference on Articial Intelligence (AAAI), New York, USA, February, 2020.
11)　Tomoki Ito, Kota Tsubouchi, Hiroki Sakaji, Tatsuo Yamashita, Kiyoshi Izumi: Contextual Sentiment Neural Network for Document Sentiment Analysis, Data Science and Engineering, Vol.5, No.2, pp.180-192, 2020.
12) 岡谷貴之：深層学習，講談社，2015.
13) 坪井祐太，海野裕也，鈴木潤：深層学習による自然言語処理，講談社，2017.

表 7.1　伊藤らの辞書のサンプル

ポジティブ		ネガティブ	
単語	極性値	単語	極性値
増配	1.690	営業減益	-1.464
営業増益	1.528	減配	-1.462
黒字転換	1.151	減益	-1.306
増益	1.129	苦戦	-1.194
復配	1.126	赤字	-1.102
続伸	1.098	停滞	-1.043
上方	1.035	下方	-1.008
自社株買い	1.020	トラブル	-1.006
快走	1.020	営業赤字	-0.996
為替差益	1.014	リスク	-0.971

7.2　データの入手：金融・経済テキストデータの入手

本章では，TIS 株式会社によって公開されている有価証券報告書コーパス CoARiJ[14] を利用します．今回は，CoARiJ の 2014 年の Text extracted version を利用します．GitHub のページにアクセスし，Dataset の項目に表形式で記載されたデータをまずダウンロードします．ダウンロードし，解凍すると，「2014」というディレクトリがあり，その中に「docs」というディレクトリが存在します．docs ディレクトリの中にテキスト形式のファイルがあり，これは有価証券報告書の項目ごとに分かれて保存されています．今回は，「data/CoARiJ/」というディレクトリを作り，その中に 2014 ディレクトリを配置した状態を仮定して，プログラムを説明します．

7.3　基礎的な解析：基礎的なテキスト分析

テキストデータを扱うために，まずは 2014 年のデータに含まれる単語数を GiNZA を用いて数えてみます．今回は，2014 年のデータに含まれるすべての名詞を収集したのちに，出現頻度の高い 20 語を表示させます．そのプログラムをプログラムリスト 7.1 に示します．

プログラムリスト 7.1　get_word_frequency.py

```
1   # coding: utf-8
2
3   from collections import Counter # データ保管用
4   import glob  # 指定ディレクトリ以下のファイルを得る
5
6   import spacy
7   from tqdm import tqdm  # プログラスバーは表示
8
9   # CoARiJ の 2014 データが保存されているディレクトリ
10  coarij_dir = 'data/CoARiJ/2014/docs'
11
```

14) https://github.com/chakki-works/CoARiJ

```
12   # 解析の対象とする品詞
13   noun_tags = set(['NOUN', 'PRON', 'PROPN'])
14
15   # spacy のインスタンスを生成
16   nlp = spacy.load('ja_ginza')
17
18
19   def extract_words(doc, pos_tags):
20       words = [token.string for token in doc
21                if token.pos_ in pos_tags]
22       return words
23
24   def parse_file(path, nlp, pos_tags):
25       words_all = []
26       with open(path, 'r') as f:
27           for line in f:
28               line = line.strip()
29               if not line:
30                   continue
31               doc = nlp.tokenizer(line)
32               words = extract_words(doc, pos_tags)
33               words_all.extend(words)
34       return words_all
35
36
37   # ファイル一覧を得る
38   paths = glob.glob(f'{coarij_dir}/**/**.txt', recursive=True)
39
40   # 語の頻度を数えるための辞書型オブジェクト
41   counter = Counter()
42
43   # 単語の数を数える
44   for path in tqdm(paths):
45       words = parse_file(path, nlp, noun_tags)
46       counter.update(words)
47
48
49   # 頻度の高い語を上位 20個表示
50   for i, (word, count) in enumerate(counter.most_common(20)):
51       print("{:d}, {}, {:d}".format(i+1, word, count))
```

処理結果

```
1, 年, 575302
2, 月, 537426
3, 当社, 446894
4, 平成, 412436
5, 円, 324843
6, 等, 283980
7, 事業, 244394
8, 連結, 207967
```

```
 9, 取締役, 191994
10, こと, 156353
11, グループ, 153651
12, 株式会社, 153405
13, ため, 141081
14, セグメント, 121330
15, 監査役, 119987
16, 昭和, 110394
17, 状況, 109227
18, 株式, 107312
19, 経営, 105719
20, 日, 104532
```

　プログラムリスト 7.1 において, glob という標準ライブラリを利用しています. glob は, 特定のパターンに合致するファイル一覧を得ることができます. 本プログラムでは, glob を用いて, CoARiJ のファイル一覧を得ています.

　また, collections という標準ライブラリも利用しており, こちらでは collections に含まれる Counter という配列内の要素を自動的にカウントすることができる辞書型を利用しています.

　プログラムリスト 7.1 を作動させてみると, 環境に依存すると思いますが, 筆者の環境 (Intel i9-10980XE) であっても非常に遅いです. 1 年分だけのデータで, この速度であれば, 複数年にわたる処理は複数回作動させるのは非常に手間になってきます. そこで, 従来よりよく使われている Python の MeCab バインディングを用いたプログラムも用意しました. それをプログラムリスト 7.2 に示します. なお, MeCab のインストール方法については, 9.2.2 項を参考にしてください.

▎**プログラムリスト 7.2**　get_word_frequency_mecab.py

```python
 1  # coding: utf-8
 2
 3  from collections import Counter  # データ保管用
 4  import glob  # 指定ディレクトリ以下のファイルを得る
 5
 6  import MeCab
 7  from tqdm import tqdm  # プログラスバーは表示
 8
 9  # CoARiJ の 2014 データが保存されているディレクトリ
10  coarij_dir = 'data/CoARiJ/2014/docs'
11
12  # MeCab の Tagger インスタンスは先に生成しておく
13  tagger = MeCab.Tagger("")
14
15
16  def get_postag(feature):
17      return feature.split(',')[0]
18
19  def extract_words(node):
20      words = []
```

```
21      while node:
22          postag = get_postag(node.feature)
23          if postag.startswith('名詞'):
24              words.append(node.surface)
25          node = node.next
26      return words
27
28  def parse_file(path, tagger):
29      words_all = []
30      with open(path, 'r') as f:
31          for line in f:
32              line = line.strip()
33              if not line:
34                  continue
35              node = tagger.parseToNode(line)
36              words = extract_words(node)
37              words_all.extend(words)
38      return words_all
39
40
41  # ファイル一覧を得る
42  paths = glob.glob(f'{coarij_dir}/**/**.txt', recursive=True)
43
44  # 語の頻度を数えるための辞書型オブジェクト
45  counter = Counter()
46
47  # 単語の数を数える
48  for path in tqdm(paths):
49      words = parse_file(path, tagger)
50      counter.update(words)
51
52
53  # 頻度の高い語を上位 20個表示
54  for i, (word, count) in enumerate(counter.most_common(20)):
55      print("{:d}, {}, {:d}".format(i+1, word, count))
```

加えて，GiNZA 版，MeCab 版の両方の速度を実際に計測し，比較した表を**表 7.2** に示します[15]．

表 7.2　GiNZA を利用した場合の実行速度と MeCab を利用した場合の実行速度

	実行速度 (秒)
GiNZA	3477.49
MeCab	59.39

　表 7.2 より，約 60 倍ほど MeCab のほうが GiNZA より高速に作動することがわかりました．ただし，この数値は複数回実行しての結果ではないため，ばらつきがあると思われます．しかしながら，明らかに速度差があるため，大量のテキストを処理する場合は，MeCab を用いたほうがよいことが

---

15) この数値は SuachiPy0.5 によるものです．SudachiPy0.6 以降は，0.5 以前と比べて速度が大きく向上しているため，結果が変わることが想定されます．

わかります．本章では，以降のプログラムは MeCab を用いて実装しています．

演習 1　*tf · idf* を計算し，各企業の特徴語抽出をしてみましょう．

7.4　分析：有価証券報告書を用いた日経平均予想

　7.2 節で紹介した CoARiJ を用いて，日経平均株価を予想するプログラムを紹介します．日経平均株価とは，日本経済新聞社が東証 1 部に上場する企業の中から業種等のバランスを考慮して選んだ 225 社の平均株価です．日経平均株価は，日本経済新聞社のウェブページからダウンロード可能です[16]．ここでは，日経平均株価の月次データの CSV を利用します．日経平均株価月次データを開いてみると，「データ日付」，「終値」，「始値」，「高値」，「安値」の 5 つのカラムがあり，それぞれにデータが格納されています．ここで利用するのは，「データ日付」と「終値」となります．「データ日付」は，算出した日経平均株価の日付であり，「終値」はその日の最後の日経平均株価の値段を表します．

　有価証券報告書は基本的に 1 年 1 回だけの発表であるため，年次を予測することになります．また，有価証券報告書は，各事業年度終了後，3 か月以内の金融庁への提出が義務づけられており，多くの企業が 3 月末決算であることから，4 月頭から 6 月末の間に提出されます．そこで，ここでは，提出期限の 3 か月後である 9 月の日経平均株価の上下の動きを予想してみたいと思います．ただ，CoARiJ のデータが 2014 年から 2017 年までしかないため，2015 年から 2018 年の 4 点の予測しかできません．本来であれば，各企業の株価などを用いた実験を紹介したかったのですが，多くの場合，株価データは購入して入手する必要があり，本書では無料で使うことができるデータを紹介したかったことから，有価証券報告書と日経平均株価という組み合わせとなりました．もし，手元に日経新聞記事や各銘柄の株価をお持ちの読者がいれば，それらのデータを用いて予測を試みてもよいかもしれません．

　プログラムを作成するにあたり，まず，7.1 節で紹介した金融辞書を入手します．東京大学和泉研究室のホームページからダウンロード可能[17]ですので，こちらからダウンロードします．まず，金融辞書を各企業の有価証券報告書に照らし合わせて，各年度ごとの極性値を得ます．そのプログラムをプログラムリスト 7.3 に示します．

プログラムリスト 7.3　get_polarity_score.py

```
1  # coding: utf-8
2
3  import glob  # 指定ディレクトリ以下のファイルを得る
4  import json  # json データ用
5
6  import MeCab
7  import pandas as pd
```

---

16) https://indexes.nikkei.co.jp/nkave/index?type=download
17) https://sites.google.com/socsim.org/izumi-lab/tools

```
8    from tqdm import tqdm  # プログラスバーは表示
9
10   # CoARiJ のデータが保存されているディレクトリ
11   coarij_dir = 'data/CoARiJ'
12
13   # 対象年度 (2014年 から 2018年)
14   years = list(range(2014, 2019))
15
16   # 1. 極性辞書データを読み込む
17   df = pd.read_csv('data/polarity_dic_News.csv', usecols=[1,2])
18   polarity_dic = dict(zip(df.word, df.score))
19
20   # MeCab の Tagger インスタンスは先に生成しておく
21   tagger = MeCab.Tagger("")
22
23
24   def get_postag(feature):
25       return feature.split(',')[0]
26
27   def extract_words(node):
28       words = []
29       while node:
30           postag = get_postag(node.feature)
31           if postag.startswith('名詞'):
32               words.append(node.surface)
33           node = node.next
34       return words
35
36   def parse_file(path, tagger):
37       words_all = []
38       with open(path, 'r') as f:
39           for line in f:
40               line = line.strip()
41               if not line:
42                   continue
43               node = tagger.parseToNode(line)
44               words = extract_words(node)
45               words_all.extend(words)
46       return words_all
47
48
49   # 年ごとに処理
50   year_hash = {}
51
52   # 5. (3)〜(4)を各ファイルごとに行い，年ごとに辞書型に保管する
53   for y in years:
54       # 2. ターゲットとなるファイル一覧を得る
55       paths = glob.glob(
56           f'{coarij_dir}/{y}/docs/**/**_business_overview_of_result.txt',
57           recursive=True)
58
```

II
テキストアナリティクスの実践

```
59        # ファイルごとに処理
60        scores = []
61        for path in tqdm(paths):
62            # 3. ファイルに含まれる名詞を得る
63            words = parse_file(path, tagger)
64            # 4. (3)で得られた語と極性辞書データを用いて，ファイルの極性スコアを得る
65            score = sum([polarity_dic.get(word, 0) for word in words])
66            scores.append(score)
67
68        # 用意した辞書型に保管
69        year_hash[y] = scores
70
71    # 6. 集計したデータをjsonl として出力する
72    with open('polarity_scores_mecab.jsonl', 'w') as f:
73        for y in years:
74            output = {'year': y,
75                      'sum': sum(year_hash[y]),
76                      'scores': year_hash[y]}
77            f.write("{}\n".format(json.dumps(output)))
```

また，プログラムリスト 7.3 の概要を以下に示します．

1. 極性辞書データを読み込みます
2. ターゲットとなるファイル一覧を得ます
3. ファイルに含まれる名詞を得ます
4. (3) で得られた語と極性辞書データを用いて，ファイルの極性スコアを得ます
5. (3)〜(4) を各ファイルごとに行い，年ごとに辞書型に保管します
6. 集計したデータを jsonl として出力します

プログラムリスト 7.3 を実行すると，「polarity_scores.jsonl」というファイルが出力されます．このファイルには，年を表す「year」と，その年の各有価証券報告書の極性値を合計した「sum」，加えて，各有価証券報告書の極性値のリストとなる「scores」が保存されています．基本的には，year と sum を利用することになります．

「polarity_scores.jsonl」を作成した後に，各年ごとに日経平均株価の上限の動きを予測してみます．具体的には，日経平均株価の終値の前年度同月比が 1 より高いか，それとも低いのかを予測します．そのプログラムをプログラムリスト 7.4 に示します．加えて，その処理結果を**表7.3** に示します．

▌ プログラムリスト 7.4　predict_nikkei_average.py

```
1  # coding: utf-8
2
3  import json  # json データ用
4
5  import pandas as pd  # csv データ用
6
```

```
7    # 日経平均が格納されたcsv ファイル
8    path_nikkei = 'data/nikkei_stock_average_monthly_jp.csv'
9
10   # 対象年度 (2014年から 2017年)
11   years = list(range(2014, 2018))
12
13
14   # 1. 日経平均データを読み込む
15   df_nikkei = pd.read_csv(
16       path_nikkei,
17       encoding='Shift-JIS',  # UTF-8ではないため文字コードを指定
18       skipfooter=1,          # 末尾の1行を無視
19       engine='python'        # skipfooter を有効にするための設定
20   )
21
22   # 2. 得られたセンチメントスコアを読み込む
23   with open('polarity_scores_mecab.jsonl', 'r') as f:
24       pol_scores = [json.loads(line.strip()) for line in f]
25
26
27   # 3. 2015年以降の前年同月比を計算する (終値 and 9月)
28   rates = []
29   for y in years:
30       before = df_nikkei.query(f'データ日付=="{y}/09/01"').iloc[0]['終値']
31       after = df_nikkei.query(f'データ日付=="{y+1}/09/01"').iloc[0]['終値']
32       rate = after / before
33       rates.append(rate)
34
35   # 4. 得られた結果を出力する
36   print("日経平均株価日付, 前年同月比, 年度, 極性値")
37   for i, (year, rate) in enumerate(zip(years, rates)):
38       business_year = pol_scores[i]['year']
39       pol = pol_scores[i]['sum']
40       print(f"{year+1}/09/01,{rate:.3f},{business_year},{pol:.0f}")
```

表 7.3　プログラムリスト 7.4 の処理結果

日経平均株価日付	前年同月比	年度	極性値
2015/09/01	1.075	2014	10366
2016/09/01	0.946	2015	4782
2017/09/01	1.237	2016	8384
2018/09/01	1.185	2017	3219

また，プログラムリスト 7.4 の概要を以下に示します．

1. 日経平均データを読み込みます
2. 得られたセンチメントスコアを読み込みます
3. 2015 年以降の前年同月比を計算します (終値 and 9 月)
4. 得られた結果を出力します

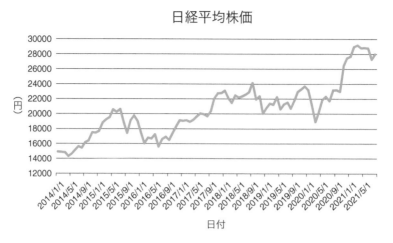

図 7.1　日経平均株価の終値の推移

　表 7.3 より，2016 年以外は前年度の有価証券報告書から計算した極性値がすべて 0 以上であり，かつ，前年同月比が 1 以上であることから，予想は当たっているといえます．つまり，3/4 で予想は当たったということになります．外れた 2016 年に関しては，**図 7.1** に示すように，その年だけ下がっています．この年は，中国の経済指標悪化から上海株が急落したことを契機に，世界的な株安となり，その影響で日経平均株価も下落しました．加えて，6 月には英国で EU 離脱が国民投票により選択された (Brexit) ことで，さらに下落する結果となりました．しかし，その後の 11 月 8 日のアメリカ大統領選挙の結果，トランプ氏が勝利し，その経営手腕を期待し，世界的に株高となりました．つまり，有価証券報告書では分析できない外部要因により，この年の 9 月の日経平均株価は下落したということになります．このような外部要因を即座に反映させるためには，日経新聞記事，Bloomberg 記事[18]などの速報性のあるテキストを用いて世界情勢を反映させる必要があります．

7.5　分析上の注意点

　前節の 7.4 節で紹介したように，アメリカ大統領選挙や Brexit などが起きたときには，それらの情報は速報性の乏しいテキストには含まれておらず，株価を予想する場合には大きな問題となります．また，2016 年のアメリカ大統領選挙後や 2020 年のコロナショックなど，いわゆるゲームチェンジが起こった場合には，それまでの手法がうまく機能しなくなる場合があります．そのような場合には，再度モデルを構築し，ゲームチェンジ後の特徴をうまく捉える必要があります．しかしながら，このようなゲームチェンジを予測する技術は今のところ存在しません．そのため，現状では，人手によってモデルを作り直すしかないという状況にあります．

　また，今回の分析では，有価証券報告書を用いましたが，こちらは長期的なトレンドを予測できる可能性があると言われていることから，3 か月後の日経平均株価の上下の動きを予測しました．一方，

---

18) https://www.bloomberg.co.jp/

日経新聞記事や Bloomberg 記事などの速報性のある記事では，短期的なトレンドが含まれていると考えられているため，翌日や 1 週間後の株価の予測に利用することが多いです．このように，金融分野のテキストは，それぞれ特色があり，その特色に応じた分析方法が必要となってきます．また，今回は，ただ単に前年同月に比べて上がっているか，下がっているかを予測しましたが，日経平均株価の値を予測することも考えられます．しかしながら，今回のように予測できる点が少ない場合には，機械学習手法も使うことができないことから，値の予測は難しく，今回のようなざっくりとした分析しかできない場合があります．テキストの特性や，持っているデータに合わせて，適切な分析方法を選ぶ必要があります．

演習 2　景気ウォッチャー調査と極性辞書を用いて，景気ウォッチャー調査に記載されている景気の現状判断を予測してみましょう．

7.6　研究の紹介

　金融・経済テキストを対象にした研究としては，7.1 節で説明したように，金融極性辞書を作成する研究であったり，テキストを用いた株価予想[3] が存在します．決算短信を対象にした研究としては，業績の要因が記述された文を抽出する研究[19] が存在します．こちらの研究は，デモシステムも公開されており[20]，簡単に試すことができます．加えて，決算短信から因果関係を示す原因と結果表現を抽出する研究も発表されており[21]，こちらも検索システムが公開されています[22]．さらに，決算短信から抽出した因果関係を連鎖させた因果チェーン構築の研究[23] も進められており，こちらも検索システムが公開されています[24]．景気ウォッチャー調査を対象にした研究としては，山本らの研究[25] が存在し，景気ウォッチャー調査を用いて景気指標の生成を試みています．さらに，Twitter を用いた経済予測を行う研究も存在し[26]，感情分析と組み合わせることで予測可能性を示しています．また，本章で紹介した公開されているテキストだけでなく，地方銀行が保有するテキストを用いた分析も行われており[27]，このようにさまざまな金融・経済テキストの分析が行われています．

19) 酒井浩之, 西沢裕子, 松並祥吾, 坂地泰紀：企業の決算短信 PDF からの業績要因の抽出, 人工知能学会論文誌, Vol.30, No.1, pp.172-182, 2015.
20) http://hawk.ci.seikei.ac.jp/cees/
21) 坂地泰紀, 酒井浩之, 増山繁：決算短信 PDF からの原因・結果表現の抽出, 電子情報通信学会論文誌 D, Vol.J98-D, No.5, pp.811-822, 2015.
22) https://socsim.t.u-tokyo.ac.jp/CS/
23) Kiyoshi Izumi, Hiroki Sakaji: Economic Causal-Chain Search using Text Mining Technology, The First Workshop on Financial Technology and Natural Language Processing In conjunction with the 28th International Joint Conference on Artificial Intelligence, pp.61-65, Macao, China, August, 2019.
24) https://sites.google.com/socsim.org/izumi-lab/tools/causal-chain-search
25) 山本裕樹, 松尾豊：景気ウォッチャー調査の深層学習を用いた金融レポートの指数化, 第 30 回人工知能学会全国大会論文集, 2016.
26) Johan Bollen, Huina Mao, Xiaojun Zeng: Twitter Mood Predicts the Stock Market, Journal of Computational Science, Vol.2, No.1, pp.1-8, 2011.
27) 坂地泰紀, 和泉潔, 松島裕康, 川瀬和哉, 林寛：接触履歴を用いた地域景況インデックスの自動生成, 知能と情報, Vol.31, No.2, pp.626-635, 2019.

## 第 8 章

ソーシャルメディアテキストの解析

　本章では，ソーシャルメディアのデータを対象とするテキストアナリティクスについて紹介します．ソーシャルメディアとは，これまではコンテンツを消費するだけに過ぎなかった一般ユーザによって作成された，ユーザ生成コンテンツ（UGC; User Generated Content）を主とするメディアであり，消費者生成メディア（CGM; Consumer Generated Media）の一種です．「ソーシャル」の語が示す通り，社会的な相互性を用いて広がるように設計されたメディアであり，コンテンツを生成するユーザとコンテンツを消費するユーザの双方向コミュニケーションができるという特徴があります．日本でも使われているソーシャルメディアとして，例えば，以下を挙げることができます．

- **掲示板**

  5 ちゃんねる（2 ちゃんねる）[1]，ガールズちゃんねる[2]，爆サイ.com[3]
- **ブログ**

  アメーバブログ[4]，FC2 ブログ[5]，はてなブログ[6]，goo ブログ[7]，ライブドアブログ[8]
- **SNS**

  Twitter[9]，Facebook[10]，Instagram[11]，LinkedIn[12]，mixi[13]
- **動画共有サイト**

  YouTube[14]，ニコニコ動画[15]，TikTok[16]，ツイキャス[17]
- **情報共有サイト**

---

1) https://5ch.net/, https://www.2ch.sc/
2) https://girlschannel.net/
3) https://bakusai.com/
4) https://ameblo.jp/
5) https://blog.fc2.com/
6) https://hatenablog.com/
7) https://blog.goo.ne.jp/
8) https://blog.livedoor.com/
9) https://twitter.com/
10) https://www.facebook.com/
11) https://www.instagram.com/
12) https://www.linkedin.com/
13) https://mixi.jp/
14) https://www.youtube.com/
15) https://www.nicovideo.jp/
16) https://www.tiktok.com/
17) https://twitcasting.tv/

食べログ[18]，クックパッド[19]，価格.com[20]，Yahoo!知恵袋[21]

　ソーシャルメディアのデータは一般ユーザの投稿からなり立っており，そこにはユーザの行動や嗜好が反映されていると考えられます．そのため，そのデータを解析すれば，流行や評判などの社会現象を調べることができるでしょう．また，ソーシャルメディアはいわゆるビッグデータの 1 つであり，そのようなデータに対する研究戦略の 1 つとして「物事を数えること」が挙げられます[22]．優れた問いと優れたデータを結びつけることができれば，複雑なアルゴリズムを用いず，単純な数え上げでも興味深い結果を生むことができます．本章では，Twitter と 2 ちゃんねるのデータを対象とする特徴語の抽出および感情分析を題材とし，データの収集方法や，その取り扱いの方法について取り上げます．

8.1　Twitter データによる世情分析

8.1.1　分析の概要

　本節では，Twitter の日本語サンプルストリームのツイートデータを用い，特徴語および感情成分の時系列変化を明らかにします．

　Twitter は 2006 年に公開され，当時は「マイクロブログ」と呼ばれていました．1 回の投稿（ツイート）が 140 文字[23]に制限されていることが大きな特徴で，今の状況を気軽に投稿できるように設計されています．また，ツイートを閲覧する，ツイートを投稿するなど，サービス上の操作のほとんどを API 経由で行うことができます．その結果，第三者によるさまざまなアプリやサービスが立ち上がり，多くの情報が Twitter に蓄積されるエコシステムが構築されました．Twitter に蓄積された多くの情報をソーシャルセンサとして取り扱い，流行や評判などの世情を分析する試みが多数行われています．

　本節では，2020 年の世情を分析する都合上，収集済みのデータを利用しています．8.1.3 項でデータの入手方法を例示するものの，過去のデータであるため，同じデータを用意するのは困難であろうと思います．自身で分析を行う際には，特定のキーワードで絞り込んだツイートデータを用意するとよいでしょう．

8.1.2　事前準備

　8.1.3 項のデータ収集プログラムは，標準出力に取得データを出力します．プログラム実行のひな形では，取得データが archive.txt に保存されます．また，解析や分析の各プログラムは，標準入力を

---

18) https://tabelog.com/
19) https://cookpad.com/
20) https://kakaku.com/
21) https://chiebukuro.yahoo.co.jp/
22) Matthew Jeffrey Salganik（著），瀧川裕貴，常松淳，阪本拓人，大林真也（訳）：ビット・バイ・ビット，有斐閣，2019.
23) 2017 年ごろより，この文字数制限は緩和されて，言語によっては 280 文字まで投稿できるようになっています．

用いてデータを読み込み，標準出力に結果を出力します．この標準入力での Twitter のツイートデータの読み込みは，JSON Lines（JSONL）形式を想定します．8.1.3 項のサンプルプログラムで収集したデータの場合，2 カラム目に JSON データが入っており，プログラム実行のひな形では未圧縮の archive.txt および圧縮済みの archive.txt.gz を用いた実行方法例を示します．このひな形では，出力結果が result.txt に保存されます．

WSL / ターミナル

```
# プログラム実行のひな形
$ python3 twitter_search_api.py > archive.txt
$ python3 twitter_stream_api.py > archive.txt
$ cut -f 2 archive.txt | python3 twitter.py > result.txt
$ zcat archive.txt.gz | cut -f 2 | python3 twitter.py > result.txt
```

Twitter の API にアクセスする際には，OAuth 1.0a という認証方式を使用し，認証情報は dotenv と呼ばれる仕組みで管理します．これらに必要なライブラリは pip でインストールできるので，以下のようにしてインストールしてください．

WSL / ターミナル

```
# requests_oauthlib と python-dotenv のインストール
$ pip install requests_oauthlib python-dotenv
```

感情成分の出力では，ML-Ask の Python 実装である pymlask を使用します．MeCab の環境（詳細は 9.2.2 項を参照）を用意したうえで，pip でインストールできるので，以下のようにしてインストールしてください．

WSL / ターミナル

```
# pymlask（ML-Ask の Python 実装）のインストール
$ sudo apt install mecab libmecab-dev mecab-ipadic-utf8
$ pip install MeCab pymlask
```

感情成分のグラフ集計処理では，数値データを Excel に読み込み，ピボットテーブルを用いて集計します．ピボットテーブルは，複雑な数式や関数を記述せずに，集計や可視化などができる機能です．機能の具体的な活用方法については，木村の書籍[24]を参照してください．

8.1.3　データの入手：Twitter API の使用例

Twitter のデータは，Twitter 社が公開している API[25]を使用することで入手できます．Twitter には以下の 2 種類の API が用意されています．

---

24) 木村幸子：Excel ピボットテーブル，翔泳社，2018.
25) https://developer.twitter.com/

REST API

HTTP リクエストを送ると HTTP レスポンスが返ってくる Pull 型の API です．特定のユーザのタイムラインや検索結果の取得ができるほか，ツイートの投稿やリツイートなどもできます．本節では，検索 API を取り上げます．

Streaming API

新しいデータ（ツイート）が投稿される度にデータが送られてくる Push 型の API です．Twitter 全体のサンプリングされたツイートを取得できるほか，特定のユーザの投稿をリアルタイムに取得することなどもできます．本節では，Twitter 全体のサンプリング API を取り上げます．

Twitter API では，OAuth 1.0a と呼ばれる，ユーザ名やパスワードを必要としない標準化された認証方式が用いられています[26]．本節では，Twitter 専用のライブラリ[27] を用いず，OAuth 1.0a の認証を支援するライブラリ（`requests_oauthlib`）を用います．そのため，OAuth 1.0a を用いるサービスでは，同様にデータを取得することができるでしょう．また，認証に必要な情報をソースコードに直接書き込むことは好ましくないため，dotenv と呼ばれる仕組みで別に管理し，環境変数を用いてプログラムに渡すことにします．なお，2021 年 11 月に Twitter API v2 がリリースされましたが，本章では，実績のある既存の Twitter API v1.1 の使用例を解説します．

Twitter の API を利用するためには，利用規約等に同意し，Twitter Developer Platform[28] から開発者アカウントの申請が必要です．また，大学院生を含む研究者向けに Academic Research product track[29] が用意されており，申請が許可された場合，通常の開発者アカウントよりも，より多くのアクセスが無償で許可されます．開発者アカウントまたは研究者アカウントを取得できたら，アプリケーションを登録し，OAuth 1.0a 認証に必要な情報（API key, API secret key, Access token, Access token secret）を取得しましょう．

プログラムのソースコードに認証情報を直接書き込まず，その情報を与える方法として環境変数を用いる方法があります．環境変数は OS が提供するデータ共有機能の 1 つですが，特定のプログラムを実行するためだけに，OS の環境変数を設定するのは少々面倒です．dotenv と呼ばれる仕組みを用いると，プログラム実行時に「.env」というファイルをロードし，環境変数に設定することができます．Python では `python-dotenv` というライブラリを用いることで，dotenv を扱うことができます．Twitter から取得した認証情報を，「.env」というファイルを作成して，以下のように書き込みます．

26) https://developer.twitter.com/ja/docs/authentication/oauth-1-0a
27) tweepy や twython があります．これらのライブラリを用いることで，エラー処理などが楽になる場合もあります．
28) https://developer.twitter.com/en
29) https://developer.twitter.com/en/products/twitter-api/academic-research/application-info

.env ファイルの例

```
1  CONSUMER_KEY=[取得したCONSUMER KEY]
2  CONSUMER_SECRET=[取得したCONSUMER SECRET]
3  ACCESS_TOKEN=[取得したACCESS TOKEN]
4  ACCESS_TOKEN_SECRET=[取得したACCESS TOKEN SECRET]
```

　このファイルは，認証情報を保存したファイルなので，自分以外の人に見せてはいけません．後述しますが，このファイルは，プログラムと同じディレクトリに保存するとよいでしょう．

　プログラムリスト 8.1 に，Twitter Standard search API[30] を使い，「外出」のツイートを 100 件取得する例を示します．このプログラムは，以下のように作動します．

1. .env ファイルをロードして環境変数に反映します
2. 認証情報が環境変数に存在するかをチェックします
3. 認証情報をもとに OAuth セッションを取得します
4. OAuth セッションを利用し，検索 API にアクセスします
5. 取得した結果を， id と JSON テキストのタブ区切りで出力します

(1) では作成した「.env」ファイルを読み込んでいます．あるプログラムで `load_dotenv()` 関数を呼び出すと，そのプログラムがあるディレクトリを起点に，「.env」ファイルが見つかるまで親ディレクトリを遡りながら探索します．あるプロジェクトで使用する.env ファイルは，実行するプログラムと同じディレクトリか，そのプロジェクトのルートディレクトリに保存するとよいでしょう．(2) の処理では，認証情報が環境変数に存在するかをチェックしています．言い換えれば，(1) で「.env」ファイルが読み込めたか，さらに，ファイルの内容が適切か（`CONSUMER_KEY` が存在するかなど）をチェックしていることになります．(3) の処理では，OAuth セッションを取得することにより，Twitter API へのアクセス権を取得しています．(4) の処理で記述された API の URL は，Resource URL やエンドポイントなどと呼ばれます．検索 API の Resource URL は「`https://api.twitter.com/1.1/search/tweets.json`」で，これは，Twitter API のドキュメントで示されています．つまり，ほかの Twitter API を利用したい場合は，ドキュメントを参照し，記述されている Resource URL を指定しましょう．なお，今回，Resource URL のパラメータに「`tweet_mode=extended`」を追加しています．このパラメータを指定することにより，140 文字を超えるツイート本文を取得することができますが，一方で，取得データのフィールドから「`text`」がなくなり，代わりに「`full_text`」にツイート本文が入るようになるので注意が必要です[31]．

---

30) https://developer.twitter.com/en/docs/twitter-api/v1/tweets/search/api-reference/get-search-tweets
31) Twitter といえば「140 文字に限定されたツイート」が有名でしたが，現在では，英語などの一部の言語は 280 文字まで投稿できますし，日本語でも URL などは 2 文字で 1 文字としてカウントされています．「`tweet_mode=extended`」を指定しない場合，140 文字よりも長い本文のレスポンスは 140 文字で打ち切られます．

プログラムリスト 8.1　twitter_search_api.py

```
 1  # -*- coding: utf-8 -*-
 2  '''
 3  Twitter Search API のサンプル
 4  '''
 5
 6  import os
 7  import sys
 8  from requests_oauthlib import OAuth1Session
 9  import json
10  from dotenv import load_dotenv
11
12  # 1. .env ファイルをロードして環境変数に反映する
13  load_dotenv()
14
15  # 2. 認証情報が環境変数に存在するかをチェックする
16  if os.getenv('CONSUMER_KEY') is None or os.getenv('CONSUMER_SECRET') is None or os.
        getenv('ACCESS_TOKEN') is None or os.getenv('ACCESS_TOKEN_SECRET') is None:
17      sys.exit('.env のロードに失敗し，認証情報が取得できませんでした')
18
19  # 3. 認証情報をもとにOAuth セッションを取得する
20  twitter = OAuth1Session(os.getenv('CONSUMER_KEY'),
21      client_secret=os.getenv('CONSUMER_SECRET'),
22      resource_owner_key=os.getenv('ACCESS_TOKEN'),
23      resource_owner_secret=os.getenv('ACCESS_TOKEN_SECRET'))
24
25  # 4. OAuth セッションを利用し，検索 API にアクセスする
26  response = twitter.get('https://api.twitter.com/1.1/search/tweets.json', params = { "
        q" : "外出", "result_type" : "result_type", "count" : 100, "tweet_mode" :
        "extended" })
27
28  # 5. 取得した結果を，id と JSON テキストのタブ区切りで出力する
29  for status in response.json()['statuses']:
30      # id と JSON をタブ区切りで表示
31      print('\t'.join([str(status['id']), json.dumps(status)]))
```

処理結果

```
1415315612151123974      {"created_at": "Wed Jul 14 14:21:51 +0000 2021", "id": 141531561215
1123974, ...(省略)...
1404314659176411137      {"created_at": "Mon Jun 14 05:48:00 +0000 2021", "id": 140431465917
6411137, ...(省略)...
 ...(省略)...
```

　取得したデータは，id と JSON テキストのタブ区切りで出力されます．JSON (JavaScript Object Notation) とは，テキストベースの構造データ表現フォーマットです．JSON はほかのデータ表現フォーマットよりも比較的軽量であり，プログラミング言語を問わず利用できることから，よく使われるフォーマットの 1 つです．

　プログラムリスト 8.2 に，Sample realtime Tweets[32] を使い，サンプリングされた日本語のツイートをリアルタイムに取得する例を示します．このプログラムは，以下のように作動します．

1. .env ファイルをロードして環境変数に反映します
2. 認証情報が環境変数に存在するかをチェックします
3. 認証情報をもとに OAuth セッションを取得します
4. OAuth セッションを利用し，Streaming API にアクセスします
5. 取得した結果を，id と JSON テキストのタブ区切りで出力します

先に説明した Pull 型の API の動作と似ていますが，(4) と (5) で，Push 型の API 特有の処理があります．まず，(4) の HTTP リクエストを送信する部分で「stream=True」の指定が必要です．そして，(5) のコンテンツを受け取る部分で各行ごとに処理する「iter_lines」を用いてデータを処理します．これらは，HTTP レスポンスをすべて受け取ってから処理するのではなく，データを受信しながら処理するための記述となります．また，Streaming API はツイート以外の情報も配信してくる場合があるため，(5) の処理でツイート以外のデータの場合は処理しない（出力しない）処理を追加しています．

プログラムリスト 8.2　twitter_stream_api.py

```
 1  # -*- coding: utf-8 -*-
 2  '''
 3  Twitter Streaming API のサンプル
 4  '''
 5
 6  import os
 7  import sys
 8  from requests_oauthlib import OAuth1Session
 9  import json
10  from dotenv import load_dotenv
11
12  # 1. .env ファイルをロードして環境変数に反映する
13  load_dotenv()
14
15  # 2. 認証情報が環境変数に存在するかをチェックする
16  if os.getenv('CONSUMER_KEY') is None or os.getenv('CONSUMER_SECRET') is None or os.
        getenv('ACCESS_TOKEN') is None or os.getenv('ACCESS_TOKEN_SECRET') is None:
17      sys.exit('.env のロードに失敗し，認証情報が取得できませんでした')
18
19  # 3. 認証情報をもとにOAuth セッションを取得する
20  twitter = OAuth1Session(os.getenv('CONSUMER_KEY'),
21      client_secret=os.getenv('CONSUMER_SECRET'),
22      resource_owner_key=os.getenv('ACCESS_TOKEN'),
23      resource_owner_secret=os.getenv('ACCESS_TOKEN_SECRET'))
```

---

32) https://developer.twitter.com/en/docs/twitter-api/v1/tweets/sample-realtime/api-reference/get-statuses-sample

```
24
25   # 4. OAuth セッションを利用し，Streaming API にアクセスする
26   response = twitter.get('https://stream.twitter.com/1.1/statuses/sample.json', params
        = { "lang" : "ja"}, stream=True)
27
28   # 5. 取得した結果を，id と JSON テキストのタブ区切りで出力する
29   for line in response.iter_lines():
30       # JSON のパース
31       status = json.loads(line.decode('utf-8'))
32       # ツイート以外のデータの場合は処理しない
33       if status.get('id', None) is None:
34           continue
35       # id と JSON をタブ区切りで表示
36       print('\t'.join([str(status['id']), json.dumps(status)]))
```

処理結果

```
1445978646779359236        {"created_at": "Thu Oct 07 05:05:49 +0000 2021", "id": 144597864677
9359236, ...(省略)...
1445193910909693952        {"created_at": "Tue Oct 05 01:07:33 +0000 2021", "id": 144519391090
9693952, ...(省略)...
...(省略)...
```

　テキストアナリティクスでは，データを収集してから，分析を行うケースがほとんどです．つまり，API からデータを取得し，すぐにデータを分析するというよりは，まずは API から取得したデータを保存し，ある程度蓄積されてから分析します．データを保存する方法は多種多様にわたりますが，筆者が Twitter のツイートデータを保存する際は，テキストファイルで保存しています．具体的には，先のプログラムリストの通り，1 行 1 ツイートとし，各行に ID と JSON テキストをタブ区切りで保存しています．この形式の利点は，複数のデータファイルを一まとめにする処理が楽なことです．例えば，「外出」のキーワードでツイートを取得するプログラムを複数回実行した場合，ツイートを重複して取得してしまう場合があります．重複データが存在する場合でも，1 カラム目に ID を含むテキストファイルであれば，sort コマンドを用いることで，重複なしの一まとめにしたファイルを簡単に作成できます．以下は，各行 ID と JSON テキストがタブ区切りで保存された file1.txt，file2.txt，file3.txt の 3 ファイルを archive.txt に一まとめにしたうえで，GZIP 形式で圧縮した例です．最終的に，archive.txt.gz というファイルが生成されます．

WSL / ターミナル

```
# ID と JSON テキストがタブ区切りのデータファイルを一まとめにする例
$ sort file1.txt file2.txt file3.txt -o archive.txt -u -n
$ gzip archive.txt
$ zcat archive.txt.gz
```

　GZIP で圧縮された archive.txt.gz を展開しながら JSON Lines（JSONL）形式で出力する例を以下に示します．JSONL 形式とは，各行に JSON テキストがあり，1 行 1 レコードのデータ形式で

保存されたものです．1 レコードごとに JSON データを取り扱うことにより，メモリ効率のよい逐次処理が可能となります．

WSL / ターミナル

```
# ID と JSON テキストがタブ区切りのデータファイルから JSON テキストのみを出力する例
$ zcat archive.txt.gz | cut -f 2
```

8.1.4　基礎的な解析：頻出語の推移

プログラムリスト 8.3 に，ツイートに出現する月別の高頻度キーワードを出力するプログラムを例示します．このプログラムは，以下のように作動します．

1. 標準入力で JSONL 形式のツイートデータを読み込みます
2. リツイートの場合は処理をせず，次のツイートデータに処理を移します
3. リプライの場合は処理をせず，次のツイートデータに処理を移します
4. ツイートデータから本文を取り出し，リプライや URL などの不要な部分を削除します
5. ツイートデータから投稿日を取り出し，年月の情報に変換します
6. (4) の本文から名詞句を抽出し，キーワードリストを生成します
7. (5) と (6) の情報をもとに，キーワードの月別出現数をカウントアップします
8. (7) のカウント情報をもとに，月別に上位のキーワードを指定件数だけ出力します

あるツイートデータがリツイートの場合，そのデータには「retweeted_status」が含まれるため，(2) の処理では，その項目が含まれる場合には，一連の処理をスキップしています．リツイートは，ツイートを容易に複製できるため，キーワードの集計などにおいては，除外したほうがよいことも多いです．同様に，「in_reply_to_user_id」が含まれるツイートはリプライ（返信）であるため，(3) の処理では，その項目が含まれる場合には，一連の処理をスキップしています．(4) の処理では，ツイートの本文データが「text」の代わりに「full_text」に格納される可能性をみこし，「full_text」が存在すればそれを本文とし，なければ「text」を本文とする処理を入れています．また，ツイート本文には，以下のように，キーワード集計に望ましくない情報が含まれることがあります．

- リツイートの場合，冒頭に「RT @リツイート元ユーザ名: 」が含まれる
- 特定のユーザへのリプライの場合，冒頭に「@リプライ先ユーザ名」が含まれる
- 文中で特定のユーザを示した場合，文中に「@ユーザ名」が含まれる
- 文中で特定のハッシュタグを示した場合，文中に「#ハッシュタグ」が含まれる
- 文中で特定の URL を示した場合，文中に URL が出現する

今回は，ハッシュタグは残し，その他の情報は削除するとともに，連続する空白文字や改行文字がある場合は 1 つの空白文字に置き換えています．(5) の処理では，Twitter の日付情報を明示的に示しています．「2021-09-27T03:02:00+09:00」のような標準化された日付形式（この場合は ISO 8601）

であれば，このような明示的な指示は不要ですが，Twitter の日付形式は標準化された日付形式と異なるため，明示的な指定が必要になります．また，プログラム冒頭で日本時間 (JST) のタイムゾーンを定義し，年月に変換して出力する際には，日本時間で出力されるようにしています．(6) の処理では，GiNZA に含まれる名詞句抽出機能（noun_chunks）を用いて，キーワードを抽出しています．

プログラムリスト 8.3　twitter_monthly_keywords_v1.py

```
 1  # -*- coding: utf-8 -*-
 2  '''
 3  Tweet JSON を読み込み本文テキストに出現する単語を集計する
 4  '''
 5
 6  import sys
 7  import json
 8  import codecs
 9  import spacy
10  import re
11  from collections import defaultdict
12  from datetime import datetime, timedelta, timezone
13
14  # GiNZA の準備
15  nlp = spacy.load("ja_ginza")
16  # タイムゾーンの定義
17  JST = timezone(timedelta(hours=+9), 'JST')
18  # カウンターの準備
19  counter = defaultdict(lambda: defaultdict(int))
20
21  # 1. 標準入力でJSONL 形式のツイートデータを読み込む
22  sys.stdin = codecs.getreader(sys.stdin.encoding)(sys.stdin.detach(), errors='ignore')
23  for tweet in sys.stdin:
24      # JSON のパース
25      try:
26          obj = json.loads(tweet)
27      except:
28          continue
29      # 2. リツイートの場合は処理をせず，次のツイートデータに処理を移す
30      if obj.get('retweeted_status', None) is not None:
31          continue
32      # 3. リプライの場合は処理をせず，次のツイートデータに処理を移す
33      if obj.get('in_reply_to_user_id', None) is not None:
34          continue
35      # 4. ツイートデータから本文を取り出し，リプライやURL などの不要な部分を削除する
36      # ツイート本文の代入
37      text = obj.get('full_text') or obj.get('text')
38      # ツイート本文から不要な部分を削除
39      text = re.sub('^RT @[\w_]+:', '', text)
40      text = re.sub('^@[\w_]+', '', text)
41      text = re.sub('https?://[\w/:%#\$&\?\(\)~\.=\+\-]+', '', text)
42      text = re.sub('\s+', ' ', text)
43      # 5. ツイートデータから投稿日を取り出し，年月の情報に変換する
44      # Twitter の日付形式を Python の日付形式に変換
```

```
45      created_at = datetime.strptime(obj['created_at'], '%a %b %d %H:%M:%S %z %Y')
46      # Python の日付形式を JST の年月 (YYYY-MM) に変換
47      date = created_at.astimezone(JST).strftime("%Y-%m")
48      # 6. (4)の本文から名詞句を抽出し，キーワードリストを生成する
49      for np in nlp(text).noun_chunks:
50          # 7. (5)と(6)の情報をもとに，キーワードの月別出現数をカウントアップする
51          counter[date][np.text] += 1
52
53  # 8. (7)のカウント情報をもとに，月別に上位のキーワードを指定件数だけ出力する
54  for date in sorted(counter):
55      # 年月ごとに出現頻度上位 100件を取り出してループ
56      for item in sorted(counter[date].items(), key=lambda x: x[1], reverse=True)[:
        100]:
57          print(f'{date}\t{item[0]}\t{item[1]}')
```

処理結果

```
2020-01 私      216352
2020-01 これ    213773
2020-01 なん    183240
2020-01 何      160781
2020-01 今日    145691
... (略) ...
2020-02 私      216022
2020-02 これ    213226
2020-02 なん    182537
2020-02 何      160791
2020-02 今日    153041
... (略) ...
2020-03 これ    239959
2020-03 私      237495
2020-03 なん    209554
2020-03 何      177364
2020-03 人      160438
... (略) ...
```

　出力された頻出語には，「私」「今日」などの日々の個人を表すようなキーワードが並んでいます．月別の結果を見比べると，毎月，同じようなキーワードがよく使われていることがわかります．

演習 1　プログラムリスト 8.3 では，名詞句抽出機能（noun_chunks）を用いて，キーワードを抽出しています．前章までで解説されていた特定の品詞の単語を抽出する，基本形に変換してから抽出する，あるいは，固有表現抽出機能（ents）を用いて抽出するといったさまざまな方法を試し，比較してみましょう．

8.1.5　分析：特徴語の推移

　月別の頻出語を出力すると，毎月，同じようなキーワードが並んでおり，その月の特徴的なキーワードがわかりません．そこで今回，その月の特徴的なキーワードを調べるために，月別の出現割合を算出し，その値が 0.5 を上回る，という条件を付与してみます．その条件を追加したプログラムを，プログラムリスト 8.4 に示します．このプログラムは，プログラムリスト 8.3 とほとんど同じですが，あるキーワードの総出現回数を管理する「total」という変数を追加し，出現割合を算出して条件を満たすキーワードのみを出力します．

プログラムリスト 8.4　twitter_monthly_keywords_v2.py

```
 1  # -*- coding: utf-8 -*-
 2  '''
 3  Tweet JSON を読み込み本文テキストに出現する単語を集計する（出現割合の条件付き）
 4  '''
 5
 6  import sys
 7  import json
 8  import codecs
 9  import spacy
10  import re
11  from collections import defaultdict
12  from datetime import datetime, timedelta, timezone
13
14  # GiNZA の準備
15  nlp = spacy.load("ja_ginza")
16  # タイムゾーンの定義
17  JST = timezone(timedelta(hours=+9), 'JST')
18  # カウンターの準備
19  counter = defaultdict(lambda: defaultdict(int))
20  # 総出現回数を管理する変数の準備
21  total = defaultdict(int)
22
23  # 1. 標準入力でJSONL 形式のツイートデータを読み込む
24  sys.stdin = codecs.getreader(sys.stdin.encoding)(sys.stdin.detach(), errors='ignore')
25  for tweet in sys.stdin:
26      # JSON のパース
27      try:
28          obj = json.loads(tweet)
29      except:
30          continue
31      # 2. リツイートの場合は処理をせず，次のツイートデータに処理を移す
32      if obj.get('retweeted_status', None) is not None:
33          continue
34      # 3. リプライの場合は処理をせず，次のツイートデータに処理を移す
35      if obj.get('in_reply_to_user_id', None) is not None:
36          continue
37      # 4. ツイートデータから本文を取り出し，リプライやURL などの不要な部分を削除する
38      # ツイート本文の代入
```

```
39    text = obj.get('full_text') or obj.get('text')
40    # ツイート本文から不要な部分を削除
41    text = re.sub('^RT @[\w_]+:', '', text)
42    text = re.sub('^@[\w_]+', '', text)
43    text = re.sub('https?://[\w/:%#\$&\?\(\)~\.=\+\-]+', '', text)
44    text = re.sub('\s+', ' ', text)
45    # 5．ツイートデータから投稿日を取り出し，年月の情報に変換する
46    # Twitter の日付形式を Python の日付形式に変換
47    created_at = datetime.strptime(obj['created_at'], '%a %b %d %H:%M:%S %z %Y')
48    # Python の日付形式を JST の年月（YYYY-MM）に変換
49    date = created_at.astimezone(JST).strftime("%Y-%m")
50    # 6．(4)の本文から名詞句を抽出し，キーワードリストを生成する
51    for np in nlp(text).noun_chunks:
52        # 7．(5)と(6)の情報をもとに，キーワードの月別出現数をカウントアップする
53        counter[date][np.text] += 1
54        # 総出現回数をカウントアップ
55        total[np.text] += 1
56
57  # 8.(7)のカウント情報をもとに，月別に上位のキーワードを指定件数だけ出力する
58  for date in sorted(counter):
59      # 年月ごとに出現割合が 0.5 以上かつ出現頻度上位 100 件を取り出してループ
60      for item in sorted(filter(lambda x: x[1] / total[x[0]] > 0.5, counter[date].items
              ()), key=lambda x: (x[1], x[1] / total[x[0]]), reverse=True)[:100]:
61          print(f'{date}\t{item[0]}\t{item[1]}\t{item[1]/total[item[0]]}')
```

▌処理結果

```
2020-01  成人式   6894    0.5987493486190725
2020-01  新年     5663    0.6947613789719053
2020-01  検索中   5103    0.6102607031810572
2020-01  新春     5077    0.8976308345120226
2020-01  お年玉   4801    0.5650894538606404
…（略）…
2020-02  5 周年  13525    0.7083006022518984
2020-02  バレンタイン  11125    0.5879399640629954
2020-02  まだまだ続く 5 周年     8487    1.0
2020-02  おかげさま        8344    0.5526193787668058
2020-02  盛りだくさん       6434    0.7241418120427687
…（略）…
2020-03  豪華賞品         28794    0.5373719276636246
2020-03  ナツ    20876    0.9563424801869074
2020-03  クエスト        20625    0.5338009213727418
2020-03  「金    19823    0.9020294867127776
2020-03  サクッと美味しいファミチキ     18164    0.997419142276646
…（略）…
```

　出力された特徴語に，「成人式」「お年玉」「バレンタイン」など，毎月，その月特有のキーワードが並んでいます．単純な数え上げを少し工夫するだけで，大きく結果が変わり，有用な結果が得られることを実感できることでしょう．

演習 2　プログラムリスト 8.4 では，出現割合の最小値を 0.5 に設定しました．この値を変えることにより，どのように出力結果が変わるか調べてみましょう．

8.1.6　分析：感情成分の推移

　前項では，月別のキーワードを集計しましたが，これでわかるのはその月の流行などのコンテンツです．場合によっては，ソーシャルメディア空間での「雰囲気」を調べたいこともあるでしょう．本項では，Twitter 全体の「雰囲気」を観測するために，感情成分を調べることにします．

　テキストの感情推定ツールにはさまざまなものがありますが，ここでは，日本語テキストを対象に，容易に作動する ML-Ask[33] を使います．ML-Ask は中村の提唱した 10 種類の感情モデル[34] をもとに，感情表現辞典に記載された表現をテキストデータから探索し，各感情においてマッチした表現の数から感情を推定する手法です．感情は「哀」「恥」「怒」「厭」「怖」「驚」「好」「昂」「安」「喜」の10 種類に分類されます．4.2.1 項で紹介された oseti はポジティブ・ネガティブの 2 種類に分類するものでしたが，ML-Ask は 10 種類に分類するため，より詳細な「雰囲気」の分析が期待できます．本項では，ML-Ask の実装のうち，オリジナル[35] よりも表現辞書サイズの大きい Python 版の実装(pymlask)[36] を用いて分析します．

　プログラムリスト 8.5 に，日別の感情成分を出力するプログラムを例示します．このプログラムは，プログラムリスト 8.3 に似ており，以下のように作動します．

1. 標準入力で JSONL 形式のツイートデータを読み込みます
2. リツイートの場合は処理をせず，次のツイートデータに処理を移します
3. リプライの場合は処理をせず，次のツイートデータに処理を移します
4. ツイートデータから本文を取り出し，リプライや URL などの不要な部分を削除します
5. ツイートデータから投稿日を取り出し，年月日の情報に変換します
6. (4) の本文を pymlask に与え，感情成分を生成します
7. (5) と (6) の情報をもとに，各感情の日別出現数をカウントアップします
8. (7) のカウント情報をもとに，日別の感情成分を出力します

プログラムリスト 8.3 と大きく異なるのは，(6) の処理です．8.1.4 項の処理では，キーワードリスト（名詞句のリスト）を生成していましたが，今回の処理では感情成分を生成しています．また，あるツイートが感情を含むツイートでなかった，ということも重要な情報ですので，感情ツイートでない場

33) Ptaszynski Michal, Dybala Pawel, Rzepka Rafal, Araki Kenji, Masui Fumito. ML-Ask: Open Source Affect Analysis Software for Textual Input in Japanese. Journal of Open Research Software, Vol.5, No.1, 2017.
34) 中村明（編）：感情表現辞典, 東京堂出版, 1993.
35) http://arakilab.media.eng.hokudai.ac.jp/~ptaszynski/repository/mlask.htm
36) https://github.com/ikegami-yukino/pymlask

合は「none」という情報をカウントアップしています.

▎プログラムリスト 8.5　twitter_daily_emotions.py

```python
1   # -*- coding: utf-8 -*-
2   '''
3   Tweet JSON を読み込み本文テキストの感情を集計する
4   '''
5
6   import sys
7   import json
8   import codecs
9   from mlask import MLAsk
10  import re
11  from collections import defaultdict
12  from datetime import datetime, timedelta, timezone
13
14  # pymlask の準備
15  emotion_analyzer = MLAsk()
16  # タイムゾーンの定義
17  JST = timezone(timedelta(hours=+9), 'JST')
18  # カウンターの準備
19  counter = defaultdict(lambda: defaultdict(int))
20
21  # 1. 標準入力でJSONL 形式のツイートデータを読み込む
22  sys.stdin = codecs.getreader(sys.stdin.encoding)(sys.stdin.detach(), errors='ignore')
23  for tweet in sys.stdin:
24      # JSON のパース
25      try:
26          obj = json.loads(tweet)
27      except:
28          continue
29      # 2. リツイートの場合は処理をせず，次のツイートデータに処理を移す
30      if obj.get('retweeted_status', None) is not None:
31          continue
32      # 3. リプライの場合は処理をせず，次のツイートデータに処理を移す
33      if obj.get('in_reply_to_user_id', None) is not None:
34          continue
35      # 4. ツイートデータから本文を取り出し，リプライやURL などの不要な部分を削除する
36      # ツイート本文の代入
37      text = obj.get('full_text') or obj.get('text')
38      # ツイート本文から不要な部分を削除
39      text = re.sub('^RT @[\w_]+:', '', text)
40      text = re.sub('^@[\w_]+', '', text)
41      text = re.sub('https?://[\w/:%#\$&\?\(\)~\.=\+\-]+', '', text)
42      text = re.sub('\s+', ' ', text)
43      # 5. ツイートデータから投稿日を取り出し，年月日の情報に変換する
44      # Twitter の日付形式を Python の日付形式に変換
45      created_at = datetime.strptime(obj['created_at'], '%a %b %d %H:%M:%S %z %Y')
46      # Python の日付形式を JST の年月日（YYYY-MM-DD）に変換
47      date = created_at.astimezone(JST).strftime("%Y-%m-%d")
48      # 6. (4)の本文をpymlask に与え，感情成分を生成する
```

```
49    emotion = emotion_analyzer.analyze(text)
50    if emotion['emotion'] is not None:
51        # 7. (5)と(6)の情報をもとに，各感情の日別出現数をカウントアップする
52        for k, v in emotion['emotion'].items():
53            counter[date][k] += 1
54    else:
55        # ツイート本文に感情を含まない場合はnone をカウントアップする
56        counter[date]['none'] += 1
57
58 # 8. (7)のカウント情報をもとに，日別の感情成分を出力する
59 for date in sorted(counter):
60    # 感情成分を頻度順に出力
61    for item in sorted(counter[date].items(), key=lambda x: x[1], reverse=True):
62        print(f'{date}\t{item[0]}\t{item[1]}')
```

処理結果

```
2020-01-01    none    268818
2020-01-01    yorokobi        26757
2020-01-01    suki    23484
2020-01-01    iya     19273
2020-01-01    aware   6488
2020-01-01    takaburi        5138
2020-01-01    yasu    5033
2020-01-01    kowa    4001
2020-01-01    odoroki 2276
2020-01-01    ikari   2189
2020-01-01    haji    768
2020-01-02    none    193279
2020-01-02    yorokobi        19094
2020-01-02    suki    18463
2020-01-02    iya     16861
2020-01-02    aware   5345
2020-01-02    yasu    4499
2020-01-02    takaburi        3820
2020-01-02    kowa    3609
2020-01-02    ikari   2120
2020-01-02    odoroki 1912
2020-01-02    haji    824
... (略) ...
```

　プログラムリスト 8.5 の処理結果例の通り，大半が感情なし（none）であるものの，感情ありの中では喜（yorokobi）や好（suki）がよく出現していることがわかります．ただし，ML-Ask は辞書マッチによる感情推定手法ですので，各感情に判定されるか否かは，各感情の辞書の大きさに依存します．そのため，この結果から，恥（haji）や怒（ikari）よりも喜（yorokobi）や好（suki）の感情が多かった，とは単純に結論づけられないことに注意が必要です．

　解析した結果をもとに，各感情の変動を見てみます．今回，数値データを Excel に読み込み，ピボットテーブルを用いて集計しました．**図 8.1** は「行集計に対する比率」を計算し，感情成分の推移

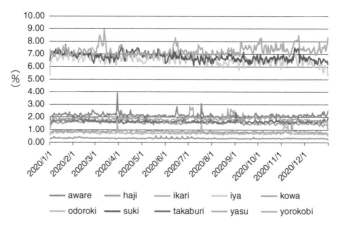

図 8.1　Twitter 空間上における各感情の推移（日別割合）

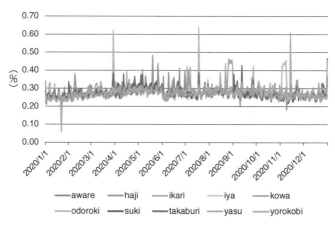

図 8.2　Twitter 空間上における各感情の推移（感情別割合）

を出力したものです．ここでの各感情の値は，ある日の中での全感情合計値に対する比率を表します．
感情なし（none）が恒常的に 70％程度を占めるため，今回は省略しましたが，感情ありの中では喜
（yorokobi）や好（suki）のほかにも厭（iya）もよく出現していることが見て取れます．他方，**図 8.2**
は「列集計に対する比率」を計算し，感情成分の推移を出力したものです．ここでの各感情の値は，
ある感情についての年間合計値に対する比率を表します．3 月 30 日と 7 月 18 日に驚（odoroki）の
出現が急増していることがわかります．これらのピークは，志村けん氏と三浦春馬氏が亡くなったこ
とに起因していると考えられます．また，11 月 14 日に怒（ikari）の出現が急増しています．これに
ついては，ゲーム「モンスターストライク」[37]とアニメ「七つの大罪 憤怒の審判」[38]とのコラボレー
ションが開始された日であり，厭の感情辞書に含まれる「憤怒」が多数出現したことに起因するよう
です．ML-Ask による感情推定は感情語の出現文脈を厳密に処理できていないため，作品名や製品名

---

37) https://www.monster-strike.com/
38) https://7-taizai.net/

に出現する感情語により，特定の感情を持つものとして出力される場合があることに注意が必要です．

演習 3　pymlask では，どの感情が出現したかというラベルのほかに，感情辞書に含まれるどの語が出現したかの情報も得ることができます．(7) の処理で変数 k は感情ラベル，変数 v は感情語のリストが格納されています．感情語のリストを集計し，どのような感情語がよく出現しているのかを調べてみましょう．

8.2　2ちゃんねるデータによる世情分析

8.2.1　分析の概要

　本章冒頭で述べたように，ソーシャルメディアにはさまざまなものがあります．前節までは Twitter のデータを取り上げましたが，特定のデータと結果だけを見ていると，偏った結果のみを見てしまうこともあります．本節では，2ちゃんねるのデータを用い，特徴語および感情成分の時系列変化を明らかにします．Twitter のデータによる結果と比較することで，データ源を変えた場合の結果の変化について学びます．

　2ちゃんねるは 1999 年に公開された，日本最大級の掲示板サイトです．匿名で書き込めることが大きな特徴で，人目を気にせずに投稿できるように設計されています．無責任な誹謗中傷が投稿されることもあるものの，多数のユーザが自由に書き込めることから，世情を反映した情報源の 1 つであると言えます．

　本節では，公開されているデータを用いて 2020 年の世情を分析します．データを入手し，本節の通りに実行すれば，同等の結果が得られます．また，前節までの処理と同等の処理をしているので，演習課題がそのまま準用できます．ぜひ，チャレンジしてみてください．

8.2.2　事前準備

　解析や分析の各プログラムは，標準入力を用いてデータを読み込み，標準出力に結果を出力します．以下がプログラム実行のひな形となります．このひな形では，出力結果が result.txt に保存されます．

WSL / ターミナル

```
# プログラム実行のひな形
$ zcat 2chsc_thread_archive_2020.txt.gz | python3 2ch.py > result.txt
```

　感情成分の出力では，ML-Ask の Python 実装である pymlask を使用し，感情成分のグラフ集計処理では，Excel のピボットテーブルを使用します．これらの準備や詳細については，8.1.2 項を参照してください．

8.2.3　データの入手：公開データの利用

2 ちゃんねるのデータは，収集済みのものが Ceek.jp Open Data[39] で配布されているので，今回，このデータを使用します．2020 年の「5 ちゃんねる掲示板（旧 2 ちゃんねる掲示板）」のスレッドデータには，データ欠損が見受けられたため，本節では「2 ちゃんねる掲示板（2ch.sc）」のスレッドデータを使用します．データ形式の詳細は Ceek.jp Open Data のページに記載されている通りで，1 行 1 スレッド，詳細情報はタブ区切りで格納されています．

```
WSL / ターミナル

# 必要なデータのダウンロード
$ wget http://open.ceek.jp/2chsc/2chsc_thread_archive_2020.txt.gz
# ファイルの内容を確認（終了はq をタイプ）
$ less 2chsc_thread_archive_2020.txt.gz
```

8.2.4　基礎的な解析：頻出語の推移

プログラムリスト 8.6 に，2 ちゃんねるのスレッドタイトルに出現する月別の高頻度キーワードを出力するプログラムを例示します．このプログラムは，以下のように作動します．

1. 標準入力でデータを読み込みます
2. データからスレッドタイトルを取り出します
3. データから投稿日時を取り出し，年月の情報に変換します
4. (2) のスレッドタイトルから名詞句を抽出し，キーワードリストを生成します
5. (3) と (4) の情報をもとに，キーワードの月別出現数をカウントアップします
6. (5) のカウント情報をもとに，月別に上位のキーワードを指定件数だけ出力します

(2) の処理では，タブ区切りのデータをロードしながら，スレッドタイトルを読み込む処理をしています．(3) の処理では，UNIX 時間形式の時刻情報を取り扱っています．UNIX 時間は協定世界時（UTC）における 1970 年 1 月 1 日午前 0 時 0 分 0 秒からの経過秒数[40]で，タイムゾーンを考慮する必要のない時刻表現としてしばしば用いられます．プログラム冒頭で日本時間（JST）のタイムゾーンを定義し，年月に変換して出力する際には，日本時間で出力されるようにしています．

プログラムリスト 8.6　2ch_monthly_keywords_v1.py

```
1  # -*- coding: utf-8 -*-
2  '''
3  2 ちゃんねるデータ（open.ceek.jp）を読み込みスレッドタイトルに出現する単語を集計する
```

---

39) http://open.ceek.jp/
40) 厳密な経過秒数とは異なり，UNIX 時間では閏秒が考慮されていません．

```
 4    '''
 5
 6    import sys
 7    import codecs
 8    import spacy
 9    from collections import defaultdict
10    from datetime import datetime, timedelta, timezone
11
12    # GiNZA の準備
13    nlp = spacy.load("ja_ginza")
14    # タイムゾーンの定義
15    JST = timezone(timedelta(hours=+9), 'JST')
16    # カウンターの準備
17    counter = defaultdict(lambda: defaultdict(int))
18
19    # 1. 標準入力でデータを読み込む
20    sys.stdin = codecs.getreader(sys.stdin.encoding)(sys.stdin.detach(), errors='ignore')
21    for line in sys.stdin:
22        # 2. データからスレッドタイトルを取り出す
23        obj = line.split("\t")
24        text = obj[2]
25        # 3. データから投稿日時を取り出し，年月の情報に変換する
26        # UNIX 時間を Python の日付形式に変換（タイムゾーンは JST を指定）
27        created_at = datetime.fromtimestamp(int(obj[1]), JST)
28        # Python の日付形式を年月（YYYY-MM）に変換
29        date = created_at.strftime("%Y-%m")
30        # 4. (2)のスレッドタイトルから名詞句を抽出し，キーワードリストを生成する
31        for np in nlp(text).noun_chunks:
32            # 5. (3)と(4)の情報をもとに，キーワードの月別出現数をカウントアップする
33            counter[date][np.text] += 1
34
35    # 6. (5)のカウント情報をもとに，月別に上位のキーワードを指定件数だけ出力する
36    for date in sorted(counter):
37        # 年月ごとに出現頻度上位 100件を取り出してループ
38        for item in sorted(counter[date].items(), key=lambda x: x[1], reverse=True)[:
              100]:
39            print(f'{date}\t{item[0]}\t{item[1]}')
```

処理結果

```
2020-01 【悲報    35938
2020-01 なん      30741
2020-01 俺        17544
2020-01 ワイ      17172
2020-01 お前      16798
... （略） ...
2020-02 【悲報    37464
2020-02 なん      30522
2020-02 俺        17140
2020-02 ワイ      16680
2020-02 お前      16241
```

```
... (略) ...
2020-03 【悲報 41532
2020-03 なん 32004
2020-03 コロナ 18680
2020-03 俺 18185
2020-03 ワイ 17897
... (略) ...
```

　出力された頻出語には，「悲報」「俺」「ワイ」などの 2 ちゃんねる独特のキーワードが並んでいます．月別の結果を見比べると，Twitter データでの分析同様に，毎月，同じようなキーワードがよく使われていることがわかります．

8.2.5　分析：特徴語の推移

　月別の頻出語を出力すると，毎月，同じようなキーワードが並んでおり，Twitter データでの分析同様に，その月の特徴的なキーワードがわかりません．Twitter データでの分析同様に，出現割合の条件を追加したプログラムを，プログラムリスト 8.7 に示します．

■ プログラムリスト 8.7　2ch_monthly_keywords_v2.py

```python
1   # -*- coding: utf-8 -*-
2   '''
3   2 ちゃんねるデータ (open.ceek.jp) を読み込みスレッドタイトルに出現する単語を集計する（出現割
       合の条件付き）
4   '''
5
6   import sys
7   import codecs
8   import spacy
9   from collections import defaultdict
10  from datetime import datetime, timedelta, timezone
11
12  # GiNZA の準備
13  nlp = spacy.load("ja_ginza")
14  # タイムゾーンの定義
15  JST = timezone(timedelta(hours=+9), 'JST')
16  # カウンターの準備
17  counter = defaultdict(lambda: defaultdict(int))
18  # 総出現回数を管理する変数の準備
19  total = defaultdict(int)
20
21  # 1. 標準入力でデータを読み込む
22  sys.stdin = codecs.getreader(sys.stdin.encoding)(sys.stdin.detach(), errors='ignore')
23  for line in sys.stdin:
24      # 2. データからスレッドタイトルを取り出す
25      obj = line.split("\t")
26      text = obj[2]
```

```
27        # 3．データから投稿日時を取り出し，年月の情報に変換する
28        # UNIX 時間を Python の日付形式に変換（タイムゾーンは JST を指定）
29        created_at = datetime.fromtimestamp(int(obj[1]), JST)
30        # Python の日付形式を年月（YYYY-MM）に変換
31        date = created_at.strftime("%Y-%m")
32        # 4．(2)のスレッドタイトルから名詞句を抽出し，キーワードリストを生成する
33        for np in nlp(text).noun_chunks:
34            # 5．(3)と(4)の情報をもとに，キーワードの月別出現数をカウントアップする
35            counter[date][np.text] += 1
36            # 総出現回数をカウントアップ
37            total[np.text] += 1
38
39  # 6．(5)のカウント情報をもとに，月別に上位のキーワードを指定件数だけ出力する
40  for date in sorted(counter):
41      # 年月ごとに出現割合が 0.5 以上かつ出現頻度上位 100 件を取り出してループ
42      for item in sorted(filter(lambda x: x[1] / total[x[0]] > 0.5, counter[date].items
            ()), key=lambda x: (x[1], x[1] / total[x[0]]), reverse=True)[:100]:
43          print(f'{date}\t{item[0]}\t{item[1]}\t{item[1]/total[item[0]]}')
```

処理結果

```
2020-01  ゴーン      1587      0.8184631253223311
2020-01  イラン      1396      0.6717998075072185
2020-01  成人式      976       0.6374918354016982
2020-01  正月        801       0.6082004555808656
2020-01  センター試験  736       0.7533265097236438
... （略）...
2020-02  ケツマイモ    2367      0.8261780104712042
2020-02  クルーズ船    2141      0.7825292397660819
2020-02  【新型肺炎    1254      0.5490367775831874
2020-02  槇原敬之      625       0.6410256410256411
2020-02  ノムさん      381       0.7312859884836852
... （略）...
2020-03  100 日後  2655      0.6209073900841908
2020-03  ワニ        2414      0.6471849865951743
2020-03  志村けん      2250      0.5547337278106509
2020-03  イタリア      2013      0.5782821028440104
2020-03  志村        1679      0.5377962844330557
... （略）...
```

　プログラムリスト 8.7 の処理結果例の通り，毎月，その月特有のキーワードが出現していることが
わかります．Twitter のデータを用いた抽出でも，その月の流行が抽出できていたものの，プレゼン
トキャンペーンの影響を大きく受けているようでした．一方，2 ちゃんねるのスレッドタイトルでは，
「ゴーン」「クルーズ船」「志村けん」など，ニュース性の高いものが抽出できています．このように，
同じソーシャルメディアであっても，分析するデータ源を変えるだけで，大きく結果が変わります．
分析に応じて適切なデータ源を選ぶ必要がありますし，また，実際にデータの中身を見るのも大事で
しょう．

8.2.6　分析：感情成分の推移

　プログラムリスト 8.8 に，Twitter データでの分析同様に，2 ちゃんねるのスレッドタイトルをもとにした日別の感情成分を出力するプログラムを例示します．このプログラムは，プログラムリスト 8.5 とプログラムリスト 8.6 に似ており，以下のように作動します．

1. 標準入力でデータを読み込みます
2. データからスレッドタイトルを取り出します
3. データから投稿日時を取り出し，年月の情報に変換します
4. (2) のスレッドタイトルを pymlask に与え，感情成分を生成します
5. (3) と (4) の情報をもとに，各感情の日別出現数をカウントアップします
6. (5) のカウント情報をもとに，日別の感情成分を出力します

プログラムリスト 8.8　2ch_daily_emotions.py

```
1   # -*- coding: utf-8 -*-
2   '''
3   2 ちゃんねるデータ（open.ceek.jp）を読み込みスレッドタイトルの感情を集計する
4   '''
5
6   import sys
7   import codecs
8   from mlask import MLAsk
9   from collections import defaultdict
10  from datetime import datetime, timedelta, timezone
11
12  # pymlask の準備
13  emotion_analyzer = MLAsk()
14  # タイムゾーンの定義
15  JST = timezone(timedelta(hours=+9), 'JST')
16  # カウンターの準備
17  counter = defaultdict(lambda: defaultdict(int))
18
19  # 1. 標準入力でデータを読み込む
20  sys.stdin = codecs.getreader(sys.stdin.encoding)(sys.stdin.detach(), errors='ignore')
21  for line in sys.stdin:
22      # 2. データからスレッドタイトルを取り出す
23      obj = line.split("\t")
24      text = obj[2]
25      # 3. データから投稿日時を取り出し，年月の情報に変換する
26      # UNIX 時間を Python の日付形式に変換（タイムゾーンは JST を指定）
27      created_at = datetime.fromtimestamp(int(obj[1]), JST)
28      # Python の日付形式を年月日（YYYY-MM-DD）に変換
29      date = created_at.strftime("%Y-%m-%d")
30      # 4. (2)のスレッドタイトルをpymlask に与え，感情成分を生成する
31      emotion = emotion_analyzer.analyze(text)
```

```
32      if emotion['emotion'] is not None:
33          # 5. (3)と(4)の情報をもとに，各感情の日別出現数をカウントアップする
34          for k, v in emotion['emotion'].items():
35              counter[date][k] += 1
36      else:
37          # スレッドタイトルに感情を含まない場合はnone をカウントアップする
38          counter[date]['none'] += 1
39
40  # 6. (5)のカウント情報をもとに，日別の感情成分を出力する
41  for date in sorted(counter):
42      # 感情成分を頻度順に出力
43      for item in sorted(counter[date].items(), key=lambda x: x[1], reverse=True):
44          print(f'{date}\t{item[0]}\t{item[1]}')
```

処理結果

```
2020-01-01      none    23986
2020-01-01      iya     1282
2020-01-01      yorokobi        921
2020-01-01      suki    834
2020-01-01      aware   326
2020-01-01      ikari   213
2020-01-01      takaburi        193
2020-01-01      yasu    160
2020-01-01      kowa    123
2020-01-01      odoroki 83
2020-01-01      haji    54
2020-01-02      none    21637
2020-01-02      iya     1266
2020-01-02      suki    931
2020-01-02      yorokobi        822
2020-01-02      aware   321
2020-01-02      takaburi        221
2020-01-02      ikari   191
2020-01-02      yasu    169
2020-01-02      kowa    138
2020-01-02      odoroki 91
2020-01-02      haji    57
... (略) ...
```

　Twitter データでの分析同様に，解析した結果を Excel に読み込み，ピボットテーブルを用いて集計して各感情の変動を見てみます．**図 8.3** は「行集計に対する比率」を計算し，感情成分の推移を出力したものです．ここでの各感情の値は，ある日の中での全感情合計値に対する比率を表します．感情なし（none）が恒常的に 83％程度を占めるため，今回は省略しましたが，この値は Twitter のデータでの値よりも高くなっており，2 ちゃんねるのスレッドタイトルには，Twitter のツイートほどには感情語が含まれていないことがわかります．また，Twitter のデータでは，喜（yorokobi），好（suki），厭（iya）の 3 感情が同程度の出現であったのに対し，2 ちゃんねるのデータでは厭（iya）だけが突出しています．他方，**図 8.4** は「列集計に対する比率」を計算し，感情成分の推移を出力したもので

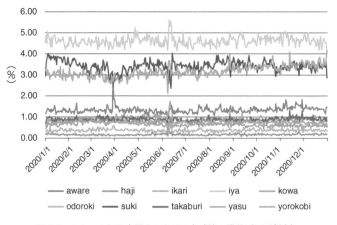

図 8.3　2 ちゃんねる空間上における各感情の推移（日別割合）

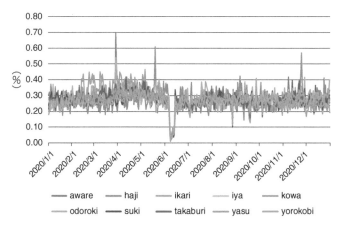

図 8.4　2 ちゃんねる空間上における各感情の推移（感情別割合）

す．ここでの各感情の値は，ある感情についての年間合計値に対する比率を表します．3 月 30 日に哀（aware）と驚（odoroki）の出現が急増していることがわかります．このピークは志村けん氏が亡くなったことに起因していると考えられますが，Twitter のデータと比べると，哀（aware）が強く反応している点が特徴的です．また，三浦春馬氏が亡くなったことに起因する感情変化のピークは観測できず，Twitter と 2 ちゃんねるとでは，著名人に関する言及のスタンスが異なることがわかります．

8.3　大規模データ処理に対する工夫

8.1 節の解析は，同じデータを用意できるならば，記載されているコードを実行すれば，同じ結果を得ることができます．しかし実は，本書の執筆に当たっては，異なるコードを使って実行しています．これは，大規模なデータであるため，処理を分割しないと実行時間が非常に長くなるからです．本章で用いた日本語サンプルストリームのデータは，2020 年 1 月 1 日だけで 943,400 件もあり，筆者の環境では，この日のデータだけを処理するのも 2 時間半かかりました．つまり，単純に 1 年間の

全データを処理すると，1 か月以上かかることとなります[41]．本節では，大規模なデータを処理するための工夫について説明します．

　本章で扱ったデータは，1 行 1 レコードとして保存されています．このような場合，ファイルの行数を数えれば，データの件数がわかります．ファイルの行数は wc コマンドを使うことで調べることができます．

```
WSL / ターミナル

# wc コマンドを用いたデータ件数調査の例
$ wc -l archive.txt
$ wc -l 2021-01-*.txt
$ zcat archive.txt.gz | wc -l
$ zcat 2021-01-*.txt.gz | wc -l
```

　wc コマンドは，引数でファイルを指定するか，あるいは，標準入力でデータを与えることにより，その行数や単語数を出力します．先の上 2 つはファイルを指定した例，下 2 つは標準入力でデータを与えた例です．また，「-l」オプションを付けることにより，行数のみを出力しています．

　作成したプログラムのテストを行う場合など，データファイルの一部分のみを使用したい場合があります．このような場合，head コマンド，tail コマンド，shuf コマンドを用いることで，ファイルから一部のデータのみを読み出すことができます．これらのコマンドも，引数でファイルを指定するか，あるいは，標準入力でデータを与えます．

```
WSL / ターミナル

# 先頭 100 件（head）のデータを読み出す例
$ head -n 100 archive.txt
$ zcat archive.txt.gz | head -n 100
# 末尾 100 件（tail）のデータを読み出す例
$ tail -n 100 archive.txt
$ zcat archive.txt.gz | tail -n 100
# ランダムに 100 件（shuf）のデータを読み出す例
$ shuf -n 100 archive.txt
$ zcat archive.txt.gz | shuf -n 100
# 先頭 100 件（head）のデータ を読み出し，プログラムを実行する例
$ zcat archive.txt.gz | head -n 100 | cut -f 2 | python3 twitter.py
```

先の最後の例は，8.1 節の解析を先頭のツイートデータ 100 件でテストする例です．本章では，データの入出力について，ファイル名をプログラム内やコマンドライン引数で指定することとせず，基本的に，標準入力・標準出力を用いています．これは，先の例のように，パイプ（|記号）と既存コマンドを組み合わせることで，柔軟な処理を行うことができるからです．

　プログラムリスト 8.3 もプログラムリスト 8.4 も月別の単語の頻度情報があれば，同じ結果を作ることができます．これらのプログラムの処理に時間がかかる要因は，GiNZA による名詞句の抽出処理部分です．本書の執筆に当たっては，プログラムリスト 8.9 に示す，すべての単語の出現頻度を出

---

41) 2 ちゃんねるのデータを用いた分析でも，筆者の環境では，1 年分のデータを処理するのに 15 時間ほどかかっています．

力するプログラムを並列に実行し，それらの処理結果（中間ファイル）をもとに 8.1.4 項の処理結果を得ました．具体的には，日本語サンプルストリームのデータを日別に用意しておき，プログラムリスト 8.9 を月別に並列で実行し，その処理結果をプログラムリスト 8.10 に与えることで，8.1.4 項の処理結果を得ました．

WSL / ターミナル

```
# 中間ファイルを活用した実行例
$ cat 2020-01-01.txt | python3 twitter_monthly_keywords_v3.py > r_2020-01-01.txt
$ cat 2020-01-02.txt | python3 twitter_monthly_keywords_v3.py > r_2020-01-02.txt
$ cat 2020-01-03.txt | python3 twitter_monthly_keywords_v3.py > r_2020-01-03.txt
$ cat 2020-01-04.txt | python3 twitter_monthly_keywords_v3.py > r_2020-01-04.txt
$ cat 2020-01-05.txt | python3 twitter_monthly_keywords_v3.py > r_2020-01-05.txt
...
$ cat r_*.txt | python3 compute_twitter_monthly_keywords_v2.py > result.txt
```

この実行例では，ツイートデータが JSONL 形式で 2020-01-01.txt などのファイルに保存されており，対応する処理結果は，接頭に「r_」を付けた r_2020-01-01.txt に保存されるものとします．並列に起動する方法は多岐にわたるので省略しますが，単純には，複数のターミナルウインドウを立ち上げ，それぞれの日に対応するコマンドを実行するとよいでしょう．1 年分の処理結果が出そろった後，先の最後の例のようにプログラムリスト 8.10 を実行します．プログラムリスト 8.10 は中間ファイルを読み込み，プログラムリスト 8.4 と同じ条件で出力します．

プログラムリスト 8.9　twitter_monthly_keywords_v3.py

```
1   # -*- coding: utf-8 -*-
2   '''
3   Tweet JSON を読み込み本文テキストに出現する単語を集計する（全件出力）
4   '''
5
6   import sys
7   import json
8   import codecs
9   import spacy
10  import re
11  from collections import defaultdict
12  from datetime import datetime, timedelta, timezone
13
14  # GiNZA の準備
15  nlp = spacy.load("ja_ginza")
16  # タイムゾーンの定義
17  JST = timezone(timedelta(hours=+9), 'JST')
18  # カウンターの準備
19  counter = defaultdict(lambda: defaultdict(int))
20
21  # 1. 標準入力でJSONL 形式のツイートデータを読み込む
22  sys.stdin = codecs.getreader(sys.stdin.encoding)(sys.stdin.detach(), errors='ignore')
23  for tweet in sys.stdin:
```

```
24        # JSON のパース
25        try:
26            obj = json.loads(tweet)
27        except:
28            continue
29        # 2．リツイートの場合は処理をせず，次のツイートデータに処理を移す
30        if obj.get('retweeted_status', None) is not None:
31            continue
32        # 3．リプライの場合は処理をせず，次のツイートデータに処理を移す
33        if obj.get('in_reply_to_user_id', None) is not None:
34            continue
35        # 4．ツイートデータから本文を取り出し，リプライやURL などの不要な部分を削除する
36        # ツイート本文の代入
37        text = obj.get('full_text') or obj.get('text')
38        # ツイート本文から不要な部分を削除
39        text = re.sub('^RT @[\w_]+:', '', text)
40        text = re.sub('^@[\w_]+', '', text)
41        text = re.sub('https?://[\w/:%#\$&\?\(\)~\.=\+\-]+', '', text)
42        text = re.sub('\s+', ' ', text)
43        # 5．ツイートデータから投稿日を取り出し，年月の情報に変換する
44        # Twitter の日付形式を Python の日付形式に変換
45        created_at = datetime.strptime(obj['created_at'], '%a %b %d %H:%M:%S %z %Y')
46        # Python の日付形式を JST の年月（YYYY-MM）に変換
47        date = created_at.astimezone(JST).strftime("%Y-%m")
48        # 6．(4)の本文から名詞句を抽出し，キーワードリストを生成する
49        for np in nlp(text).noun_chunks:
50            # 7．(5)と (6)の情報をもとに，キーワードの月別出現数をカウントアップする
51            counter[date][np.text] += 1
52
53 # 8．(7)のカウント情報をもとに，月別に上位のキーワードを指定件数だけ出力する
54 for date in sorted(counter):
55        # 全件を頻度順に出力する
56        for item in sorted(counter[date].items(), key=lambda x: x[1], reverse=True):
57            print(f'{date}\t{item[0]}\t{item[1]}')
```

プログラムリスト 8.10　compute_twitter_monthly_keywords_v2.py

```
 1 # -*- coding: utf-8 -*-
 2 '''
 3 集計中間ファイルを読み込み出現する単語を集計する（出現割合の条件付き）
 4 '''
 5
 6 import sys
 7 import codecs
 8 from collections import defaultdict
 9
10 counter = defaultdict(lambda: defaultdict(int))
11 total = defaultdict(int)
12
13 # 標準入力からのデータ入力
```

```
14   sys.stdin = codecs.getreader(sys.stdin.encoding)(sys.stdin.detach(), errors='ignore')
15   for line in sys.stdin:
16       # 中間データのパース
17       obj = line.split("\t")
18       # 出現回数をカウントアップ
19       counter[obj[0]][obj[1]] += int(obj[2])
20       total[obj[1]] += int(obj[2])
21
22   for date in sorted(counter):
23       # 年月ごとに出現割合が 0.5以上かつ出現頻度上位 100件を取り出してループ
24       for item in sorted(filter(lambda x: x[1] / total[x[0]] > 0.5, counter[date].items
             ()), key=lambda x: (x[1], x[1] / total[x[0]]), reverse=True)[:100]:
25           print(f'{date}\t{item[0]}\t{item[1]}\t{item[1]/total[item[0]]}')
```

　このような中間ファイルを用いた実行の利点の 1 つは，パラメータ変更などの試行錯誤が容易なことです．8.1.5 項でも述べたように，出現割合の最小値を変えることで，得られる結果も変わります．このような試行錯誤を名詞句の抽出処理から行うと非常に時間がかかりますが，中間ファイルを読み込み，出力条件を変更するだけであれば，比較的高速に作動します．また，出力を大きく変えることもできます．例えば，プログラムリスト 8.11 は特徴語を出力する代わりに，プログラムリスト 4.14 を参考にワードクラウドを生成するプログラムです．処理結果は**図 8.5**，**図 8.6**，**図 8.7**，**図 8.8** に示します．今回の中間ファイルを観察すると，名詞句の抽出において，接頭にのみ括弧記号（"「"や"【"）が付いたままになっている単語が多数あったため，プログラムリスト 8.11 では，ワードクラウド形式で出力することに加えて，単語の修正処理も加えています．このような微少な出力調整も，中間ファイルをもとにすれば，低コストで行うことができるでしょう．

▌プログラムリスト 8.11　compute_twitter_monthly_wordcloud.py

```
 1   # -*- coding: utf-8 -*-
 2   '''
 3   集計中間ファイルを読み込みワードクラウドを生成する（出現割合の条件付き）
 4   '''
 5
 6   import sys
 7   import codecs
 8   import re
 9   from collections import defaultdict
10   from wordcloud import WordCloud
11   import matplotlib.pyplot as plt
12
13   total = defaultdict(int)
14   counter = defaultdict(lambda: defaultdict(int))
15
16   # 標準入力からのデータ入力
17   sys.stdin = codecs.getreader(sys.stdin.encoding)(sys.stdin.detach(), errors='ignore')
18   for line in sys.stdin:
19       # 中間データのパース
20       obj = line.split("\t")
```

```
21      # 単語の修正
22      obj[1] = re.sub('^「', '', obj[1])
23      obj[1] = re.sub('^『', '', obj[1])
24      # 出現回数をカウントアップ
25      total[obj[1]] += int(obj[2])
26      counter[obj[0]][obj[1]] += int(obj[2])
27
28  for date in sorted(counter):
29      # 年月ごとに出現割合が 0.5以上の単語を取り出す
30      frequencies = dict(filter(lambda x: x[1] / total[x[0]] > 0.5, counter[date].items
            ()))
31      # ワードクラウドの準備
32      wordcloud = WordCloud(background_color='white', font_path='ipaexg.ttf',
            max_font_size=100).fit_words(frequencies)
33      # ファイルを出力
34      plt.figure(figsize=(8, 4))
35      plt.imshow(wordcloud, interpolation='bilinear')
36      plt.axis("off")
37      plt.tight_layout(pad=0)
38      plt.savefig(f'{date}.png')
```

処理結果

図 8.5　2020 年 1 月のワードクラウド

図 8.6　2020 年 2 月のワードクラウド

図 8.7　2020 年 3 月のワードクラウド

図 8.8　2020 年 4 月のワードクラウド

演習 4　2 ちゃんねるのデータを用いて，ワードクラウドを出力しましょう．プログラムリスト 8.11 の出力部分を参考にして，プログラムリスト 8.7 の出力部分を変更し，2 ちゃんねるのデータを渡すことで実現できます．

演習 5　他の章を参考にして，Twitter や 2 ちゃんねるのデータを用いて，共起ネットワークを出力しましょう．データの規模が大きいため，head コマンドや shuf コマンドでデータ量を調整するとよいでしょう．

8.4　研究の紹介

　本章冒頭で紹介した通り，ソーシャルメディアにはさまざまな種類があり，多くのサービスが存在します．一方，データ取得の容易さと規模との観点から，研究の対象となるサービスは，Twitter が大半です．本節では，ソーシャルメディアのテキストを扱う研究をいくつか紹介したいと思います．ソーシャルメディア全般，特にユーザの行動に焦点を当てた研究事例は，土方による『ソーシャルメディア論』[42] を読むとよいでしょう．

　ソーシャルメディアをソーシャルセンサとして活用した研究として，Sakaki らによる地震検知の研究[43] が挙げられます．この研究では，地震に関するツイートの単語の数や種類などを統計的に処理することにより，日本で発生した震度 3 以上の地震の 96% を Twitter 上で検知できることを報告しています．ソーシャルセンサを用いた検知の利点は，投稿内容に，事象の発生そのものに関する情報に加えて，投稿者の状況に関する情報も含まれることです．感染症・公衆衛生に関する情報をソーシャルメディアから収集して対策に利用しようとする研究は多数あり[44]，2019 年に発生が確認された COVID-19 についても同様の研究が多数行われています[45]．

　ツイートの感情に着目することで，有用な情報を抽出することもできます．Golder らは，ツイートに出現する感情語をカウントすることにより，人々の気分には世界中で共通した一定の周期があることを明らかにしました[46]．気分の周期をホルモンの増減などの生理的指標によらず，投稿テキストからも調べられることで注目を浴びました．テキストから推定された感情情報は，出現単語の情報を集約したものとして見ることもでき，扱いやすい情報です．そのため，映画の興行収入の予想にツイー

---

42) 土方嘉徳：ソーシャルメディア論，サイエンス社，2020．

43) Takeshi Sakaki, Makoto Okazaki, Yutaka Matsuo: Earthquake Shakes Twitter Users: Real-time Event Detection by Social Sensors. In Proceedings of the 19th International Conference on World Wide Web, pp.851-860, 2010.

44) Amaryllis Mavragani: Infodemiology and Infoveillance: Scoping Review. Journal of Medical Internet Research, Vol.22, No.4, p.e16206, 2020.

45) 吉田光男：COVID-19 流行下におけるソーシャルメディア-日本での状況と研究動向・公開データセット-，人工知能，Vol.35, No.5, pp.644-653, 2020．

46) Scott A. Golder, Michael W. Macy. Diurnal and Seasonal Mood Vary with Work, Sleep, and Daylength Across Diverse Cultures. Science, Vol.333, No.6051, pp.1878-1881, 2011.

トの感情を利用する[47]，株価の予想にツイートの感情を利用する[48]，情報の伝搬と感情との関係を調査する[49] といった研究も行われています．

　本章では，単純にキーワードを集計するだけでも興味深い結果を得ることができることを示しました．ソーシャルメディアにはさまざまな口コミの情報が投稿されています[50]．気になるトピックに関するツイートを収集し，キーワードを集計するところから分析を始めましょう！

47) Sitaram Asur, Bernardo A. Huberman: Predicting the Future with Social Media. In Proceedings of the 2010 IEEE/WIC/ACM International Conference on Web Intelligence and Intelligent Agent Technology, pp.492-499, 2010.

48) Johan Bollen, Huina Mao, Xiaojun Zeng: Twitter Mood Predicts the Stock Market. Journal of Computational Science, Vol.2, No.1, pp.1-8, 2011.

49) Adam D. I. Kramer, Jamie E. Guillory, Jeffrey T. Hancock: Experimental Evidence of Massive-scale Emotional Contagion Through Social Networks, Proceedings of the National Academy of Sciences, Vol.111, No.24, pp.8788-8790, 2014.

50) Bernard J. Jansen, Mimi Zhang, Kate Sobel, Abdur Chowdury. Twitter Power: Tweets as Electronic Word of Mouth. Journal of the American Society for Information Science and Technology, Vol.60, No.11, pp.2169-2188, 2009.

II

テキストアナリティクスの実践

応用技術・発展的な内容

第 III 部では，第 I 部，第 II 部では扱わなかった応用技術や発展的な内容について紹介します．

第 9 章では，テキストアナリティクスを実際に活用する際の実践的なテクニックを紹介します．単語単位の処理についての工夫，ユーザ辞書の整備・利用方法，spaCy を含めた代表的な形態素解析ツールの使い分けの方法とそれらのインストール方法について説明します．

第 10 章では，前章までは取り上げてこなかった深層学習を利用した自然言語処理技術について，テキストアナリティクスでの活用方法を紹介します．深層学習技術に本格的に取り組むのは本書のスコープからは外れるので，あくまで spaCy を通じて簡単に活用できる方法論に絞って取り上げます．

第 11 章では，ローカル PC 以外の環境で，Python によるテキストアナリティクスを実践する方法論を紹介します．クラウドサービスにより提供される Jupyter Notebook 環境および自然言語処理の機能を提供する Web API とその利用方法を紹介します．

やや散発的な内容となりますが，テキストアナリティクスを実践するうえで有用な選択肢となり得る内容を紹介しています．今すぐには役に立たないかもしれませんが，「こんな選択肢もある」ということを知っておくことで，今後困ったときのヒントになることと思います．

## 第9章

実践的なテクニック

9.1 単語処理に関するテクニック

　第 II 部で紹介した分析では，多くの処理が単語単位で行われてきました．実務や研究でテキストアナリティクスを行う際も，多くの場合は単語単位で処理を行います．一方，形態素解析（分かち書き）の処理において単語がうまく分割されない場合にもよく遭遇します．GiNZA で利用されている Sudachi は，古くから MeCab や JUMAN で用いられてきた ipadic や UNIDIC と比較して，数多くの単語をカバーしています．また MeCab で利用される mecab-ipadic-neologd も多くの単語に対応しています．しかし，汎用を目的とした辞書であるため，各分野に特化した文書を正しく分かち書きするには限界があります．そこで本節では，単語をより適切に抽出するアプローチについて紹介します．なお，本節では，4 章で用いた『影男』のコーパス text/kageotoko.corpus.txt と労働災害データベース平成 29 年 1 月のデータ sisyou_db_h29_01_xlsx を使用します．

9.1.1 複合語の抽出

　文が適切に分かち書きされない場合を調べると，多くの場合，単語が分割されすぎていることが多いです．例えば『影男』に出てくる「明智小五郎っていう私立探偵知ってるでしょう？」という文を分かち書きすると，

　　[明智, 小五郎, って, いう, 私立, 探偵, 知っ, てる, でしょう, ？]

となります．分析の目的にもよりますが，「明智小五郎」「私立探偵」は結合して一語として扱うほうが適切な場合が多いでしょう．このように分割されすぎてしまった単語については，「一定のルールを設けて結合して複合語として抽出する」というテクニックがよく用いられます．

　ではここでいう「一定のルール」とはどんなものがあるでしょうか？　一番単純なアプローチとしては，「文書中に高頻度に連接する単語群を複合語として抽出する」というアプローチです．これは，4.2.2 項で用いているテクニックです．4.2.2 項では，**gensim.models.phrases** というクラスを用いています．このクラスを利用することで，与えられた文書中で高頻度に連接する単語群（コロケーション）を結合して 1 つの単語として扱うことができます．ただし，このアプローチは頻度を集計する必要があるため，一定規模の文書全体を分析してからでないと，結合すべき単語群を特定できません．また「おはようございます」「ありがとうございます」のような頻繁に使われる慣用表現も単語として抽出されてしまいます．

　「一定のルール」をもう一段抽象化したアプローチとしては，「特定の品詞の連接パターンを複合語として抽出する」というものがあります．先ほどの「明智小五郎っていう私立探偵知ってるでしょう？」という文を品詞に変換すると，

['PROPN', 'PROPN', 'ADP', 'VERB', 'NOUN', 'NOUN', 'VERB', 'AUX', 'AUX', 'PUNCT']

となります．このとき，['PROPN', 'PROPN'] や ['NOUN', 'NOUN'] という品詞の連接を複合語として抽出すれば，「明智小五郎」「私立探偵」を一語として扱うことができます．このアプローチはあらかじめ検討する品詞連接のパターンを決めておけばよいため，1 番目のアプローチよりも扱いやすいです．

　このアプローチを実現するためには，品詞の連接を調べなければなりませんが，これは spaCy の Matcher という機能により実現できます．Matcher というのは，spaCy の結果のうち，特定のパターンに当てはまる token 列を抽出する処理です．文字列の並びにルールを記述する正規表現と異なり，品詞や依存関係についてルールを記述できるのが特徴です．

　実際にプログラムを見てみましょう．

　ここでは，労働災害データベースから，よく連接する名詞群の抽出を試みます．例示したプログラムでは，'NOUN'（名詞）が 2 回以上 3 回以下連接するパターンを複合語として結合しています．

▌ プログラムリスト 9.1　word_matcher-1.py

```
 1  import spacy
 2  from spacy.matcher import Matcher
 3  import pandas as pd
 4
 5  nlp = spacy.load("ja_ginza")
 6  matcher = Matcher(nlp.vocab)
 7  df = pd.read_excel("sisyou_db_h29_01.xlsx", skiprows=[1])
 8  df.head()
 9
10  patterns = [[{"POS": "NOUN"}] * n for n in [2,3,4]]
11
12  # GiNZA 4.0.X
13  for pattern in patterns:
14      name = f'noun_phrase_{len(pattern)}'
15      matcher.add(name, None, pattern)
16
17  texts = [
18      "工場内で、鉄骨階段（仮組）高さ 2m50cm に手摺を仮組立作業中、足を滑らせて転倒し、顔面を
             強打して骨折し、右脇腹肋骨も骨折した。",
19      "倉庫の出入口の階段を荷物（冷凍商品 15kg ぐらい）を持って下りる際に、階段が凍っていて滑っ
             て転倒し、階段を転げ落ち（4 段位）、持っていた荷物を足に落としてしまい、右足の腓骨
             を骨折した。",
20      "道路の 3 車線の真ん中を走行中、左車線に侵入してしまい、走行中の大型ワンボックスカーと衝突
             し、首と左肩を痛め、回転性のめまいで入院し、痺れもある。"
21  ]
22
23  for doc in nlp.pipe(texts):
```

```
24      print(doc.text)
25      for match_id, begin, end in matcher(doc):
26          print(nlp.vocab.strings[match_id], doc[begin:end])
27      print('='*80)
```

処理結果

工場内で、鉄骨階段（仮組）高さ 2m50cm に手摺を仮組立作業中、足を滑らせて転倒し、顔面を強打して骨折し、
右脇腹肋骨も骨折した。
noun_phrase_2 工場内
noun_phrase_2 鉄骨階段
noun_phrase_2 仮組
noun_phrase_2 仮組立
noun_phrase_3 仮組立作業中
noun_phrase_2 組立作業中
noun_phrase_2 右脇腹
noun_phrase_3 右脇腹肋骨
noun_phrase_2 脇腹肋骨
==
倉庫の出入口の階段を荷物（冷凍商品 15kg ぐらい）を持って下りる際に、階段が凍っていて滑って転倒し、階段
を転げ落ち（4 段位）、持っていた荷物を足に落としてしまい、右足の腓骨を骨折した。
noun_phrase_2 出入口
noun_phrase_2 冷凍商品
==
道路の 3 車線の真ん中を走行中、左車線に侵入してしまい、走行中の大型ワンボックスカーと衝突し、首と左肩
を痛め、回転性のめまいで入院し、痺れもある。
noun_phrase_2 左車線
noun_phrase_2 大型ワンボックスカー
noun_phrase_2 回転性
==

プログラムリスト 9.2　word_matcher-2.py

```
 1  import spacy
 2  from spacy.matcher import Matcher
 3  import pandas as pd
 4  from collections import Counter
 5
 6  nlp = spacy.load("ja_ginza")
 7  matcher = Matcher(nlp.vocab)
 8  df = pd.read_excel("sisyou_db_h29_01.xlsx", skiprows=[1])
 9  df.head()
10
11  patterns = [[{"POS": "NOUN"}] * n for n in [2,3,4]]
12
13  # GiNZA 4.0.X
14  for pattern in patterns:
```

III
応用技術・発展的な内容

```
15        name = f'noun_phrase_{len(pattern)}'
16        matcher.add(name, None, pattern)
17
18    counter = Counter()
19    for doc in nlp.pipe(df["災害状況"]):
20        nps = [doc[begin:end].text for _, begin, end in matcher(doc)]
21        counter.update(nps)
22
23    print('count word')
24    for word, count in counter.most_common(200):
25        print('{}\t{}'.format(word,count))
```

▌処理結果

```
count word
工場内    164
終了後    67
工事現場          56
段目    53
倉庫内    49
作業台    43
配達中    37
歩行中    37
配達先    32
当社工場          30
右手親指          29
大腿部    29
業務中    28
利用者宅          27
清掃中    24
右手中指          23
左手親指          22
右手人差し指        22
左手中指          21
show more (open the raw output data in a text editor) ...
号ライン          6
鉄板上    6
車両後部          6
製造ライン         6
直径約    6
```

このように一定のルールを設けることで，適切に分かち書きできなかった複合語を抽出することができます．

9.1.2　辞書の整備・運用

前項では，複合語を適切に抽出するテクニックについて説明しました．これにより，高頻度語の抽出やワードクラウドによる可視化においてより適切に単語を扱うことが可能になります．

一方で，依存構造解析や固有表現抽出では，分かち書きの結果をそのまま利用するため，これらのアプローチでは解決策になりません．分かち書きの結果がその後の解析の結果に影響を及ぼす以上，本来的には，分かち書きが適切に行われるのが理想的です．そのためには辞書の整備が必要不可欠となってきます．実際，テキストアナリティクスをさまざまな文書に適用する際は，その文書に適した辞書を整備することが求められる局面が多々あります．

ここでは，辞書に登録する語を選定する過程について紹介し，実際に spaCy の辞書に単語を登録する方法を説明します．そして，実際に辞書整備により，解析結果がどう変化するかをお見せします．

分析事例として，『影男』の登場人物の共起マップを作ることを考えましょう．まず，デフォルトの辞書のまま登場人物の共起マップを作成します．プログラムリスト 9.3 ではまず最初に，『影男』全体で，固有名詞と判定された単語の出現頻度を集計し，上位 200 語を抽出します．それらの 200 語について，プログラムリスト 4.15 を参考に共起ネットワークを構築します．

プログラムリスト 9.3　user_dictionary-1.py

```
 1  import spacy
 2  from sklearn.feature_extraction.text import CountVectorizer
 3  import numpy as np
 4  import networkx as nx
 5  from pyvis.network import Network
 6  import matplotlib.pyplot as plt
 7
 8  # 共起ネットワーク可視化のためのコード
 9  ## ここから↓
10  def extract_words(sent, pos_tags, stopwords):
11      words = [token.lemma_ for token in sent
12          if token.pos_ in pos_tags and token.lemma_ not in stopwords]
13      return words
14
15  def count_cooccurrence(sents, token_length='{2,}'):
16      '同じ文中に共起する単語を行列形式で列挙する．'
17      token_pattern = f'\\b\\w{token_length}\\b'
18      count_model = CountVectorizer(token_pattern=token_pattern)
19
20      X = count_model.fit_transform(sents)
21      words = count_model.get_feature_names_out()
22      word_counts = np.asarray(X.sum(axis=0)).reshape(-1)
23
24      X[X > 0] = 1 # 同じ共起が 2以上出現しても 1とする
25      Xc = (X.T * X) # 共起行列を求めるための掛け算．csr 形式という疎行列．
26      return words, word_counts, Xc, X
27
28  def word_weights(words, word_counts):
```

```
29      count_max = word_counts.max()
30      weights = [(word, {'weight': count / count_max})
31          for word, count in zip(words, word_counts)]
32      return weights
33
34  def cooccurrence_weights(words, Xc, weight_cutoff):
35      Xc_max = Xc.max()
36      cutoff = weight_cutoff * Xc_max
37      weights = [(words[i], words[j], Xc[i,j] / Xc_max)
38          for i, j in zip(*Xc.nonzero()) if i < j and Xc[i,j] > cutoff]
39      return weights
40
41  def create_network(words, word_counts, Xc, weight_cutoff):
42      G = nx.Graph()
43
44      weights_w = word_weights(words, word_counts)
45      G.add_nodes_from(weights_w)
46
47      weights_c = cooccurrence_weights(words, Xc, weight_cutoff)
48      G.add_weighted_edges_from(weights_c)
49
50      G.remove_nodes_from(list(nx.isolates(G)))
51      return G
52
53  def pyplot_network(G):
54      plt.figure(figsize=(10, 10))
55      pos = nx.spring_layout(G, k=0.1)
56
57      weights_n = np.array(list(nx.get_node_attributes(G, 'weight').values()))
58      nx.draw_networkx_nodes(G, pos, node_size=300 * weights_n)
59
60      weights_e = np.array(list(nx.get_edge_attributes(G, 'weight').values()))
61      nx.draw_networkx_edges(G, pos, width=20 * weights_e)
62
63      nx.draw_networkx_labels(G, pos, font_family='IPAexGothic')
64
65      plt.axis("off")
66      plt.show()
67
68  def nx2pyvis_G(G):
69      pyvis_G = Network(width='800px', height='800px', notebook=True)
70      # pyvis_G.from_nx(G) # pyvis ライブラリ現状では，属性が反映されない.
71      for node, attrs in G.nodes(data=True):
72          pyvis_G.add_node(node, title=node, size=30 * attrs['weight'])
73      for node1, node2, attrs in G.edges(data=True):
74          pyvis_G.add_edge(node1, node2, width=20 * attrs['weight'])
75      return pyvis_G
76
77  ## ここまで
78
79  nlp = spacy.load("ja_ginza")
```

```
80
81   # 固有名詞（PROPN）のみを抽出
82   input_fn = "text/kageotoko.corpus.txt"
83   with open(input_fn) as f:
84       text = f.read()
85
86   include_pos = ('PROPN')
87   stopwords = ()
88
89   doc = nlp(text)
90   sents = ['␣'.join(extract_words(sent, include_pos, stopwords))
91       for sent in doc.sents]
92
93   # 共起行列を算出
94   words, word_counts, Xc, X = count_cooccurrence(sents)
95
96   # ネットワークを可視化
97   weight_cutoff = 0.020
98   G = create_network(words, word_counts, Xc, weight_cutoff)
99   pyplot_network(G)
100  pyvis_G = nx2pyvis_G(G)
101  pyvis_G.show("mygraph.html")
```

処理結果

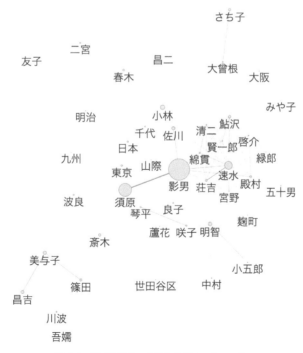

図 9.1　辞書整備前の人物名共起ネットワーク

　結果の**図 9.1** を見ると，「明智-小五郎」や「速水-荘吉」など，人物名がうまく分かち書きできておらず，共起関係の多くが「性-名」の繋がりになってしまっていることがわかります．

　これを解決するためには，第 6 章のプログラムリスト 6.8 のように，『影男』の登場人物名を人名と判定するようなルールを固有表現抽出器に追加するアプローチもありますが，今回は辞書に登場人物名を登録するアプローチに取り組んでみます．

　では，『影男』に登場する人名を辞書に登録したうえで同様に登場人物名の共起ネットワークを作ってみましょう．今回は以下のような手順で辞書ファイルを作成しました．

---

1. 人名候補リストの作成

　　(a) 前項と同じアプローチで，人名によく出現する品詞の連接パターンを列挙します
　　(b) パターンに当てはまる複合語を抽出し，出現頻度の多い上位 200 件を抽出します

2. ユーザ定義辞書の作成

　　(a) 人手でチェックして，辞書に抽出すべき人名リスト「characters.txt」を作成します
　　(b) 作成した人名リスト「characters.txt」を用いて，SudachiPy 用の辞書作成ツールの入力ファイル「user_dictionary.txt」を生成します
　　(c) SudachiPy のユーザ定義辞書 user.dic を現在の作業ディレクトリに構築します
　　(d) SudachiPy にユーザ定義辞書を設定します

　まずプログラムリスト 9.4 で，人名候補リストの作成を行います．

プログラムリスト 9.4　user_dictionary-2.py

```
1  import spacy
2  from spacy.matcher import Matcher
3  import collections
4
5  nlp = spacy.load("ja_ginza")
6  matcher = Matcher(nlp.vocab)
7
8  # 1. 人名によく当てはまる名詞と固有名詞の連接パターンを列挙
9  patterns = [[{"POS": "NOUN"}] * n for n in [2,3,4]]
10 patterns.extend([[{"POS": "PROPN"}] * n for n in [2,3,4]])
11 patterns.append([{"POS": "NOUN"},{"POS": "PROPN"}])
12 patterns.append([{"POS": "NOUN"},{"POS": "PROPN"},{"POS": "PROPN"}])
13 patterns.append([{"POS": "PROPN"},{"POS": "NOUN"}])
14 patterns.append([{"POS": "PROPN"},{"POS": "NOUN"},{"POS": "NOUN"}])
15
16 for pattern in patterns:
17     name = f'propn_{len(pattern)}'
18     matcher.add(name, None, pattern)
19
20 # 2. 予め定めたパターンに当てはまる頻出複合語の上位 200件を人名候補として出力
21 input_fn = "text/kageotoko.corpus.txt"
```

```
22
23   with open(input_fn) as f:
24       text = f.read()
25
26   counter = collections.Counter()
27   for doc in nlp.pipe([text]):
28       nps = [doc[begin:end].text for _, begin, end in matcher(doc)]
29       counter.update(nps)
30
31   with open("characters_raw.txt","w") as fout:
32       for word, count in counter.most_common(200):
33           fout.write(f'{word}\n')
```

処理結果

良斎
じいさん
速水さん
佐川春泥
速水荘吉
毛利氏
（後略）

　次にユーザ定義辞書の作成を行います．ここで得られた人名候補リスト「characters_raw.txt」の
うち，目視で人名と思われる候補を残し，「characters.txt」というファイルを作成します．今回は，
題材が『影男』という小説であるため「佐川春泥」「速水荘吉」のような明らかな人名の他に「気ちがい
良斎」「ちょびひげ紳士」といった小説の登場人物として出てきそうなものも残しました．作成した辞
書のシードファイル「characters.txt」をプログラムリスト 9.5 により，SudachiPy の辞書変換ツー
ルの入力となるファイル「dic_characters.txt」を生成します．

　プログラムリスト 9.5　user_dictionary-3.py

```
1   # sudachipy 用の辞書ファイルを作成
2   file_character = "characters.txt"
3   file_dic = "dic_characters.txt"
4
5   with open(file_dic,"w") as fout:
6       for word in open(file_character):
7           word = word.rstrip()
8           fout.write(f'{word},4789,4789,5000,{word},名詞,固有名詞,一般,*,*,*,*,{word}
                ,*,*,*,*,*\n')
9           print(f'{word},4789,4789,5000,{word},名詞,固有名詞,一般,*,*,*,*,{word}
                ,*,*,*,*,*')
```

III

応用技術・発展的な内容

┃ 処理結果

良斎,4789,4789,5000, 良斎, 名詞, 固有名詞, 一般,*,*,*,*, 良斎,*,*,*,*,*
じいさん,4789,4789,5000, じいさん, 名詞, 固有名詞, 一般,*,*,*,*, じいさん,*,*,*,*,*
速水さん,4789,4789,5000, 速水さん, 名詞, 固有名詞, 一般,*,*,*,*, 速水さん,*,*,*,*,*
佐川春泥,4789,4789,5000, 佐川春泥, 名詞, 固有名詞, 一般,*,*,*,*, 佐川春泥,*,*,*,*,*
速水荘吉,4789,4789,5000, 速水荘吉, 名詞, 固有名詞, 一般,*,*,*,*, 速水荘吉,*,*,*,*,*
（後略）

SudachiPy 用の辞書フォーマットは下記のようになります．

> 見出し，左連接ID，右連接ID，連接コスト，見出し，品詞 1，品詞 2，品詞 3，品詞 4，品詞（活用型），
> 品詞（活用形），読み，正規化表記，辞書形ID，分割タイプ，A 単位分割情報，B 単位分割情報，未使用

　プログラムリスト 9.4 はこの方式で人名リストを出力しています．「見出し，左連接 ID, 右連接 ID, 連接コスト，見出し，品詞，正規化表記」が指定されていれば，それ以外は省略した表記で問題ありません．このうち「左連接 ID, 右連接 ID, 連接コスト」の設定方法がわからないと思いますが，こちらは SudachiPy のユーザ辞書のページで，下記のように指定されていますので，これをそのまま利用しました[1]．なお，SudachiPy 以外の形態素解析ツールでも，辞書の定義方法は似たような形式になります．

- 普通名詞の登録であれば，以下のいずれかを推奨

  5146 名詞, 普通名詞, 一般,,,,,*, 漢

  5133 名詞, 普通名詞, サ変可能,,,,,*, 漢
- 固有名詞の登録であれば，以下のいずれかを推奨

  4786 名詞, 固有名詞, 一般,,,,,*, 固

  4789 名詞, 固有名詞, 人名, 名,,,,, 固

  4790 名詞, 固有名詞, 人名, 姓,,,,, 固

生成した「dic_characters.txt」を SudachiPy でユーザ定義辞書ファイルに変換します．

┃ WSL / ターミナル

```
$sudachipy ubuild -s ~/.pyenv/versions/3.9.5/lib/python3.9/site-packages/sudachidict_core/
    resources/system.dic  user_dictionary.txt
```

　ユーザ定義辞書ファイルを生成しただけでは，SudachiPy の結果に変化はありません，実際にこのユーザ定義辞書を読み込むように SudachiPy の設定ファイルを変更してやる必要があります．以下のコマンド入力例では，vim を用いていますが，vim 以外でも何らかのテキストエディタで，
`~/.pyenv/versions/3.9.5/lib/python3.9/site-packages/sudachipy/resources/sudachi.json` を編集できれば大丈夫です．

---

1) https://github.com/WorksApplications/Sudachi/blob/develop/docs/user_dict.md

WSL / ターミナル

```
$ vi  ~/.pyenv/versions/3.9.5/lib/python3.9/site-packages/sudachipy/resources/sudachi.json

# ユーザ辞書ファイルのパスを指定
------------------------------
"characterDefinitionFile" : "char.def",
"userDict" : ["'[現在のPATH]/dic_characters.txt'"],
------------------------------
```

これで SudachiPy にユーザ定義辞書が反映されるようになりました．試しに「明智小五郎ってい う私立探偵知ってるでしょう？」を分かち書きしてみましょう．

[明智小五郎，って，いう，私立，探偵，知っ，てる，でしょう，？]

このように「明智小五郎」がうまく分かち書きできているのがわかります．

そこで，再度プログラムリスト 9.3 を実行してみましょう．**図 9.2** では，先ほどと違って，「琴平咲 子」「鮎沢賢一郎」などが一語として認識されていることがわかります．ただし，「明智小五郎」は消 えて「明智」のみになってしまいました．これは「明智さん」という表記で出現する頻度が高いため です．

処理結果

図 9.2　辞書適用後の人物名共起ネットワーク

このように，分析するテキストの領域や分野辞書を整備してやることは分析の品質や粒度に大きく影響します．7.1 節の金融・経済テキストの解析においても，その分野に特化した評判語辞書の重要性がわかるかと思います．そのため，実際のテキストアナリティクスでは，今回のように分析結果を見ながら，必要に応じてユーザ辞書を作成・修正していく必要があります．

9.2 その他のツールの比較と利用方法

本書では，導入・活用のしやすさから spaCy+GiNZA を用いてきました．一方，分析するデータの種類や量によっては，他のテキスト解析ツールを用いることが適切な場合もあります．そこで本節では，他の形態素解析ツールとその特徴について説明するとともに，それらの導入方法・利用方法を簡単に説明します．

なお，本節で紹介するツールの特徴を**表 9.1** にまとめます．

表 9.1 形態素解析ツールの特徴

形態素解析ツール	実装言語	対応言語	対象言語	速度	性能	開発
spaCy	Python	-	多言語	△	モデルに依存	継続中
MeCab	C++	Python/Perl/Ruby/Java	日本語	◎	○	停止
JUMAN	C++	Python/Perl	日本語	○	○	停止
JUMAN++	C++	Python	日本語	△	◎	継続中

9.2.1 spaCy

spaCy は Explosion AI 社が開発しているオープンソースの自然言語処理ライブラリです[2]．多数の言語をサポートしている点，多数の学習済み言語モデル・単語分散表現が整備されている点が大きな特徴です．特に，多くの言語に共通の品詞・依存関係を定義した Universal Dependencies を採用している点が大きな特徴です．また Python に特化しており，導入が容易である（pip でインストールできる）点もメリットが大きいです．他方，分析速度・日本語に特化した処理といった点では，他に優れたツールがあります．

汎用性や導入・利用の容易性を重視する場合は，spaCy 一択であると言えるでしょう．他方，分析速度やより高い性能を求めるのであれば，他のツールの利用も候補となるかと思います．

9.2.2 MeCab

MeCab は，オープンソースの形態素解析ツールであり，現在 Google のソフトウェアエンジニアである工藤拓氏が開発したものです[3]．MeCab の特徴はとにかく分析速度が速いことです．他の日本語

---

2) https://spacy.io
3) https://taku910.github.io/mecab/

形態素解析ツールと比較しても，圧倒的な分析速度を有しています．他方，導入の難易度は高く，デフォルトの辞書だけでは適用領域が限られる，というデメリットもあります．それでも，大規模なデータを処理する場合，高速な分析速度が必要な場合は，MeCab 一択と言えます．なお，MeCab を利用する場合は，MeCab-ipdadic-neologd と呼ばれる辞書を利用することをお勧めします．この辞書は，多数の新語や固有名詞がカバーされているため，特にビジネス利用においては有用な辞書となります．

　次に MeCab の導入方法について説明します．Windows の WSL2 への導入も同様の方法で行えます．Ubuntu ではパッケージ管理ツール apt に mecab パッケージが整備されているため，簡単なコマンドでインストールが可能です．CentOS でもパッケージ管理ツール yum でのインストールが可能ですが，少し工夫が必要です．

WSL / Linux ターミナル

```
# mecab のインストール(Ubuntu の場合)
$ sudo apt install mecab libmecab-dev mecab-ipadic-utf8

# mecab のインストール(CentOS)
$ sudo yum install --nogpgcheck -y https://packages.groonga.org/centos/groonga-release-
    latest.noarch.rpm
$ sudo yum -y install mecab mecab-ipadic mecab-devel patch --nogpgcheck

# mecab-ipadic-neologd
$ sudo apt install git curl xz-utils   #Ubuntu
$ sudo yum install git make curl xz patch #CentOS
$ git clone --depth 1 https://github.com/neologd/mecab-ipadic-neologd.git
$ cd mecab-ipadic-neologd
$ sudo bin/install-mecab-ipadic-neologd

# python ライブラリのインストール
$ sudo apt install swig
$ pip install mecab-python3
```

Mac への導入については，同じくパッケージ管理ツールである brew を用いて行います．

Mac ターミナル

```
# mecab のインストール
$ brew install mecab
$ brew install mecab-ipadic

# mecab-ipadic-neologd
$ brew install git curl xz
$ git clone --depth 1 https://github.com/neologd/mecab-ipadic-neologd.git
$ cd mecab-ipadic-neologd
$ ./bin/install-mecab-ipadic-neologd

# python ライブラリのインストール
$ brew install swig
$ pip install mecab-python3
```

III

応用技術・発展的な内容

9.2.3　JUMAN,　JUMAN++

　JUMAN/JUMAN++は，京都大学黒橋・村脇研究室が開発・保守している日本語形態素解析ツールです[4][5]．日本語に特化したツールではありますが，30 年以上にわたって開発が続けられており，継続的に性能向上・機能追加が図られています．JUMAN は統計的言語処理，JUMAN++は深層学習の学習にそれぞれ用いています．2014 年以降は JUMAN++のみが継続的に更新されています．JUMAN/JUMAN++の強みは，未知語の多い専門的な文書や口語表現が多いウェブ上のテキストに対して，辞書を整備しなくてもある程度適切に解析してくれる点です．JUMAN/JUMAN++は，自動的に語彙獲得を行うだけでなく，くだけた表現や未知語でもツール側で処理する機構を有しています．ただし，速度面では他のツールに劣っています．

　専門的な文書やウェブ上のテキストなど，一般的な文書とは異なる特徴を持つ文書を解析する際は，JUMAN/JUMAN++を採用するのが適切だと言えるでしょう．

　次に JUMAN の導入方法について説明します．Linux 環境（Windows WSL2 含む）のみご紹介します．Mac への導入については，サポートページ[6]をご確認ください．なお，ファイル jumanpp-1.02.tar.xz の URL は変わる可能性があるため，公式ページ[7]を参照してください．

WSL/ターミナル

```
# Juman++ 1.0.2のインストール
$ sudo apt install google-perftools libgoogle-perftools-dev libboost-dev
$ wget http://lotus.kuee.kyoto-u.ac.jp/nl-resource/jumanpp/jumanpp-1.02.tar.xz
$ tar xJvf jumanpp-1.02.tar.xz
$ cd jumanpp-1.02.tar.xz
$ ./configure
$ make
$ sudo make install
```

　このインストール方法は，ソースコードからコンパイルする方式であるため，環境によっては失敗することもあります．

9.3　まとめ

　本章では，テキストアナリティクスの実践的なテクニックについて紹介しました．これらの内容は，論文や入門書では取り上げられることが少ないですが，実際には分析の上流にあたる工程なので，後段の分析結果の質を左右する話でもあります．このような実践的なテクニックについては，ウェブ上で共有されやすい傾向があるので，ぜひ積極的にウェブの情報を探してみてください．これも経験的

4)　https://nlp.ist.i.kyoto-u.ac.jp/?JUMAN
5)　https://nlp.ist.i.kyoto-u.ac.jp/?JUMAN%2B%2B
6)　https://github.com/tksakaki/kspub_ds_text_analytics
7)　https://nlp.ist.i.kyoto-u.ac.jp/index.php?JUMAN%2B%2B

な知見ですが，日本語であれば Qiita[8]，英語であれば Stack Overflow[9] で有用な情報が見つかることが多いと筆者は感じています．

---

note　根性マイニング

　テキストアナリティクスの正式な技術ではありませんが，よく使われる有用なアプローチとして「根性マイニング」と呼ばれるものがあります[a]．これは，平たく言えば，「分析対象となるテキストをひたすら読み込んで知見を発見する」というものです．これを聞くと，科学的なアプローチからはかけ離れた，極めて素朴なアプローチのように聞こえるかと思います．しかし，テキストを分析した結果だけを見ても解釈が難しかったり，または誤った解釈をすることも往々にしてあります．また，テキストアナリティクスをするうえで分析の方針を立てる際にも，手掛かりなしでは適切な方針を立てることは難しいです．そのような場合に，「テキストを直接読み込む」というのはとても有意義な方法になります．本書でもプログラムリスト 4.15 やプログラムリスト 6.5 の結果の解釈について，本文を参照しています．

　もちろん，分析対象のテキストすべてを読み込むは困難であるため，「さまざまな手掛かりで対象となるテキストを絞り込んだうえで，本文を読み込む」というのが実際の分析のうえでのプロセスとなります[b]．

　残念ながら現在の自然言語処理技術では，テキストが持つコンテキストや背景情報を完全に表現することはできません．その意味でも，「人間がテキストを読み込んで知見を得る」というのはテキストアナリティクスを実践するうえで重要な分析プロセスの 1 つとなります．

---

a)　出典はわかりませんが，筆者がこの言葉を最初に教えてもらったのは筑波大学佐野幸恵助教です．
b)　なお筆者の所感では，数百〜千件程度のテキストであれば，分析するよりも根性マイニングしたほうが，知見を得るうえでは近道です．

---

8)　https://qiita.com
9)　https://stackoverflow.com

## 第10章

深層学習技術

本章では，テキストアナリティクスへの深層学習の活用方法を紹介します．近年，画像処理・画像解析の分野では，深層学習技術により，実現できることの幅が劇的に広がりました．自然言語処理の分野においても，深層学習技術による技術革新がいくつも起こりました．本章では，それらの技術革新のうち，テキストアナリティクスに活用可能なものに絞って，その技術の概要と活用方法について説明します．具体的には，単語分散表現・文分散表現・Transformer の3つです．

10.1 単語分散表現

前章までは，単語の特徴を表現するのに，文書単語行列に基づく単語ベクトルが用いられてきました．文書単語行列は，シンプルな考え方で一定の性能を出すことができる，実用上で優れたアプローチです．他方，「多くの単語は出現する文書が限られる」ため，文書単語行列の多くの要素は 0 となります．また，1つの単語を表現するのに文書の数と同じ次元数が必要なため，数万〜数十万次元と次元数が非常に大きくなります．そのため，大規模なテキスト解析を行うには，大きなメモリが必要になります．また統計分析・機械学習の手法を適用する場合にも，次元数が多ければ多いほど処理が重たくなります．

そのような問題を解決するために，分散表現（埋め込み）というアプローチが用いられます．第1章で説明している通り，分散表現とは，単語を高次元の実数ベクトルで表現する技術です．高次元といっても，せいぜい 50〜300 次元程度の次元数が用いられるのが一般的です．文書単語行列のように数万〜数十万次元と比べると，だいぶ次元数が小さくなるため，機械学習や統計分析の手法を適用するのも高速に行えます．

単語分散表現を計算する手法として，本書の執筆時点で一般的な手法として word2vec，GloVe，fastText などが挙げられます．この中で最も普及しているのは，ニューラルネットワークによる単語分散表現構築の火付け役となった word2vec でしょう．本書でも word2vec を例として単語分散表現の説明をします．なお，本節では，4 章で用いた労働災害データベース平成 29 年 1 月のデータ sisyou_db_h29_01.xlsx を使用します．

10.1.1 単語分散表現でできること

単語分散表現を使うと何ができるのでしょうか？　単語分散表現の効果は 2 つです．1 つ目は，単

語を固定次元の密ベクトルで表現できること，もう 1 つは 2 つの単語の意味的類似度を測定できることです．

　単語分散表現では，各単語が実数ベクトルで表現されます．それらのベクトルは，意味が似ている単語ほど単語ベクトルも近いものになるように学習されます．ある 2 つの単語 w_i, w_j の類似度を測定したければ，単語 w_i, w_j のベクトルの内積を計算すればよいのです．では単語がベクトルで表現できるようになり，単語間の類似度が計算できるようになると，テキストアナリティクスでどのような分析が可能になるのでしょうか？

単語のグルーピング

類似した単語をまとめ上げることができます．例えば，文書ごとに特徴を出力した際に，単純に単語の一覧を出力することと比べて，類似した単語をグルーピングすることで，よりわかりやすい可視化をすることができます．

類義語のサジェスト

ある単語に意味が似た単語のリストを得ることができます．例えば，ある文書内でキーワードを検索する際に，入力した検索キーワードに類似した語をサジェストすることで，検索で取得できる文書のカバー率を高めることができます．また人手で辞書を整備する際にも，類義語をまとめて取得することができれば，作業効率は大きく向上します．

文分散表現の計算

後述しますが，単語の分散表現を元として 1 つの文や文書を同じく実数ベクトルで表現する，すなわち文分散表現を計算することができます．文分散表現が計算できることで，文に対して機械学習（特に深層学習）の手法を適用することが容易になります．

10.1.2　単語分散表現の利用方法

　本項では実際に単語分散表現の活用事例を紹介します．ここでは，公開されている事前学習済みの単語分散表現を用いて，類義語を取得する方法，単語の類似度に基づく類似度ネットワークを表示する方法を紹介します．

　MeCab 等を用いた通常の自然言語処理では，事前学習済みの単語分散表現モデルを読み込んだうえで，文書に出現する各語に対応する単語に分散表現を割り当てる必要がありました．しかし，spaCy+GiNZA では，token に事前学習済みの単語分散表現が割り当てられています．また単語間の類似度を算出する関数 similarity も準備されています．そのため，プログラムリスト 10.1 のように容易に単語分散表現の取得・類似度の算出を行うことができます．文書中に出てきた単語同士の類似度を算出することができますし，直接単語を指定して類似度を算出することもできます．プログラムリスト 10.1 の例では，「犬」「猫」「餌」の 3 つの単語間では，「犬」「猫」の類似度が高くなっており，直観的には適切に類似度が計算されているように見えます．ただ，事前学習済みモデルに単語がない場合もあります．その場合は，ベクトルのすべての用語が 0 になってしまいますので，ご注意ください．

205

プログラムリスト 10.1　word2vec-1.py

```
 1  import spacy
 2
 3  nlp = spacy.load("ja_ginza")
 4
 5  # 文書中の単語のベクトルを表示する
 6  doc = nlp.tokenizer("猫と犬が仲良く餌を食べている")
 7
 8  print(doc[0].text, doc[0].vector[:10]) #猫
 9  print(doc[2].text, doc[2].vector[:10]) #犬
10  print(doc[5].text, doc[5].vector[:10]) #餌
11
12  print(doc[0], doc[2], doc[0].similarity(doc[2]))
13  print(doc[0], doc[5], doc[0].similarity(doc[5]))
14  print(doc[2], doc[5], doc[2].similarity(doc[5]))
15
16  # 単語を直接指定する
17  pairs = [
18      ("猫", "犬"),
19      ("猫", "餌"),
20      ("犬", "餌"),
21  ]
22  for w1, w2 in pairs:
23      print(w1, w2, nlp.vocab[w1].similarity(nlp.vocab[w2]))
24
25  # 単語が事前学習済単語分散表現に無い場合
26  print(nlp.vocab["えさ"].vector)
```

処理結果

```
## 文書中の単語のベクトルを表示する場合
%ベクトルは省略
猫 犬 0.727109
猫 餌 0.41438472
犬 餌 0.40761146
## 単語を直接指定する場合
[' 猫', ' 犬'] 0.727109
[' 猫', ' 餌'] 0.41438472
[' 犬', ' 餌'] 0.40761146
## 単語が事前学習済単語分散表現に無い場合
[0. 0. 0. 0. 0. 0. 0. 0. 0. 0. 0. 0. 0. 0. 0. 0. 0. 0. 0. 0. 0. 0. 0. 0.
%中略.
 0. 0 0.]
```

　この単語間類似度を用いて類似度ネットワークを構築することができます．類似度ネットワークとは，与えられた単語リストについて，類似した単語同士を接続してネットワークを構築したものです．第4章で扱った共起ネットワークと似ていますが，共起ネットワークは，そのコーパス内での共起関

係，つまり，コーパスに特化した語の関係性が可視化できるのに対し，類似度ネットワークでは，より一般的な語の類似性に基づく語の関係性が可視化できます

では 4.3.2 項で用いたプログラムリスト 4.15 を再利用して，類似度ネットワークを構築してみましょう．プログラムリスト 4.15 と変更したのは類似度行列を作成するところのみです，プログラムリスト 10.2 は，以下のように作動します．

1. 最初に労働災害データベースから，出現頻度上位 300 語を抽出します
2. 300 語のうち単語分散表現のベクトルがあった 259 語について，300 次元の単語ベクトルを取得し，それを結合して，259 行× 300 列の単語類似度行列を作成します
3. プログラムリスト 4.15 と同様に，共起ネットワークを作成・描画します

処理結果として，**図 10.1** のように類似度ネットワークを構築しました．

プログラムリスト 10.2　word2vec-2.py

```
 1  from collections import Counter
 2
 3  import matplotlib.pyplot as plt
 4  import japanize_matplotlib
 5  import networkx as nx
 6  import numpy as np
 7  import pandas as pd
 8  from pyvis.network import Network
 9  from sklearn.preprocessing import normalize
10  import spacy
11  from tqdm import tqdm
12
13  # 単語リストを取得
14  def extract_words(tokens, pos_tags, stopwords):
15      words = [token.lemma_ for token in tokens
16              if token.pos_ in pos_tags and token.lemma_ not in stopwords]
17      return words
18
19  # 類似度行列から，単語間類似度の重みを算出
20  def word_weights(words, word_counts):
21      count_max = word_counts.max()
22      weights = [(word, {'weight': count / count_max})
23              for word, count in zip(words, word_counts)]
24      return weights
25
26  # 類似度行列を構築
27  def cooccurrence_weights(words, Xc, weight_cutoff):
28      Xc_max = Xc.max()
29      cutoff = weight_cutoff * Xc_max
30      weights = [(words[i], words[j], 0.1 * Xc[i,j] / Xc_max)
31              for i, j in zip(*Xc.nonzero()) if i < j and Xc[i,j] > cutoff]
32      return weights
33
```

```
34  # 単語間類似度ネットワークを構築
35  def create_network(words, word_counts, Xc, weight_cutoff):
36      G = nx.Graph()
37
38      weights_w = word_weights(words, word_counts)
39      G.add_nodes_from(weights_w)
40
41      weights_c = cooccurrence_weights(words, Xc, weight_cutoff)
42      G.add_weighted_edges_from(weights_c)
43
44      G.remove_nodes_from(list(nx.isolates(G)))
45      return G
46  # 単語間類似度ネットワークを可視化
47  def pyplot_network(G):
48      plt.figure(figsize=(10, 10))
49      pos = nx.spring_layout(G, k=0.1)
50
51      weights_n = np.array(list(nx.get_node_attributes(G, 'weight').values()))
52      nx.draw_networkx_nodes(G, pos, node_size=300 * weights_n)
53
54      weights_e = np.array(list(nx.get_edge_attributes(G, 'weight').values()))
55      nx.draw_networkx_edges(G, pos, width=20 * weights_e)
56
57      nx.draw_networkx_labels(G, pos, font_family='IPAexGothic')
58
59      plt.axis("off")
60      plt.show()
61
62  # 可視化のためのネットワーク形式のデータ作成
63  def nx2pyvis_G(G):
64      pyvis_G = Network(width='800px', height='800px', notebook=True)
65      # pyvis_G.from_nx(G) # pyvis ライブラリ現状では，属性が反映されない.
66      for node, attrs in G.nodes(data=True):
67          pyvis_G.add_node(node, title=node, size=30 * attrs['weight'])
68      for node1, node2, attrs in G.edges(data=True):
69          pyvis_G.add_edge(node1, node2, width=20 * attrs['weight'])
70      return pyvis_G
71
72  nlp = spacy.load("ja_ginza")
73
74  # 1-1. 労働災害データベースの読み込み
75  df = pd.read_excel("sisyou_db_h29_01.xlsx", skiprows=[1])
76
77  # 1-2. 頻出用言（動詞，形容詞）を抽出
78  include_pos = ('VERB', 'ADJ')
79  stopwords = ('する', 'ある', 'ない', 'いう', 'もの', 'こと', 'よう', 'なる', 'ほう')
80
81  counter = Counter()
82  for text in tqdm(df["災害状況"]):
83      tokens = nlp.tokenizer(text)
84      words = extract_words(tokens, include_pos, stopwords)
```

```
85        counter.update(words)
86
87  print('count word')
88  for word, count in counter.most_common(30):
89        print('{:>5} {}'.format(count, word))
90
91  # 2. 頻出用言の上位 300語をベクトル化→単語行列を構築
92  freq_words = [word for word, _ in counter.most_common(300)
93                if nlp.vocab.has_vector(word)]
94  freq_counts = np.array([counter[word] for word in freq_words])
95  X = np.array([nlp.vocab.get_vector(word) for word in freq_words])
96  X = normalize(X, axis=1, norm='l2')
97
98  # 3-1. 単語間類似度行列を構築
99  cos_sims = X @ X.T
100 print(cos_sims)
101
102 # 3-2. ネットワークを表示・可視化
103 weight_cutoff = 0.6
104 G = create_network(freq_words, freq_counts, cos_sims, weight_cutoff)
105 pyplot_network(G)
106 pyvis_G = nx2pyvis_G(G)
107 pyvis_G.show("mygraph.html")
```

処理結果

図 10.1　単語間類似度に基づく単語ネットワーク

　spaCy には，入力単語ベクトルと意味が近い語（類義語）を類似度順に出力する most_similar という関数が用意されています．これにより類義語・同義語を取得することができます．most_similar に ndarray に変換したベクトルを指定すると，指定したベクトルと類似度の高い単語 ID リストが返されます．このような類義語は，検索キーワードのサジェストや辞書構築する際の類義語・同義語収集などに用いることができます．

プログラムリスト 10.3　word2vec-3.py

```
 1  import spacy
 2  import numpy as np
 3  nlp = spacy.load("ja_ginza")
 4
 5  # 類義語の取得
 6  def get_similarwords(nlp, target_word, n=20):
 7      query_vecs = np.array([nlp.vocab.get_vector(target_word)])
 8      keys, best_rows, scores = nlp.vocab.vectors.most_similar(query_vecs, n=n)
 9      words = [nlp.vocab.strings[key] for key in keys[0]]
10      return words
11
12  # 類義語の表示
13  cities = ["東京", "大阪"]
14  for city in cities:
15      print(city, get_similarwords(nlp, city))
```

処理結果

```
東京 [’東京’, ’大阪’, ’横浜’, ’名古屋’, ’都内’, ’渋谷’, ’新宿’, ’東京都’, ’埼玉’, ’福岡’, ’
六本木’, ’都’, ’札幌’, ’汐留’, ’神奈川’, ’港区’, ’お台場’, ’東京都内’, ’銀座’, ’ミッドタウン
’]
大阪 [’大阪’, ’神戸’, ’名古屋’, ’阪’, ’大阪市’, ’関西’, ’福岡’, ’京都’, ’兵庫’, ’梅田’, ’心
斎橋’, ’難波’, ’大阪府’, ’東京’, ’奈良’, ’岡山’, ’枚方’, ’吹田’, ’天王寺’, ’堺市’]
```

　このように納得感のある類義語が得られています．GiNZA では，（おそらく）多様な環境で動かせるように，負荷の軽い，規模の小さい単語分散表現モデルが採用されているためです．この規模でも類義語取得・類似度算出する目的では十分に事足ります．

　多くの単語を扱いたい場合やより高い精度の類似度を算出したい場合，他のより大規模な単語分散表現のモデルと分散表現を差し替えることで解決することができます．gensim パッケージをインストールしたうえで，より大規模な単語分散表現モデルを用意してください．1.3.5 項で代表的な日本語の単語分散表現モデルを紹介しました．本書では，筆者の所属企業が公開している hottoSNS-w2v を利用します[1]．

WSL / ターミナル

```
$ pip install gensim
```

---

1)　以下の URL から利用申込みが必要ですが，どなたでも利用可能です．https://github.com/hottolink/hottoSNS-w2v

プログラムリスト 10.4 word2vec-4.py

```
 1  import spacy
 2  from gensim.models import KeyedVectors
 3  import numpy as np
 4  from tqdm import tqdm
 5
 6  # 類義語の取得
 7  def get_similarwords(nlp, target_word, n=20):
 8      query_vecs = np.array([nlp.vocab.get_vector(target_word)])
 9      keys, best_rows, scores = nlp.vocab.vectors.most_similar(query_vecs, n=n)
10      words = [nlp.vocab.strings[key] for key in keys[0]]
11      return words
12
13  # 類義語の表示（単語分散表現の差し替え）
14  # 要 hottoSNS-w2v
15  nlp_sns = spacy.load("ja_ginza")
16  # モデル読み込み
17  w2v_sns = KeyedVectors.load_word2vec_format('./w2v_all_vector200_win5_sgns0.vec',
        binary=False)
18
19  #ベクトル入れ替え
20  nlp_sns.vocab.reset_vectors(width=w2v_sns.vector_size)
21  for word in tqdm(w2v_sns.key_to_index.keys()):
22      nlp_sns.vocab.set_vector(word, w2v_sns[word])
23
24  # 類義語の表示
25  for city in cities:
26      print(city, get_similarwords(nlp_sns, city))
```

処理結果

東京 ['東京', '大阪', '名古屋', '福岡', '六本木', '横浜', '大手町', '札幌', '京都', '赤坂', '神奈川', '丸の内', '埼玉', '都内', '日比谷', '台場', '仙台', '静岡', '代々木', '日本橋']
大阪 ['大阪', '名古屋', '東京', '福岡', '関西', '難波', '神戸', '京都', '梅田', 'なんば', '心斎橋', '札幌', '岡山', '兵庫', '仙台', '和歌山', '愛知', '横浜', '京橋', '奈良']

10.1.3　単語分散表現の構築

　一般的に，単語分散表現を構築する際は，その利用用途に合致したコーパスを用いることが理想的です．もちろん，Wikipedia やウェブ上の文書をコーパスとした公開モデルはありますが，それらでは一般的な単語の類似性しか学習できません．例えば，本書で用いている労働災害データベースについて分析を行う際は，そのための専用文書をコーパスとして学習することが望ましいです．ただし，単語分散表現には一定サイズ以上のコーパスが必要であるため，十分な学習用の文書量が集まらない場合は，諦めて公開済みモデルを利用しましょう．

　本項では，分析したいドメインについて大規模なコーパスが手に入ったと仮定して，そこから独自

Ⅲ
応用技術・発展的な内容

の単語分散表現を学習するプログラムを紹介します．まず，以下のようにして，1 行 1 文のテキストファイルを分かち書きした結果をファイルに出力します．大規模テキストを処理するため，MeCab を利用します．

WSL / ターミナル

```
$ mecab -Owakati data.txt > wakati.txt
```

プログラムリスト 10.5　word2vec-5.py

```
1  # word2vec を使って分散表現を作成
2  from gensim.models import word2vec
3  from gensim.models import Word2Vec
4
5  sens = word2vec.LineSentence('wakati.txt')
6  model = Word2Vec(sens)
```

プログラムリスト 10.5 のようにわずか数行で単語分散表現の学習が可能です（なお，こちらのコードはそのまま実行することは想定しておらず，公開コードには含まれていません）．そのため，独自の単語分散表現を学習する際に課題となるのは，大規模なコーパスの獲得です．ですので，大規模なコーパスが容易に手に入るのであれば，独自に単語分散表現の学習を行うとよいでしょう．特化したタスクの性能が向上する可能性があります．逆に，大規模なコーパスの収集に大きな負荷がかかるのであれば，それよりは事前学習済みの公開モデルを利用するほうが望ましいでしょう．実際，日本語でもさまざまな単語分散表現が公開されているため，事前学習済みモデルでも十分に実用に耐え得る性能が得られる可能性が高いと思います．

本書では，word2vec を取り上げましたが，他にも GloVe や fastText などの単語分散表現を構築する手法があります．ぜひ自分でも調べてみてください．

10.2　文分散表現

文分散表現とは，単語分散表現と同様に，文・文書を高次元の実数ベクトルで表現する技術です．doc2vec や SIF，出現する単語ベクトルの平均等が知られています．厳密には SIF は文分散表現のための技術ですが，実用上は，複数文を 1 つの文と捉えて SIF を適用することも多々見受けられます．なお，本節では，労働災害データベースの平成 28 年，29 年のデータを使用します．

10.2.1　文分散表現でできること

文分散表現でできることも，単語分散表現と同様です．1 つ目は，文書を固定次元の密ベクトルで表現できること，もう 1 つは 2 つの文書の意味的類似度を測定できることです．ですので，テキストアナリティクスで可能になる分析も同様であり，下記が挙げられます．

1. **文書のグルーピング**

   類似した文書をまとめ上げることができます．例えば，文書集合全体の中で，どのようなトピックが含まれているかを知ることができます．

2. **類似文書の検索**

   ある文書と意味が類似した文書群を見つけることができます．例えば，労働災害データベースでいえば，ある事例と類似した災害事例を探すことができるようになります．

3. **機械学習の特徴量への利用**

   文書をベクトルで表現できれば，それをそのまま機械学習の特徴量として用いることができます．例えば，労働災害データベースでいえば，特定の災害を抽出する文書分類を行うときに利用します．一般的に，旧来の Bag-of-Words を特徴量とするよりは，文分散表現を用いるほうが機械学習の性能が上がることが知られています．

　spaCy では，あらかじめモデルに用意された単語分散表現を用いて，文書ベクトルを簡単に取得することができます．実際には，各文書に出現する単語ベクトルの平均を文書ベクトルとして出力する仕様となっています．

　またあらかじめ用意された similarity という関数を用いて，文書間の類似度をすぐに算出することができます．

プログラムリスト 10.6　doc2vec-1.py

```
1   import spacy
2   import pandas as pd
3   import numpy as np
4
5   # モデルのロードとデータの読み込み
6   nlp = spacy.load("ja_ginza")
7   df = pd.read_excel("sisyou_db/sisyou_db_h29_01.xlsx", skiprows=[1])
8   df.head()
9
10  # 文書ベクトルの表示
11  text = df["災害状況"][0]
12  print(text)
13
14  doc = nlp(text)
15  print(doc.vector)
16
17  # 文書間類似度の算出
18  texts = [
19      "工場内で、鉄骨階段（仮組）高さ 2m50cm に手摺を仮組立作業中、足を滑らせて転倒し、顔面を強
            打して骨折し、右脇腹肋骨も骨折した。",
20      "倉庫の出入口の階段を荷物（冷凍商品 15kg ぐらい）を持って下りる際に、階段が凍っていて滑っ
            て転倒し、階段を転げ落ち（4 段位）、持っていた荷物を足に落としてしまい、右足の腓骨
            を骨折した。",
21      "道路の 3 車線の真ん中を走行中、左車線に侵入してしまい、走行中の大型ワンボックスカーと衝突
            し、首と左肩を痛め、回転性のめまいで入院し、痺れもある。"
22  ]
```

```
23   docs = list(nlp.pipe(texts))
24
25   for i in range(len(docs)-1):
26       for j in range(i+1, len(docs)):
27           print(i, j, docs[i].similarity(docs[j]))
```

▌処理結果

工場内で床に置いていたコードに、荷物を抱えていた状態のときに足が引っ掛かり、よろめいて数歩前に進んだのち、前方にあった作業台に衝突して受傷した。
[0.00328202 -0.12495309 0.03104955 -0.10209632 -0.07832336 0.02880605

show more (open the raw output data in a text editor) ...

 -0.00892274 0.14640489 -0.14009245 -0.06975418 0.00951505 0.00563293]

0,1 0.9421024573246568
0,2 0.8961613533334881
1,2 0.897050319104168

10.2.2　文分散表現の利用方法

　では，本項では実際に文分散表現の活用事例を紹介します．ここでは spaCy+GiNZA から得られる文分散表現を用いて，類似文書検索と文書分類の例を紹介します．

10.2.2.1　類似文書検索

　類似文書検索とは，与えられた文書群の中から，入力として指定された文書に近い文書を検索してくる機能です．実用例で言えば，「過去のコールセンターの対応記録から，類似した内容の記録を探す」「事故事例集から，今回実施する作業と類似した作業で発生した事故の記録を探す」などが考えられます．もっと平たく言えば，SNS 上でパクツイ[2] を検知できる機能です．

　与えられた文書群の文書および入力文書の両方がベクトル化されていれば，入力文書ベクトルとその他の文書のベクトルの類似度を計算して類似度が高い上位の文書を出力とすることで，類似文書検索が実現可能です．

　プログラムリスト 10.7 では，実装を簡単にするために，入力する文書を自由記述にせず，文書集合の中に含まれている文書の 1 つを指定する方式としました．

　この方式では，まずあらかじめ全文書間の類似度を算出し，類似度行列として保持しておきます．i 番目の文書に類似した文書を出力したい場合は，類似度行列の i 番目の行を取得し，それを類似度の降順にソートすればよいことになります．

---

2)　誰かの投稿をそのままコピーして投稿すること．

プログラムリスト 10.7　doc2vec-2.py

```
 1  from sklearn.preprocessing import normalize
 2  import spacy
 3  import pandas as pd
 4  import numpy as np
 5
 6  # モデルのロードとデータの読み込み
 7  nlp = spacy.load("ja_ginza")
 8  df = pd.read_excel("sisyou_db_h29_01.xlsx", skiprows=[1])
 9
10  # 文書間類似度の算出
11  texts = [
12      "工場内で、鉄骨階段（仮組）高さ 2m50cm に手摺を仮組立作業中、足を滑らせて転倒し、顔面を強
           打して骨折し、右脇腹肋骨も骨折した。",
13      "倉庫の出入口の階段を荷物（冷凍商品 15kg ぐらい）を持って下りる際に、階段が凍っていて滑っ
           て転倒し、階段を転げ落ち（4 段位）、持っていた荷物を足に落としてしまい、右足の腓骨
           を骨折した。",
14      "道路の 3 車線の真ん中を走行中、左車線に侵入してしまい、走行中の大型ワンボックスカーと衝突
           し、首と左肩を痛め、回転性のめまいで入院し、痺れもある。"
15  ]
16  docs = list(nlp.pipe(texts))
17
18  for i in range(len(docs)-1):
19      for j in range(i+1, len(docs)):
20          print(i, j, docs[i].similarity(docs[j]))
21
22  # 文書間類似度行列の作成
23
24  vecs = [doc.vector for doc in nlp.pipe(df["災害状況"])]
25  X = np.array(vecs)
26  X = normalize(X, axis=1, norm='l2')
27
28  cos_sims = X @ X.T
29  print(cos_sims)
30
31  # 類似度行列を用いて類似文書検索
32  target = 9
33  print(target, df["災害状況"][target])
34
35  top_index = np.argsort(cos_sims[target])[::-1]
36  print(df["災害状況"][top_index][1:10]) #top_index[0]は入力文書
```

処理結果

10 棚卸作業をしていたところ、ラムダテナー（資材用ラック）2 段目にかけた梯子に足を掛けた際に、梯子が
ずれ落ちてバランスを崩し、右片足で着地した。
外傷は特に無かったが、右足を地面に着けて立ち上がる事が出来なくなり、右足アキレス腱断裂と診断された。

2128　　　　　　　　請負契約業務中、駐車場内巡回中に駐車場内が凍結しており、足を滑らせてスリップ転倒した。
52　　　　2 階の宅配を完了したので階段から下りるとき、上から 3 段目の所に氷の膜があり、知らずに下りた

と...

169	ペットフレーク（フレコン）を積みトラック（14t）で輸送中、駐車場で荷締めのためにトラック荷...
1678	自宅から会社まで原付で向かう途中、会社の車庫前にあった水たまりが凍結し、その上を走行したとき...
2011	従業員駐車場で、朝の出勤時に自家用車から店舗へ歩いて向かう際に、凍結した路面で滑って転倒し、...
1889	厨房にて野菜を切っている時に左指を切った。
1210	客先にて荷降ろし作業中、手が滑ってパレットを左足の上に落としてしまった。
349	\n 道路上にて停車し、車両左側のスライドドアを閉め、車両の前を通って運転席に戻ろうとしたが、...
42	取引先会社から借りている当社敷地内で、貨物積載のため仮設ハウスに梯子をかけて上っていたところ...

指定した文が「梯子から落ちて足にケガをした」という内容ですが，得られた類似文書を見るといずれも転倒や落下による足のケガ事例であるため，適切な結果が得られています．

このように文分散表現を用いることで，類似文書の検索を簡単に実現することが可能です．

10.2.2.2　文書分類

文書分類は，与えられた文書をいくつかのカテゴリに分類するタスクです．身近な事例としては，スパムメールフィルタはメールを「スパム／非スパム」に分類する文書分類タスクですし，第1章や4.2.1項で扱った感情分析も文書分類タスクです．実際のテキストアナリティクスの現場でも，「それまで人が行っていた整理のための文書分類を自然言語処理技術で自動化する」というのはよく行われる事例ですし，また業務改善として効果の出やすい施策でもあります．

文書分類では，いわゆる機械学習の手法を用いて，入力文書を，あらかじめ定められたカテゴリに分類する予測モデルを学習します．予測モデルを学習するためには，学習データが必要です．学習データとは，分類すべきカテゴリがわかっている多数の文書です．学習データとして，文書が N 件ある場合，N 行 × 1 列 の正解ラベル行列 y を作成します．また文書を d 次元のベクトルに変換し，N 行 × d 列（次元）の行列 X を作成します．この y，X を機械学習モデルに入力することで，予測モデル $f_{predict}$ が作られます．

カテゴリを予測した文書があったとき，その文書を d 次元の文書ベクトルに変換して，それを予測モデル $f_{predict}$ に入力すると，予測分類先カテゴリが得られます．

つまり，学習・予測双方においては，学習用データの文書および予測対象となる文書をベクトルに変換する必要があります．また学習においては正解ラベル行列 y が必要になります．

では，実際に文書分類の流れをプログラムリスト10.8で見てみましょう．ここでは下記のような流れになっています．今回は，広く使われており，かつ性能が高いと言われている RandomForest を分類器として利用します．

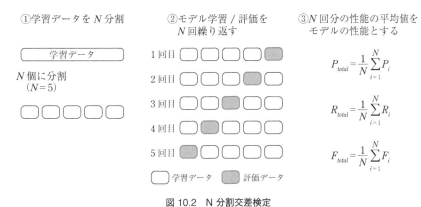

図 10.2　N 分割交差検定

1. 今回は大量の学習データが必要なため，2 年分の労働災害データベースをダウンロードします．

2. データを学習データ・テストデータとして分けて読み込みます．ここでは，平成 28 年 1 月〜12 月のデータを学習データ，2019 年 1 月のデータをテストデータとして読み込みます．この際，Excel の構造上，うまく設定できていない DataFrame のラベル名を適切に変更します．

3. 学習データ・テストデータともに文書集合をベクトル化します．この文書ベクトルを学習・入力時に利用します．

4. 実際に文書分類モデルを構築します．まずは学習データのみで学習と性能評価を行います．ここでは N 分割交差検定（$N = 5$）というものを用います．5 分割交差検定とは**図 10.2** のように訓練データを 5 つに分け，4 つを学習に 1 つを評価に利用する，という評価実験を 5 回行い，その平均値でモデルの性能を評価する方法です．これにより，学習データ内でのデータの偏りの影響を抑えることができます．実際には，5 分割交差検定で得られる評価結果を最大化するようにモデルのパラメータを調整します．本書では簡単のため，このフェーズは省略します．

5. 最終的に得られたパラメータを用いて，学習データすべてを学習に用いて文書分類モデルを構築します．そして最初に用意しておいたテストデータで性能評価を行います．

プログラムリスト 10.8　doc2vec-3.py

```
 1  import time
 2  import os
 3
 4  import matplotlib.pyplot as plt
 5  import numpy as np
 6  import pandas as pd
 7  import requests
 8  import spacy
 9  from sklearn.ensemble import RandomForestClassifier
10  from sklearn.model_selection import train_test_split
11  from sklearn.model_selection import cross_val_score
12  from sklearn.metrics import accuracy_score
13  from tqdm import tqdm
```

```
14
15   # 労働災害データベースの読み込み
16   def read_rousai_db(data_dir, year_months):
17       dfs = []
18       for y, m in year_months:
19           file_name = "{}/sisyou_db_h{}_{:02d}.xlsx".format(data_dir, y, m)
20           df = pd.read_excel(file_name, skiprows=[1])
21           dfs.append(df)
22
23       df_ret = pd.concat(dfs)
24       df_ret = df_ret.rename(columns={"事故の型": "事故の型_コード",
25                                       "Unnamed: 20": "事故の型_名前"})
26       return df_ret
27
28   #  読み込んだデータフレームのベクトル化
29   def create_vector(df, nlp, name2label):
30       docs = nlp.pipe(df["災害状況"],
31                       disable=['parser', 'ner', 'morphologizer',
32                                'compound_splitter', 'bunsetu_recognizer'])
33       vecs = [doc.vector for doc in docs]
34       X = np.array(vecs)
35       y = df["事故の型_名前"].map(name2label).to_numpy()
36       return X, y
37
38   # モデルのロード
39   nlp = spacy.load("ja_ginza")
40   data_dir = "sisyou_db"
41
42   # 1. 2年分の労働災害データベースファイルのダウンロード
43   if not os.path.exists(data_dir):
44       os.makedirs(data_dir)
45
46   years = [28, 29]
47   months = list(range(1, 13))
48
49   for y in years:
50       for m in months:
51           file_url = f"https://anzeninfo.mhlw.go.jp/anzen/shisyo_xls/sisyou_db_h{y}_
                       {m:02d}.xlsx"
52           file_name = f"{data_dir}/sisyou_db_h{y}_{m:02d}.xlsx"
53           res = requests.get(file_url)
54
55           print(file_name)
56           with open(file_name, 'wb') as f:
57               f.write(res.content)
58
59           time.sleep(2)
60
61   # 2. 学習データ・テストデータの読み込み
62   year_months_train = [(28, m) for m in months]
63   year_months_test = [(29, 1)]
```

```
64  df_train = read_rousai_db(data_dir, year_months_train)
65  df_test = read_rousai_db(data_dir, year_months_test)
66
67  names = df_train["事故の型_名前"].unique()
68  name2label = {name: i for i, name in enumerate(names)}
69
70  # 3. 学習データ・テストデータを文書ベクトルに変換
71  X_train, y_train = create_vector(df_train, nlp, name2label)
72  X_test, y_test = create_vector(df_test, nlp, name2label)
73
74  # 4. 文書分類モデルの学習と評価
75  forest = RandomForestClassifier(n_jobs=-1)
76  scores = cross_val_score(forest, X_train, y_train, cv=5)
77  print(scores)
78
79  # 5.最終的なモデル評価
80  forest.fit(X_train, y_train)
81  y_pred = forest.predict(X_test)
82
83  acc = accuracy_score(y_test, y_pred)
84  print(f'accuracy: {acc:.4f}')
```

処理結果[3]

```
[0.60759898 0.57662835 0.58390548 0.57049337 0.58981319]
accuracy: 0.6186
```

　得られた「災害状況」から「事故の型」を予測する文書分類モデルは accuracy(正解率) が 0.6 強となりました．正解率が高くないので，性能向上の工夫をしてみます．

　性能向上の工夫としてクラス数を減らすアプローチがあります．今回は，分類先のクラス数が 20 クラスと多いため，分類クラス数を上位 10 クラス＋それ以外のクラスという 11 クラスに減らしてみます．下記のように doc2vec-3.py の 68 行目をプログラムリスト 10.9 と置き換えることで，分類クラス数を上位 10 クラス＋それ以外のクラスに絞り込むことができます．しかし，得られた正解率は 0.6 強からは変わりませんでした．

プログラムリスト 10.9　doc2vec-4.py

```
1  # doc2vec-3.py の 68 行目を下記の 3 行に置換
2  # 68行目：name2label = {name: i for i, name in enumerate(names)}
3  top10_category = df_train["事故の型_名前"].value_counts()[0:10].index.to_list()
4  name2label = {name: top10_category.index(name) if name in top10_category else len(
       top10_category) for i, name in enumerate(names)}
5  print(top10_category)
```

---

3)　機械学習で学習されるモデルは毎回異なるので，実行するごとに処理結果の値は若干変動します．

■ 処理結果[4]

```
accuracy: 0.6186
```

　このように今回の問題設定で文分散表現を用いた場合は，0.6 強の正解率が得られることがわかりました．これは低い数値に見えますが，分類される先のクラス数は 20 クラスもあるため，ランダムに振り分けた場合の正解率は 0.05 になるはずです．そう考えると，理論値の 10 倍以上の性能なので，悪くはない性能と言えるでしょう．ただし，実務で使用して，一定の工夫が必要になる性能だとも言えます．例えば，すべて人手で「事故の型」を判定するのではなく，学習した分類器で「事故の型」を自動判定した後，それを人手で修正するような業務フローにすれば，この程度の性能でも業務負荷軽減に繋げられるでしょう．

　このように spaCy から得られる文書ベクトルを用いることで，類似文書検索や文書分類など実践的にテキストアナリティクスに適用可能な機能を開発することが可能となります．文書をベクトル化できれば，さまざまな機械学習の手法が適用可能になるため，テキストアナリティクスの応用可能性が大きく広がります．

10.3 BERT をはじめとする Transformer モデルの利用

　ここまでに紹介した単語分散表現，文分散表現は近年の自然言語処理にブレイクスルーを起こした技術の 1 つですが，ここ数年でより大きなブレイクスルーを起こした事前学習済みモデルの構築方法がいくつも提案されています．BERT，GTP-2，GPT-3 等です．これらの手法は Transformer と呼ばれるニューラルネットワーク構造を利用しているため，Transformer ベースのモデル（以下，Transformer モデル）と呼ばれます．ここでは，最も有名な BERT を例として，Transformer モデルの紹介をします．

　BERT（Bidirectional Encoder Representations from Transformers の略）とは，深層学習を活用した言語モデル構築手法の 1 つであり，文書分類・質問応答などさまざまな自然言語処理の性能で最も高い性能（発表時点）を達成した手法です．BERT の強みは，一度大規模なデータで言語モデルを学習してしまえば，さまざまなタスクに適用できる点です．後述しますが，BERT で学習したモデルは，適用するタスクにカスタマイズしたモデルになるように追加学習を行うことができます．このような追加学習を Fine-Tuning と呼びます．前述の単語分散表現・文分散表現を適用できる領域は，事前学習に用いた元データに大きく影響されてしまうのに対し，手元のデータに合わせてカスタマイズが行えるため，より実用性が高いと考えられます．この Fine-Tuning により，公開されている事前学習済みモデルを活用できる可能性が広がりました．逆に言えば，自前で BERT を構築する必然性が低くなったとも言えるでしょう．なお，本節では，10.2 節と同様に労働災害データベースの平成 28 年，29 年のデータを使用します．

---

4)　機械学習で学習されるモデルは毎回異なるので，実行するごとに処理結果の値は若干変動します．

10.3.1　Transformer モデルでできること

BERT でできることは主に 2 つです．1 つ目は文脈に依存した単語ベクトルの獲得です．10.1 節で紹介した単語分散表現では，1 つの単語に対して 1 つのベクトルしか付与されません．そのため，文脈による意味の違いを扱うことができません．しかし，BERT は文を入力としており，入力文の文脈に対応した単語ベクトルを得ることができます．そのため，意味が多数ある多義的な語についても適切に扱うことができます．

2 つ目は Fine-Tuning によるタスクに特化したモデルの構築です．この Fine-Tuning により，Wikipedia 等を利用した公開事前学習済みモデルを用いて，自分が実施したい分析に特化したモデルを構築することができるようになります．テキストアナリティクスでの活用という点から考えると，2 つ目のほうが Transformer モデルの恩恵を受けやすいと考えられます．文書分類，固有表現抽出，キーフレーズ抽出において，独自のモデルを学習する際に Transformer モデルを利用するケースになります．

10.3.2　Transformer モデルの利用

通常，Transformer モデルを利用したいと思った場合，環境構築やいくつかのツールについて学ぶ必要があります．特に PyTorch や TensorFlow をはじめとするニューラルネットワークのフレームワークについての知識をある程度身につけなければなりません．しかし，それは本書の範囲を超える内容であるため，ここでは扱いません．

一方，spaCy のバージョン 3 以降では Transformer を取り扱う機能が実装されており，また GiNZA のバージョン 5 では，通常の言語モデルに加え，Transformer モデルの 1 つである ELECTRA を用いて学習した言語モデルが公開されました[5]．そこで本書では，spaCy v3 + GiNZA v5 で Transformer を扱う方法を紹介します．

最も簡単に Transformer を利用する方法は，GiNZA v5 に元々備わっている形態素解析／依存構造解析／固有表現抽出を利用することです．前項で，「文書分類，固有表現抽出，キーフレーズ抽出において，独自のモデルを学習する際に Transformer モデルを利用するケース」と述べましたが，GiNZA v5 の元々の言語モデルが，Transformer を用いているので，GiNZA v5 を利用するのがよいでしょう．

ただ皆さんの環境にはすでに GiNZA v4 がインストールされているはずです．ですので，ここでは仮想環境を利用して，spaCy v3 + GiNZA v5 の環境を構築します．

3.4 節を参照に，任意のディレクトリ（ここでは「ginza-v5」）に仮想環境を構築し，そちらを有効にします．

III

応用技術・発展的な内容

---

5)　https://docs.google.com/presentation/d/1vJ-CeOwq0SG7KvjizjFOTh4A3-_nhYOb57NuKs-mow0/edit

```
WSL / ターミナル
$ mkdir ginza-v5
$ python -m venv ./ginza-v5/
$ cd ginza-v5/
$ source bin/activate
```

　試しに入っているライブラリを確認すると，何もライブラリがインストールされていないことがわかるでしょう．virtualenv 等，他の仮想環境を利用している場合，venv による仮想環境が有効にならない場合があります．その際は既存の仮想環境を抜けてから venv の仮想環境を有効にしてください．

```
WSL / ターミナル
$ pip freeze
```

　次に開発環境として JupyterLab と GiNZA をインストールします．この際に「ja-ginza」ではなくて「ja-ginza-electra」をインストールすることに注意してください．「ja-ginza」は Transformer を利用していない軽量版の言語モデルとなっています．

```
WSL / ターミナル
$ pip install requests pandas jupyterlab ipywidgets openpyxl
$ pip install ginza==5.0.2 ja-ginza-electra==5.0.0
```

　あとは JupyterLab を起動すれば，GiNZA v5 を利用する準備は完了です．なお，今回作成した仮想環境以外で立ち上げている JupyterLab がある場合はそちらを終了させてから，立ち上げるようにしてください．

　実際に，GiNZA v5 で通常のモデルと Transformer モデルを比較してみましょう．再び「明智小五郎っていう私立探偵知ってるでしょう？」という文書を分析します．

プログラムリスト 10.10　ginzav5-1.py

```python
 1  import spacy
 2
 3  # モデルのロード
 4  nlp_transformer = spacy.load("ja_ginza_electra")
 5  nlp = spacy.load("ja_ginza")
 6
 7  text = "明智小五郎っていう私立探偵知ってるでしょう？」"
 8  print("通常のモデル")
 9  doc = nlp(text)
10  for token in doc:
11      print(token)
12
13  for ent in doc.ents:
14      print(ent.text, ent.label_)
15
16  print("Transformer モデル")
```

```
17   doc = nlp_transformer(text)
18   for token in doc:
19       print(token)
20
21   for ent in doc.ents:
22       print(ent.text, ent.label_)
```

処理結果

```
##通常のモデル
明智
小五郎
って
いう
私立
探偵
知っ
てる
でしょう
？
」
明智小五郎 Person

##Transformer モデル
明智
小五郎
って
いう
私立
探偵
知っ
てる
でしょう
？
」
明智小五郎 Person
私立探偵 Position_Vocation
```

　すると上記のように分かち書き結果自体は変わりませんが，固有表現抽出では，「私立探偵」が「Position_Vocation：地位職業名 」として認識されるようになりました．

　このように GiNZA v5 で Transformer モデルである「ja_ginza_electra」を用いることで，より精度の高い基礎分析を行うことができます．

10.3.3　Transformer モデルによる文書分類

少し発展的な内容になりますが，Transformer を用いた文書分類の実践方法も紹介します．ここまでに紹介した分散表現の強みは，大規模データから事前に学習した汎用的な単語ベクトル／文書ベクトルをさまざまなタスクに適用できることでした．一方，Transformer モデルでは，大規模データから事前に学習した汎用モデルを用いて，個別のタスクに特化した追加学習を行うことで，より高い性能が得られます．このような追加学習は Fine-Tuning と呼ばれます．Fine-Tuning により事前学習モデルをよりタスクに適したモデルに特化させることができる点が Transformer モデルの大きな特徴です．今回は spaCy の pipeline の機能で，文書分類モデルを構築するための `TextCategorizer`（`textcat`）というコンポーネントを用いて学習を行います[6]．

まずプログラムリスト 10.11 では，10.2.3 項の文書分類と同様に労働災害データベースを利用して，訓練データ・開発データ・テストデータを作成します．今回は，textcat の特性上，学習時のパラメータ調整に分割交差検定が行えないため，パラメータ調整のための開発データを個別に用意します．それとは別に，最終的に構築した文書分類モデルの性能を評価するためのテストデータを用意しています．それぞれのデータは spaCy の textcat 専用の DocBin というファイル形式に保存します．

1. 2 年分の労働災害データベースをダウンロードします．
2. データを学習データ・開発データ・テストデータとして分けて読み込みます．ここでは平成 28 年 1 月〜12 月のデータを学習データ，2019 年 1 月のデータを開発データ，2019 年 2 月のデータをテストデータとして読み込みます．この際，Excel の構造上，うまく設定できていない DataFrame のラベル名を適切に変更します．
3. 分類対象とするクラスを上位 10 クラスとそれ以外の合計 11 クラスに絞り込みます．
4. 学習データ・開発データ・テストデータを DocBin 形式にしてファイルに保存します．

プログラムリスト 10.11　ginzav5-2.py

```
1  import os
2  import time
3  import pandas as pd
4  import requests
5  import spacy
6  from spacy.tokens import DocBin
7
8  def convert_docs(df_target, dic_label):
9      'DataFrame を spaCy の DocBin 形式に変換する'
10     list_docs = []
11     for index, entry in df_target.iterrows():
12         doc = nlp.make_doc(entry["災害状況"])
13         for label,val in dic_label.items():
```

---

6) https://spacy.io/api/textcategorizer

```
14              if(label == entry["事故の型_名前"]):
15                  doc.cats[str(val)] = 1
16              else:
17                  doc.cats[str(val)] = 0
18
19          list_docs.append(doc)
20      return list_docs
21
22  def read_rousai_db(data_dir, year_months):
23      '労働災害データベースの読み込み'
24      dfs = []
25      for y, m in year_months:
26          file_name = f"{data_dir}/sisyou_db_h{y}_{m:02d}.xlsx"
27          df = pd.read_excel(file_name, skiprows=[1])
28          dfs.append(df)
29
30      df_ret = pd.concat(dfs)
31      df_ret = df_ret.rename(columns={"事故の型": "事故の型_コード",
32                                      "Unnamed:_20": "事故の型_名前"})
33      return df_ret
34
35  # モデルのロード
36  nlp = spacy.load("ja_ginza_electra")
37  data_dir = "sisyou_db"
38
39  # 1.労働災害データベースファイルのダウンロード
40  if not os.path.exists(data_dir):
41      os.makedirs(data_dir)
42
43  years = [28, 29]
44  months = list(range(1, 13))
45
46  for y in years:
47      for m in months:
48          file_name = f"{data_dir}/sisyou_db_h{y}_{m:02d}.xlsx"
49          print(file_name)
50          if not os.path.exists(file_name):
51              file_url = f"https://anzeninfo.mhlw.go.jp/anzen/shisyo_xls/sisyou_db_h{y}
                    _{m:02d}.xlsx"
52              res = requests.get(file_url)
53              with open(file_name, 'wb') as f:
54                  f.write(res.content)
55              time.sleep(2)
56
57  # 2. 分類対象データの読み込み
58  year_months_train = [(28, m) for m in months]
59  year_months_dev = [(29, 1)]
60  year_months_test = [(29, 2)]
61  df_train = read_rousai_db(data_dir, year_months_train)
62  df_dev = read_rousai_db(data_dir, year_months_dev)
63  df_test = read_rousai_db(data_dir, year_months_test)
```

```
64
65    # 3.分類クラスを頻度上位 10クラス+それ以外の 11クラスに絞り込み
66    names = df_train["事故の型_名前"].unique()
67    top10_category = df_train["事故の型_名前"].value_counts()[0:10].index.to_list()
68    name2label = {name: top10_category.index(name) if name in top10_category else len(
          top10_category) for i, name in enumerate(names)}
69    print(top10_category)
70
71    # 4.spaCy Command Line Interface 用の訓練データ・テストデータのファイルを生成
72    docs_train = convert_docs(df_train, name2label)
73    doc_bin_train = DocBin(docs=docs_train)
74    doc_bin_train.to_disk("./train_ja.spacy")
75
76    docs_dev = convert_docs(df_dev, name2label)
77    doc_bin_dev = DocBin(docs=docs_dev)
78    doc_bin_dev.to_disk("./dev_ja.spacy")
```

▌処理結果

```
text/sisyou_db_h28_01.xlsx
text/sisyou_db_h28_02.xlsx
中略
text/sisyou_db_h29_12.xlsx

転倒                    793
墜落、転落                 438
はさまれ、巻き込まれ           323
動作の反動、無理な動作         297
交通事故（道路）            187
切れ、こすれ              146
飛来、落下               137
激突                   118
激突され                103
高温・低温の物との接触          54
崩壊、倒壊                46
その他                  26
分類不能                  8
おぼれ                   5
有害物等との接触              5
踏み抜き                  4
交通事故（その他）             3
感電                    2
Name: 事故の型_名前, dtype: int64
[' 転倒',' 墜落、転落',' はさまれ、巻き込まれ',' 動作の反動、無理な動作',' 交通事故（道路）',' 切
れ、こすれ',' 飛来、落下',' 激突',' 激突され',' 高温・低温の物との接触']
```

　次に spaCy の CLI（Command Line Interface）を利用して学習を実行します．spaCy の CLI と
は"python -m spacy"のように，ターミナル上の python から spaCy の機能を利用する方式です．

図 10.3　spaCy CLI のための confng ファイル生成

spaCy 3.X 系では，この方式での学習が推奨されています．spaCy の CLI を利用するためには，そのための設定ファイル（config ファイル）を作成する必要があります．以下，config ファイルの作成方法を説明しますが，少し複雑なため，理解する必要はありません．実際に文書分類を参考にする際は，最終的な config ファイル（図 10.5）をそのまま利用すれば問題ありません．

　まず通常の spaCy を利用した config ファイルは，spaCy のウェブサイトから簡単に生成することができます．spaCy のウェブサイトにアクセスし，**図 10.3** のように設定して config を作成してください[7]．そして，作成した config をコピー・ペーストして，`base_ginza_textcat.cfg` として保存してください．**図 10.4** のような内容になります．

---

7)　https://spacy.io/usage/training

```
# spacy.io の下記のページから出力した config ファイル
## https://spacy.io/usage/training
## 設定値
###  Langugage: Japanese
### Components: textcat
### Text Classification: exclusive categories : True
### Harware: GPU
### Optimize for: efficiency
# ------------------------------------------
# This is an auto-generated partial config. To use it with 'spacy train'
# you can run spacy init fill-config to auto-fill all default settings:
# python -m spacy init fill-config ./base_config.cfg ./config.cfg
[paths]
train = null
dev = null

[system]
gpu_allocator = "pytorch"

[nlp]
lang = "ja"
pipeline = ["textcat"]
batch_size = 128

[components]

[components.transformer]
factory = "transformer"

[components.transformer.model]
@architectures = "spacy-transformers.TransformerModel.v3"
name = "bert-base-multilingual-uncased"
tokenizer_config = {"use_fast": true}

[components.transformer.model.get_spans]
@span_getters = "spacy-transformers.strided_spans.v1"
window = 128
stride = 96

[components.textcat]
factory = "textcat"

[components.textcat.model]
@architectures = "spacy.TextCatBOW.v2"
exclusive_classes = true
ngram_size = 1
no_output_layer = false

[corpora]

[corpora.train]
@readers = "spacy.Corpus.v1"
path = ${paths.train}
max_length = 0

[corpora.dev]
@readers = "spacy.Corpus.v1"
path = ${paths.dev}
max_length = 0

[training]
accumulate_gradient = 3
dev_corpus = "corpora.dev"
train_corpus = "corpora.train"

[training.optimizer]
@optimizers = "Adam.v1"

[training.optimizer.learn_rate]
@schedules = "warmup_linear.v1"
warmup_steps = 250
total_steps = 20000
initial_rate = 5e-5

[training.batcher]
@batchers = "spacy.batch_by_padded.v1"
discard_oversize = true
size = 2000
buffer = 256

[initialize]
vectors = ${paths.vectors}
```

図 10.4　spaCy の標準日本語モデルを用いた文書分類のための config ファイル

　実は，このままの config ファイルでは使えません．これは標準的な spaCy のモデルを利用するための設定になっており，このままでは GiNZA を利用できません．GiNZA の GitHub リポジトリにある GiNZA 用の config ファイルを参考に一部を書き換えてやる必要があります[8]．書き換えたconfig ファイルが**図 10.5** になります．図 10.5 にあるように，tokenizer の設定を追加するとともに，Transformer に関する設定を書き換えてあります．

　config ファイルが用意できれば後は簡単です．ターミナルから下記のようなコマンドを実行するだけです．**図 10.6** のようにすべての実行が完了するのに 1〜2 時間程度かかりますが，完了すると`./rousai_classifier` 以下に文書分類モデルが保存されます．

WSL / ターミナル

```
# config ファイルの生成
$ python -m spacy init fill-config ./base_ginza_textcat.cfg ./ginza_textcat.cfg
# 訓練の実行
$ python -m spacy train ./ginza_textcat.cfg --output ./rousai_classifier
```

---

8)　https://github.com/megagonlabs/ginza/blob/develop/config/ja_ginza_electra.analysis.cfg

```
## 学習・開発用ファイルを指定
[paths]
train = "train_ja.spacy"
dev = "dev_ja.spacy"

# 途中省略

## tokenenizer の設定を追加
[nlp.tokenizer]
@tokenizers = "spacy.ja.JapaneseTokenizer"
split_mode = "C"

[components]

## transformer の設定を下記ファイルからコピー
### https://github.com/megagonlabs/ginza/blob/develop/config/ja_ginza_electra.cfg
### ここから
[components.transformer]
factory = "transformer"
max_batch_items = 4096
set_extra_annotations = {"@annotation_setters":"spacy-transformers.null_annotation_sett
    er.v1"}

[components.transformer.model]
@architectures = "ginza-transformers.TransformerModel.v1"
name = "megagonlabs/transformers-ud-japanese-electra-base-discriminator"

[components.transformer.model.get_spans]
@span_getters = "spacy-transformers.strided_spans.v1"
window = 128
stride = 96


[components.transformer.model.tokenizer_config]
use_fast = false
tokenizer_class = "sudachitra.tokenization_electra_sudachipy.ElectraSudachipyTokenizer"
do_lower_case = false
do_word_tokenize = true
do_subword_tokenize = true
word_tokenizer_type = "sudachipy"
subword_tokenizer_type = "wordpiece"
word_form_type = "dictionary_and_surface"

[components.transformer.model.tokenizer_config.sudachipy_kwargs]
split_mode = "A"
dict_type = "core"
### ここまで


## 以下は変更がないため省略
```

図 10.5　GiNZA を用いた文書分類のための config ファイル

```
✔ Auto-filled config with all values
✔ Saved config
ginza_textcat.cfg
You can now add your data and train your pipeline:
python -m spacy train ginza_textcat.cfg --paths.train ./train.spacy --paths.dev ./dev.
    spacy
☐ Saving to output directory: rousai_classifier
☐ Using CPU


========================== Initializing pipeline ==========================
[2021-12-07 16:16:13,865] [INFO] Set up nlp object from config
[2021-12-07 16:16:13,872] [INFO] Pipeline: ['textcat_multilabel']
[2021-12-07 16:16:13,874] [INFO] Created vocabulary
[2021-12-07 16:16:13,875] [INFO] Finished initializing nlp object
[2021-12-07 16:19:46,649] [INFO] Initialized pipeline components: ['textcat_multilabel'
    ]
✔ Initialized pipeline


============================ Training pipeline ============================
☐ Pipeline: ['textcat_multilabel']
☐ Initial learn rate: 0.0
E    #       LOSS TEXTC... CATS_SCORE  SCORE
---  ------  ------------- ----------  ------
  0     0          0.00       50.00    0.50
  1   150          0.01       76.12    0.76
  2   300          1.80       85.02    0.85
  3   450          0.36       87.03    0.87
show more (open the raw output data in a text editor) ...

 18  2250          0.00       87.14    0.87
 19  2400          0.00       87.06    0.87
 20  2550          0.00       87.01    0.87
✔ Saved pipeline to output directory
rousai_classifier/model-last
```

図 10.6　spaCy CLI+GiNZA による文書分類モデルの構築

では最後に，学習したモデルによる文書分類の実行方法を説明します．プログラムリスト 10.12 では，最も性能のよかった文書分類モデルを読み込み，それにテストデータを適用して，性能評価を行っています．最終的な性能は 0.7211 でした．文分散表現を利用した文書分類が 0.6186 であったことを考えると，性能が大幅に向上していることがわかります．

プログラムリスト 10.12　ginzav5-3.py

```
1  import pandas as pd
2  import spacy
3
4  def read_rousai_db(data_dir, year_months):
5      '労働災害データベースの読み込み'
6      dfs = []
```

```
 7        for y, m in year_months:
 8            file_name = f"{data_dir}/sisyou_db_h{y}_{m:02d}.xlsx"
 9            df = pd.read_excel(file_name, skiprows=[1])
10            dfs.append(df)
11
12        df_ret = pd.concat(dfs)
13        df_ret = df_ret.rename(columns={"事故の型": "事故の型_コード",
14                                        "Unnamed: 20": "事故の型_名前"})
15        return df_ret
16
17    data_dir = "text"
18
19    # 1.開発データ・テストデータの読み込み
20    year_months_dev = [(29, 1)]
21    year_months_test = [(29, 2)]
22    df_train = read_rousai_db(data_dir, year_months_dev)
23    df_test = read_rousai_db(data_dir, year_months_test)
24
25    # 2.分類クラスを頻度上位10クラス+それ以外の11クラスに絞り込み
26    names = df_train["事故の型_名前"].unique()
27    top10_category = df_train["事故の型_名前"].value_counts()[0:10].index.to_list()
28    name2label = {name: top10_category.index(name) if name in top10_category else len(
          top10_category) for i, name in enumerate(names)}
29
30    # 3.性能がベストだった文書分類モデルを読み込み，評価用データに適用
31    nlp_best = spacy.load("rousai_classifier/model-best")
32    counter = 0
33    prec = 0
34    for index, entry in df_test.iterrows():
35        doc = nlp_best(entry["災害状況"])
36        label = entry["事故の型_名前"]
37        # 1番スコアの高いクラスを予測値とする
38        for k,v in sorted(doc.cats.items(),key=lambda x:x[1],reverse=True):
39            toprank = int(k)
40            break
41        # 評価用データのラベルを分類クラスID に変換
42        answer = name2label[label]
43
44        if toprank == answer:
45            prec += 1
46        counter += 1
47
48    print("{}({}/{})".format(prec/counter,prec,counter))
```

| 処理結果

省略
0.7211

10.4 まとめ

　本章では，深層学習技術について紹介しました．深層学習技術を用いた自然言語処理技術は，ここ5 年ほどで急速に発展した領域であり，かつ現在進行形で発展しています．

　それ故に知識が陳腐化しやすい領域ではあるので，極力基礎的な知識を身につけるのがよいかと思います．脚注に実装寄りの書籍リスト[9][10][11][12]，理論寄りの書籍リスト[13][14] を紹介しますので，ぜひ参考にしてみてください．

Ⅲ

応用技術・発展的な内容

9) 新納浩幸：PyTorch 自然言語処理プログラミング，インプレス，2021.
10) ストックマーク株式会社（編），近江崇宏，金田健太郎，森長誠，江間見亜利（著）：BERT による自然言語処理入門，オーム社，2021.
11) 中山光樹：機械学習・深層学習による自然言語処理入門，マイナビ出版，2020.
12) 赤石雅典，江澤美保：現場で使える！ Python 自然言語処理入門，翔泳社，2020.
13) Yoav Goldberg（著），加藤恒昭，林良彦，鷲尾光樹，中林明子（訳）：自然言語処理のための深層学習，共立出版，2019.
14) 斎藤康毅：ゼロから作る Deep Learning 2，オライリー・ジャパン，2018.

## 第11章

環境構築の要らない
テキストアナリティクス

本書では，ここまで，自分の PC やサーバ上でテキストアナリティクスを実行する方法を説明してきました．自分の PC やサーバ上でテキストアナリティクスを行う際は，解析自体もそうですが，環境構築に苦労することが少なくありません．そのため，環境構築についても十分な紙面を割いて説明してきました．

しかし，読者の皆さんの状況によっては，会社の PC やサーバには自由にソフトウェアをインストールできない／OS のバージョンが古くソフトウェアが対応していない／そもそもタブレット端末しか持っていない，といった理由からテキストアナリティクスに必要な環境構築ができない方もいらっしゃることでしょう．また，「準備はすっ飛ばしてとにかく早く分析をしてみたい」という方もいらっしゃるでしょう．そのような方のために環境構築をせずにテキストアナリティクスを行う方法を紹介します．

11.1　Google Colaboratory を利用したテキストアナリティクス

本書のプログラムは Jupyter Notebook の形式で共有しています．Jupyter Notebook はブラウザ上でインタラクティブにプログラムを実行できる環境であり，分析結果を見ながらインタラクティブに解析を進めるデータマイニングやテキストアナリティクスに適したプログラミング環境です．Jupyter Notebook は，通常は自分の PC やサーバ上で起動することを想定していますが，最近では主要なクラウドサービスが Saas 型の Jupyter Notebook 環境を提供しています．Google は Google Colaboratory（以下，Google Colab），Microsoft は Azure Notebooks をそれぞれ提供しています．ここでは Google Colab を利用します．

Google Colab は，個人用／企業用を問わず Google アカウントを持っていれば，誰でも無料で利用できる Jupyter Notebook 環境です．

11.1.1　Google Colab を利用するための準備

Google Colab を利用するには，Google アカウントが必要です．スマホなどで G メールを利用されているのであれば，そのメールアドレスが Google アカウントの ID となります．Google アカウントを持っていなければ，Google アカウントの作成ページ

https://accounts.google.com/signup/v2/webcreateaccount?flowName=GlifWebSignIn&flowEntry=SignUp

から，アカウントを作成してください．自分の電話番号を持っていればアカウントを作成できます．

11.1.2　Google Colab の利用方法

それでは，Google Colab

`https://colab.research.google.com/notebooks/welcome.ipynb?hl=ja`

にアクセスしてみましょう．最初に「Colaboratory へようこそ」という Notebook が表示されます．こちらに Google Colab の簡単な概要と利用方法の説明が書いてあるので，ぜひ目を通してください．

　次に自分で Notebook を作成してみましょう．**図 11.1** のように．メニューの「ファイル」⇒「ノートブックを新規作成」を選択すると，新しく空のノートブックが作成されます．なお，このノートブック自体は Google Drive 上に保存されています．

　インターフェースは，Google Colab 独自のものとなっていますが，基本的な利用方法は JupyterLab と変わりありません．試しにセルに `print("Hello World！")` と入力して実行してみましょう．通常の JupyterLab と同様に利用できることがわかるでしょう．

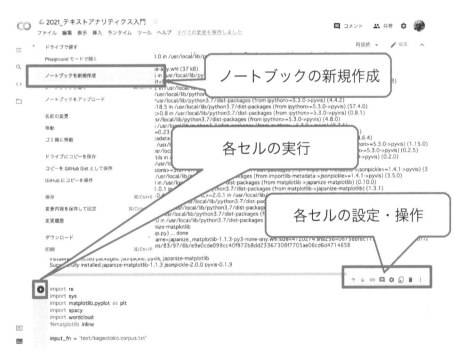

図 11.1　Google Colaboratory の画面

11.1.3　Google Colab 上でのサンプルプログラムの実行

　それでは，Google Colab 上でテキストアナリティクスを行ってみましょう．実は，ライブラリの
インストールなども含めて，ほとんど手を加えることなく第 4 章のサンプルプログラムをそのまま
Google Colab 上で実行することが可能です．

　まずライブラリインストール・ファイル取得・前処理のプログラムを実行してみましょう．

プログラムリスト 11.1　GoogleColab-prepare.py

```
 1  # ライブラリのインストール
 2  $ pip install -U SudachiPy==0.5.4 SudachiDict-core==20210802.post1 ginza==4.0.6
      ja-ginza==4.0.0 pandas
 3
 4  # フォントのダウンロード
 5  $ wget -c https://moji.or.jp/wp-content/ipafont/IPAexfont/IPAexfont00401.zip
 6  $ mkdir -p fonts
 7  $ unzip -d fonts -o IPAexfont00401.zip
 8  $ rm -f IPAexfont00401.zip
 9
10  # 青空文庫のダウンロード
11  $ wget -c https://www.aozora.gr.jp/cards/001779/files/58486_ruby_68458.zip
12  $ mkdir -p text
13  $ unzip -d text -o 58486_ruby_68458.zip
14  $ rm -f 58486_ruby_68458.zip
15
16  # コーパスの整備
17  import re
18  input_fn = 'text/kageotoko.txt'
19  output_fn = 'text/kageotoko.stripruby.txt'
20
21  with open(input_fn, encoding='shift-jis') as fin, open(output_fn, mode='w') as fout:
22      for line in fin:
23          fout.write(re.sub(r'《[^》]+》|[[^]]+] ', '', line))
24
25  $ tail -n +18 text/kageotoko.stripruby.txt | head -n -14 > text/kageotoko.corpus.txt
26  $ head text/kageotoko.corpus.txt
27
28  # spacy のテスト
29  import spacy
30  import pkg_resources, imp
31  imp.reload(pkg_resources)
32
33  nlp = spacy.load("ja_ginza")
34
35  import collections
36
37  input_fn = 'text/kageotoko.corpus.txt'
38  output_fn = 'text/kageotoko.counts.txt'
39
40  include_pos = ('NOUN', 'VERB', 'ADJ')
```

```
41  stopwords = ('する', 'ある', 'ない', 'いう', 'もの', 'こと', 'よう', 'なる', 'ほう')
42
43  text = open(input_fn).read()
44
45  counter = collections.Counter(
46      token.lemma_ for token in nlp(text)
47      if token.pos_ in include_pos and token.lemma_ not in stopwords)
48
49  print('count word')
50  for word, count in counter.most_common(10):
51      print('{:>5} {}'.format(count, word))
```

　テキストアナリティクスに必要なライブラリのインストール，コーパスとなる青空文庫のダウンロード，日本語表示のためのフォントダウンロード，青空文庫の前処理まで，スムーズに行えたかと思います．4 章のプログラムリスト 4.5 と同様に，頻度の多い top10 の単語が表示されれば成功です．
　次に 4.3.1 項で利用したワードクラウドを表示するプログラムリスト 4.14 を実行してみましょう．

プログラムリスト 11.2　GoogleColab-wordcloud.py

```
 1  # 追加パッケージのインストール
 2  $ pip install wordcloud japanize-matplotlib
 3
 4  # コーパスからのWordCloud 生成
 5  import re
 6  import sys
 7  import matplotlib.pyplot as plt
 8  import spacy
 9  import wordcloud
10  %matplotlib inline
11
12  input_fn = 'text/kageotoko.corpus.txt'
13
14  include_pos = ('NOUN', 'VERB', 'ADJ')
15  stopwords = ('する', 'ある', 'ない', 'いう', 'もの', 'こと', 'よう', 'なる', 'ほう')
16
17  nlp = spacy.load("ja_ginza")
18  text = open(input_fn).read()
19  text2 = [token.lemma_ for token in nlp(text)
20          if token.pos_ in include_pos and token.lemma_ not in stopwords
21          ]
22
23  wc = wordcloud.WordCloud(
24      background_color='white', font_path='fonts/IPAexfont00401/ipaexg.ttf',
25      max_font_size=100).generate(' '.join(text2))
26
27  plt.figure(figsize=(8, 4))
28  plt.imshow(wc, interpolation='bilinear')
29  plt.axis("off")
30  plt.tight_layout(pad=0)
31  plt.show()
```

実行すると，ローカル環境と同様の結果が表示されたかと思います．このように Google Colab では自分のローカル環境と同じようにテキストアナリティクスを実践することができます．

一方で，いくつか制約があります．Google Colab では，1 つの環境は最長 12 時間しか維持されません．そのため，時間のかかる分析を行うことは難しいです．またメモリやディスクサイズも定められた容量以上にはできません[1]．もちろんこれらの容量は通常の PC と同等程度の性能なので，簡易な分析を行うには十分です．他方，本格的に大規模データを分析する際には，Google Colab では不十分であると言えるでしょう．

11.2 自然言語処理 API を利用したテキストアナリティクス

一方，近年では高い自然言語処理技術を保有する企業が，それらの技術の一部を Web API という形式で提供しています．API とは Application Programming Interface の略ですが，Web API とは平たく言えば，プログラムから特定の URL にアクセスして特定機能を利用する仕組みです．例えば，Google Cloud の Natural Language API では，入力文書の内容がポジティブであるか？ネガティブであるか？を推定する「感情分析」や，入力文書に含まれる地名・人名・組織名などを抽出する「エンティティ分析」といった機能が利用可能です．代表的な自然言語処理の Web API を**表 11.1**に紹介します．

表 11.1　代表的な自然言語処理の Web API

API 名	提供企業	提供されている機能	URL
Google Cloud Natural Language	Google	構文解析，感情分析，固有表現抽出，文書分類	https://cloud.google.com/natural-language/docs?hl=ja
Azure Cognitive Services	Microsoft	感情分析，固有表現抽出，キーフレーズ抽出，チャットボット	https://azure.microsoft.com/ja-jp/services/cognitive-services/
Amazon Comprehend	Amazon Web Services	構文解析，感情分析，固有表現抽出，キーフレーズ抽出，言語判定	https://aws.amazon.com/jp/comprehend/
COTOHA API	NTT コミュニケーションズ	構文解析，感情分析，固有表現抽出，キーフレーズ抽出，音声認識，ユーザ属性推定	https://api.ce-cotoha.com/contents/
Yahoo テキスト解析 Web API	Yahoo!Japan	形態素解析，係り受け解析，キーフレーズ抽出，校正支援	https://developer.yahoo.co.jp/webapi/jlp/
Rakuten RapidAPI	楽天	さまざまな API のポータルサイト	https://api.rakuten.co.jp/ja/

---

1)　本書執筆時点で筆者が確認したところ，以下の性能でした．メモリ 12GB，ディスク 107GB（CPU/TPU）/78GB（GPU）

本節では，NTT コミュニケーションズの COTOHA API を用いる方法を説明します．COTOHA API を選択したのは，下記のような理由からです．

API を利用するための利用登録が簡便である
API の入力・出力の方法が一般的である
テキストアナリティクスによく利用する一般的な機能が提供されている

11.2.1　Web API を使用するための準備

一般的に Web API を利用するためには，API の認証に用いる認証トークンを取得する必要があります．ここでは，利用登録，認証情報の取得，API の利用，という 3 つのステップについて説明します．

11.2.2　利用登録

まず Web API を利用するには利用登録が必要です．これは，COTOHA API だけではなく他の自然言語処理 API でも同様です（Google/Microsoft/Amazon/Yahoo 等）．
COTOHA API への利用登録の流れを**図 11.2** に示します．具体的な手順は下記の通りです．

1. 公式ページにアクセスします
2. メールアドレスを登録します
3. 登録用メールを送信します
4. メールに書かれた登録用 URL にアクセスします
5. 必要事項を記入し，ユーザ登録を完了します
6. Web API の管理画面にログインします

管理画面にログインし，「アカウント情報」を表示すると，**図 11.3** のように，「Developer Client id」「Developer Client secret」が表示されます，これが Web API を使ううえでの認証情報になります．以下では，それぞれ「クライアント ID」，「クライアント secret」と呼ぶことにします．これらの認証情報を使って，サンプルプログラムを動かしてみます．
プログラムリスト 11.3 では，クライアント ID・クライアント secret を用いて，認証トークンを取得した後，取得したトークンを用いて，構文解析 API を呼び出しています．得られた構文解析結果から，分かち書きの抽出しています．

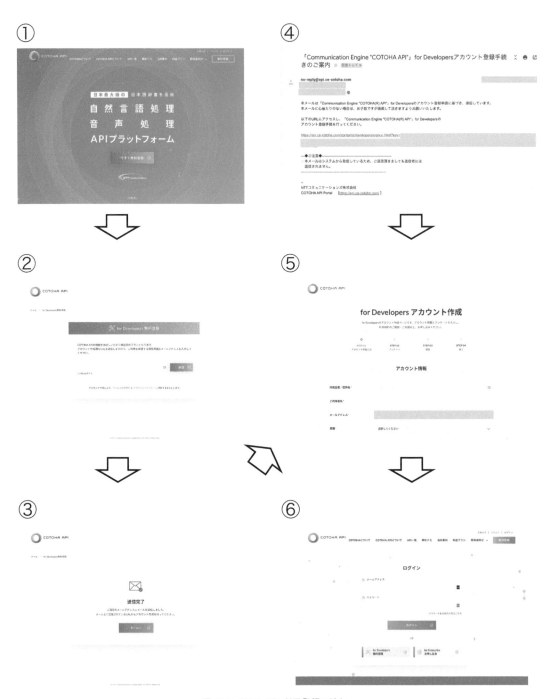

図 11.2　Web API 利用登録の流れ

図 11.3　Web API 認証トークンの取得・構文解析 API の利用

プログラムリスト 11.3　webapi-sample.py

```
 1  import requests
 2  import json
 3  api_url = "https://api.ce-cotoha.com/api/dev"
 4  auth_url = "https://api.ce-cotoha.com/v1/oauth/accesstokens"
 5  client_id = "[クライアントID]"
 6  client_secret = "[クライアントsecret]"
 7
 8  def post_url(url, body, access_token=None):
 9      headers = {
10          "Content-Type": "application/json",
11          "charset": "UTF-8"
12      }
13
14      if access_token is not None:
15          headers["Authorization"] = f"Bearer {access_token}"
16
17      data = json.dumps(body)
18      res = requests.post(url, headers=headers, data=data)
19      return res
20
21  def post_api(url, body, access_token=None):
22      res = post_url(url, body, access_token)
23      if res.status_code == 200:
24          result = json.loads(res.text)
```

```
25      else:
26          result = None
27      return result
28
29  def get_access_token(url, client_id, client_secret):
30      body= {
31        "grantType": "client_credentials",
32        "clientId": client_id,
33        "clientSecret": client_secret
34      }
35      res = post_url(url, body)
36
37      if res.status_code == 201:
38          entry = json.loads(res.text)
39          access_token = entry["access_token"]
40      else:
41          access_token = None
42      return access_token
43
44  def tokenize(text, api_url, access_token):
45      body= {
46          "sentence": text,
47          "type": "default"
48      }
49      url = f"{api_url}/nlp/v1/parse"
50      result = post_api(url, body, access_token)
51      return result
52
53  access_token = get_access_token(auth_url, client_id, client_secret)
54  print(access_token)
55
56  result = tokenize("今日は会社に行かなかった", api_url, access_token)
57  if result is not None:
58      for chunk in result["result"]:
59          for token in chunk["tokens"]:
60              print(token["form"])
```

▌処理結果

今日
は
会社
に
行
か
な
かった

11.2.3 各機能の利用

それでは実際に API を利用してみましょう．COTOHA API では，構文解析／固有表現抽出／類似度判定／文タイプ判定／音声認識／感情分析／キーワード抽出など，さまざまな NLP の機能が提供されています[2]．本項では，テキストアナリティクスで使う機会が多いと思われるキーワード抽出と感情分析を利用してみます．

まずキーワード抽出 API を試してみます．キーワード抽出は，与えられた文書からその文書のトピックを表すと思われる単語＝キーワードを抽出する機能です．サンプルプログラムでは，入力文から処理結果のように「被災」「転倒」「バランス」「ところ」「車体」と確かに文のトピックとなっているような単語が抽出できています．

プログラムリスト 11.4　webapi-keyword.py

```
 1  import requests
 2  import json
 3  api_url = "https://api.ce-cotoha.com/api/dev"
 4  auth_url = "https://api.ce-cotoha.com/v1/oauth/accesstokens"
 5  client_id = "[クライアントID]"
 6  client_secret = "[クライアントsecret]"
 7
 8  def post_url(url, body, access_token=None):
 9      headers = {
10          "Content-Type": "application/json",
11          "charset": "UTF-8"
12      }
13
14      if access_token is not None:
15          headers["Authorization"] = f"Bearer {access_token}"
16
17      data = json.dumps(body)
18      res = requests.post(url, headers=headers, data=data)
19      return res
20
21  def post_api(url, body, access_token=None):
22      res = post_url(url, body, access_token)
23      if res.status_code == 200:
24          result = json.loads(res.text)
25      else:
26          result = None
27      return result
28
29  def get_access_token(url, client_id, client_secret):
30      body= {
31        "grantType": "client_credentials",
32        "clientId": client_id,
33        "clientSecret": client_secret
```

---

2) https://api.ce-cotoha.com/contents/api-all.html

```
34          }
35      res = post_url(url, body)
36
37      if res.status_code == 201:
38          entry = json.loads(res.text)
39          access_token = entry["access_token"]
40      else:
41          access_token = None
42      return access_token
43
44  def keyword_extraction(texts, api_url, access_token):
45      body= {
46          "document": texts,
47          "type": "default"
48      }
49      url = f"{api_url}/nlp/v1/keyword".format(api_url)
50      result = post_api(url, body, access_token)
51      return result
52
53  access_token = get_access_token(auth_url, client_id, client_secret)
54
55  texts = ["会社敷地内で、被災者はミキサー車を整備中に、車体に上ろうとしたところ体のバランスを
            崩して転倒し被災した。"]
56  result = keyword_extraction(texts, api_url, access_token)
57  if result is not None:
58      for entry in result["result"]:
59          print(entry["form"],entry["score"])
```

処理結果

```
被災 20.3684
転倒 11.7937
バランス 10.2026
ところ 10.0
車体 9.22174
```

　次に感情分析 API を試してみましょう．感情分析は 4.2.1 項で説明されているように，入力文書を
ポジティブ・ネガティブの 2 つのクラス（場合によってはニュートラルを含む 3 つのクラス）に分類
する機能です．サンプルプログラムでは，入力文のポジティブ・ネガティブの判定とそのスコア，さ
らに判定結果に利用した文中のポジティブ・ネガティブな表現を抽出して表示しています．

プログラムリスト 11.5　webapi-sentiment.py

```
1  import requests
2  import json
3  api_url = "https://api.ce-cotoha.com/api/dev"
4  auth_url = "https://api.ce-cotoha.com/v1/oauth/accesstokens"
5  client_id = "[クライアントID]"
```

```
 6  client_secret = "[クライアントsecret]"
 7
 8  def post_url(url, body, access_token=None):
 9      headers = {
10          "Content-Type": "application/json",
11          "charset": "UTF-8"
12      }
13
14      if access_token is not None:
15          headers["Authorization"] = f"Bearer {access_token}"
16
17      data = json.dumps(body)
18      res = requests.post(url, headers=headers, data=data)
19      return res
20
21  def post_api(url, body, access_token=None):
22      res = post_url(url, body, access_token)
23      if res.status_code == 200:
24          result = json.loads(res.text)
25      else:
26          result = None
27      return result
28
29  def get_access_token(url, client_id, client_secret):
30      body= {
31        "grantType": "client_credentials",
32        "clientId": client_id,
33        "clientSecret": client_secret
34      }
35      res = post_url(url, body)
36
37      if res.status_code == 201:
38          entry = json.loads(res.text)
39          access_token = entry["access_token"]
40      else:
41          access_token = None
42      return access_token
43
44  def sentiment_analysis(text, api_url, access_token):
45      body= {
46          "sentence": text
47      }
48      url = f"{api_url}/nlp/v1/sentiment"
49      result = post_api(url, body, access_token)
50      return result
51
52  text = ("パラリンピック、見応えある競技も多いけど、今のところ一番はブラインドサッカーだな。"
53          "盲目の剣士とか武術家はフィクションでは見るけど、リアルに音だけであんなに高度なサッ
                カーできるとは思わなかった。"
54          "超人スポーツみがあって、厨二心もくすぐられる。")
55
```

```
56   access_token = get_access_token(auth_url, client_id, client_secret)
57   result = sentiment_analysis(text, api_url, access_token)
58   if result is not None:
59       entry = result["result"]
60       print(entry["sentiment"], entry["score"])
61       for phrase in entry["emotional_phrase"]:
62           print(phrase)
```

▌ 処理結果

```
Positive 0.3001424641289677
{'form': '見応えある', 'emotion': 'P'}
{'form': '多い', 'emotion': 'PN'}
{'form': 'リアルに', 'emotion': 'P'}
{'form': 'あんなに高度な', 'emotion': 'PN'}
```

(11.3) まとめ

　本章では，環境構築せずに実行できるテキストアナリティクスの実現方法を紹介しました．Google Colab・Web API ともに，ほとんど準備なしにテキストアナリティクスが始められるという点において，非常に取っつきやすい手段です．一方で利用時間や利用回数に制約があるため，大規模なデータを長時間かけて分析することは難しいです．ですので，状況に合わせて適切なアプローチでテキストアナリティクスを行っていってください．

本書で利用するPythonライブラリ

ここでは，本書で利用している Python ライブラリについて簡単に説明します．

表 A.1　本書で利用している Python ライブラリ

ライブラリ名	クラス名	ページ数	説明	標準
codecs	―	163	任意の文字コードでエンコードやデコードを行う．標準ライブラリ．	○
collections	―	67, 111, 144, 146, 163	標準で備えられている複数のデータを扱うデータ型に加えて，さまざまな機能を持ったコンテナデータ型を提供する．	○
	Counter	67, 68, 144, 163	与えられたリストやタプルについて，各要素の出現頻度を集計したり，出現頻度順に要素を取得する（most_common）機能を提供する．	○
datetime	―	41, 163	日付や時刻を操作する．	○
dotenv	―	156, 157	.env ファイルから変数名と値を読み込み，環境変数として設定する．	
gensim	―	35, 49, 80, 189, 210	自然言語処理で用いられる多種多様な処理・アルゴリズムを提供する．自然言語処理を行ううえでは必須．	
	corpora.Dictionary	83	Bag-of-Words を扱う元となるオブジェクト Dictionary を構築する．*tf-idf* 値の算出や LDA の適用に必要．	
	models.LdaModel	83	LDA を実行する．Bag-of-Words に変換されたコーパスとトピック数を指定する．	
	models.KeyedVectors	211	単語ベクトルの格納と参照を行う．	
	models.Phrases	83, 189	複合語(コロケーション)を抽出する．隣り合って出現する単語の出現頻度を集計し，頻度の高い連接語群を一語として結合する．	
	models.Word2Vec	212	word2vec による単語分散表現を構築する．	
ginza	command_line	76	GiNZA command line tools を利用する．	

ライブラリ名	クラス名	ページ数	説明	標準
glob	—	144, 146	指定されたパターンに一致するすべての パス名を取得する.	○
japanize _matplotlib	—	89, 113, 207, 237	matplotlib を日本語表示に対応させる.	
json	—	148, 159, 241	json データのエンコード・デコードを行う.	○
logging	—	82	コード実行時にログを出力する.	○
matplotlib	—	—	可視化のための多種多様な機能・アリゴリズムを提供する.	
	pyplot	86, 113, 182, 193, 207, 237	さまざまなグラフを描画する.	
MeCab	—	146	形態素解析ツール MeCab を利用する.	
networkx	—	89, 92, 113, 193, 207, 237	複雑ネットワーク解析を行うための機能・アルゴリズムを提供する.	
numpy	—	69, 113, 193, 207	多次元配列等, 数値計算を効率的に行う.	
os	—	159, 217	オペレーティングシステムに依存する機能を利用する.	○
oseti	—	28, 79, 126, 167	日本語評価極性辞書を用いて文の評価極性判定スコアを計算する.	
pandas	—	40, 63, 110, 148, 190, 207, 236	データ解析を支援する機能を提供する.	
pymlask	—	156, 167	日本語テキストから 10 種類の感情成分を抽出する.	
pyvis	network	89, 113, 193, 207	ネットワークを可視化する. networkx と組み合わせて利用する.	
re	—	43, 64, 115, 163, 236	正規表現を扱う.	○
requests	—	217, 241	HTTP 通信を行う.	
requests _oauthlib	—	156, 157	Oauth 認証を行う.	
sklearn	—	—	機械学習の標準的な機能・アルゴリズムを提供する. 機械学習を行ううえでは必須.	
	ensemble.Random ForestClassifier	217	RandomForest によりクラス分類モデルを作成する.	

ライブラリ名	クラス名	ページ数	説明	標準
sklearn	feature_extraction. text.CountVectorizer	69, 113, 193	文書ごとの単語出現頻度から単語ー文書ベクトルを構築する.	
	metrics.accuracy_score	217	クラス分類結果を評価する.	
	model_selection.cross _val_score	217	分割交差検定の結果を評価する.	
	model_selection.train _test_split	217	データを訓練用とテスト用に分割する.	
	preprocessing. normalize	207	データの正規化・標準化を行う.	
spacy	—	—	spaCy を利用する.	
	displacy	74, 117	依存構造を視覚的に表示する.	
	matcher	190	ルールベースのマッチングを行う.	
	tokens	224	単語単位でのさまざまな機能を提供する.	
sys	—	69, 159, 237	インタプリタや実行環境に関する情報を扱う.	○
time	—	217	時刻データへのアクセスと変換を行う.	○
tqdm	—	144, 207	プログレスバーを表示する.	
wordcloud	—	86, 182, 237	ワードクラウドを表示する.	

編著者紹介

榊　剛史 博士（工学）
さかき たけし

2013 年　東京大学大学院工学系研究科技術経営戦略学専攻博士課程修了
現　在　株式会社ホットリンク開発本部 R & D 部長
　　　　東京大学未来ビジョン研究センター 客員研究員

著者紹介

石野亜耶 博士（情報科学）
いしの あや

2014 年　広島市立大学大学院情報科学研究科情報科学専攻博士後期課程単位取得後退学
現　在　広島経済大学メディアビジネス学部ビジネス情報学科 准教授

小早川 健 修士（理学）
こばやかわたけし

1995 年　東京大学大学院理学系研究科物理学専攻修士課程修了
現　在　NHK 放送技術研究所 主任研究員

坂地泰紀 博士（工学）
さかじ ひろき

2012 年　豊橋技術科学大学大学院工学研究科電子情報工学専攻博士後期課程修了
現　在　東京大学大学院工学系研究科システム創成学専攻 特任講師

嶋田和孝 博士（工学）
しまだ かずたか

2002 年　大分大学大学院工学研究科博士後期課程単位取得満期退学
現　在　九州工業大学大学院情報工学研究院知能情報工学研究系 教授

吉田光男 博士（工学）
よしだ みつお

2014 年　筑波大学大学院システム情報工学研究科コンピュータサイエンス専攻博士後期課程修了
現　在　筑波大学ビジネスサイエンス系 准教授
　　　　有限会社てっくてっく 代表取締役

プログラム監修者紹介

郡司直之 修士（情報理工学）
ぐんじ なおゆき

2014 年　東京大学大学院情報理工学系研究科修士課程修了
現　在　株式会社ホットリンク R&D 部 主席研究員

NDC007　254p　　24cm

実践 Data Science シリーズ
Pythonではじめるテキストアナリティクス入門

2022 年 3 月 8 日　　第 1 刷発行
2024 年 7 月 25 日　　第 4 刷発行

編著者　　榊　剛史
著　者　　石野亜耶・小早川 健・坂地泰紀・嶋田和孝・吉田光男
発行者　　森田浩章
発行所　　株式会社　講談社
　　　　　〒 112-8001　東京都文京区音羽 2-12-21
　　　　　　　販売　(03)5395-4415
　　　　　　　業務　(03)5395-3615

KODANSHA

編　集　　株式会社　講談社サイエンティフィク
　　　　　代表　堀越俊一
　　　　　〒 162-0825　東京都新宿区神楽坂 2-14　ノービィビル
　　　　　　　編集　(03)3235-3701
本文データ制作　藤原印刷株式会社
印刷・製本　株式会社ＫＰＳプロダクツ

データサイエンス入門シリーズ

教養としてのデータサイエンス	北川源四郎・竹村彰通／編	定価	1,980円
データサイエンスのための数学	椎名洋・姫野哲人・保科架風／著　清水昌平／編	定価	3,080円
データサイエンスの基礎	濵田悦生／著　狩野裕／編	定価	2,420円
統計モデルと推測	松井秀俊・小泉和之／著　竹村彰通／編	定価	2,640円
Pythonで学ぶアルゴリズムとデータ構造	辻真吾／著　下平英寿／編	定価	2,640円
Rで学ぶ統計的データ解析	林賢一／著　下平英寿／編	定価	3,300円
最適化手法入門	寒野善博／著　駒木文保／編	定価	2,860円
データサイエンスのためのデータベース	吉岡真治・村井哲也／著　水田正弘／編	定価	2,640円
スパース回帰分析とパターン認識	梅津佑太・西井龍映・上田勇祐／著	定価	2,860円
モンテカルロ統計計算	鎌谷研吾／著　駒木文保／編	定価	2,860円
テキスト・画像・音声データ分析	西川仁・佐藤智和・市川治／著　清水昌平／編	定価	3,080円

機械学習スタートアップシリーズ

これならわかる深層学習入門	瀧雅人／著	定価	3,300円
ベイズ推論による機械学習入門	須山敦志／著　杉山将／監	定価	3,080円
Pythonで学ぶ強化学習　改訂第2版	久保隆宏／著	定価	3,080円
ゼロからつくるPython機械学習プログラミング入門	八谷大岳／著	定価	3,300円

イラストで学ぶシリーズ

イラストで学ぶ情報理論の考え方	植松友彦／著	定価	2,640円
イラストで学ぶ機械学習	杉山将／著	定価	3,080円
イラストで学ぶ人工知能概論　改訂第2版	谷口忠大／著	定価	2,860円
イラストで学ぶ音声認識	荒木雅弘／著	定価	2,860円
イラストで学ぶロボット工学	木野仁／著　谷口忠大／監	定価	2,860円
イラストで学ぶディープラーニング　改訂第2版	山下隆義／著	定価	2,860円
イラストで学ぶヒューマンインタフェース　改訂第2版	北原義典／著	定価	2,860円
イラストで学ぶ離散数学	伊藤大雄／著	定価	2,420円
イラストで学ぶ認知科学	北原義典／著	定価	3,080円

実践 Data Science シリーズ

Rではじめる地理空間データの統計解析入門	村上大輔／著	定価	3,080円
Pythonではじめるテキストアナリティクス入門			
榊剛史／編著　石野亜耶・小早川健・坂地泰紀・嶋田和孝・吉田光男／著		定価	2,860円
ゼロからはじめるデータサイエンス入門	辻真吾・矢吹太朗／著	定価	3,520円
データ分析のためのデータ可視化入門			
キーラン・ヒーリー／著　瓜生真也・江口哲史・三村喬生／訳		定価	3,520円
RとStanではじめる ベイズ統計モデリングによるデータ分析入門	馬場真哉／著	定価	3,300円
PythonではじめるKaggleスタートブック	石原祥太郎・村田秀樹／著	定価	2,200円

※表示価格には消費税(10%)が加算されています。　　　　　　　「2022年6月現在」